# 哲学入门

邬昆如 等 主编

尤煌杰　张雪珠　陈俊辉　邬昆如
潘小慧　黎建球　谢仁真　关永中　合著

华东师范大学出版社

**图书在版编目（CIP）数据**

哲学入门/邬昆如等主编. —上海：华东师范大学出版社，2021

ISBN 978－7－5760－1243－9

Ⅰ. ①哲… Ⅱ. ①邬… Ⅲ. ①哲学－基本知识 Ⅳ. ①B

中国版本图书馆 CIP 数据核字（2021）027628 号

本书为（台湾）五南图书出版股份有限公司授权华东师范大学出版社有限公司在中国大陆出版发行简体中文版，2021。

上海市版权局著作权合同登记 图字：09－2020－126 号

**哲学入门**

主　　编　邬昆如 等
责任编辑　乔　健
审读编辑　李玮慧
责任校对　林文君　时东明
装帧设计　吕彦秋

出版发行　华东师范大学出版社
社　　址　上海市中山北路 3663 号　邮编 200062
网　　址　www. ecnupress. com. cn
电　　话　021－60821666　行政传真　021－62572105
客服电话　021－62865537
门市（邮购）电话　021－62869887
地　　址　上海市中山北路 3663 号华东师范大学校内先锋路口
网　　店　http：//hdsdcbs. tmall. com

印 刷 者　三河市中晟雅豪印务有限公司
开　　本　710×1000　16 开
印　　张　16
字　　数　260 千字
版　　次　2021 年 3 月第 1 版
印　　次　2021 年 3 月第 1 次
书　　号　ISBN 978－7－5760－1243－9
定　　价　45. 00 元

出 版 人　王　焰

# 目 录

## 第二部　形而上学

# 第三部　价值哲学

# 序

哲学字义是“爱智”（Philo-sophia），实质义则是“定位宇宙”，并在宇宙中“安排人生”。吾人学哲学，因为其他所有学问都只探讨个别的对象，唯有哲学在讨论整体的学问，哲学的对象是宇宙和人生。在理论层面，哲学问及人生基本问题的“我是谁”，问及宇宙根本问题的“世界怎么来的”；在实践层面，哲学问及人生基本问题的“如何做人”以及“如何处事”。

《哲学入门》将会提供吾人通往解答“我是谁”的通路，也会设法帮助吾人找出“世界怎么来的”的答案；哲学也会建议一些“如何做人”以及“如何处事”的原理原则。这些提案或是意见，我们无法在哲学以外的其他学科中学到。哲学委实是一门标准的通识课程，通识“定位宇宙”，通识“安排人生”。

为那些哲学系以外的同学，吾侪编纂了这本《哲学入门》，目的在于使吾人了解到：一个人生存在天和地之间，生活在人与人之间，如何能顶天立地，又如何能出人头地，而安顿自己的生命、生存、生活、生计，达到个人安身立命、促使社会安和乐利。

为此，书中讲述：哲学是如何从认识论为入门，经形而上学的“体”，到价值哲学的“用”为思想进路，来回答“我是谁”以及“世界怎么来的”。

五南图书公司致力于出版大学专业的教科书，邀余主编《哲学入门》一书，余虽年已古稀，但亦乐意答应，与辅大哲学同仁以及台大昔日同学分工合作，共襄盛举。

是为序。

邬昆如

于美国加州旅次

2003 年 8 月 19 日

# 绪　论

“哲学”一词译自希腊文 Philo-sophia，Philo 是“爱”，Sophia 是“智”。哲学字义即“爱智”。西方2000多年的哲学都在“定位宇宙”，并在宇宙中“安排人生”。

中国2000多年来的哲学，无哲学之名，但有哲学之实，如“道学”“玄学”“理学”“义理之学”“心学”等等，其实亦是在“定位宇宙”，并在宇宙中“安排人生”。

西方哲学中，希腊重“知”，罗马重“行”，中世纪重“信”，近代以来又转回重“知”。中国哲学，先秦重“行”，西汉重“知”，隋唐重“信”，宋明以来又转回重“知”。

哲学学习进程有“三史”和“六论”。“三史”是《中国哲学史》《西方哲学史》《印度哲学史》；“六论”是理则学（逻辑）、认识论、形而上学、伦理学、价值哲学、哲学概论。

本书《哲学入门》是概括“三史”“六论”，给初学者一些哲学入门的知识。

## 第一节　人生问题导向

人生最通俗的体验，就是发现自己“生存在天和地之间”，以及“生活在人与人之间”。而人生所遭遇的问题首先就是如何做人和如何处事。

传统的答案很乐观：人生存在天和地之间，要顶天立地；人生活在人与人之间，要出人头地。顶天立地是个别性的完美，是独善其身的君子；出人头地是群体性的完善，是兼善天下的圣人。

独善其身的君子使人“安身立命”，兼善天下的圣人使社会“安和乐利”。

这些理想实现起来并非易事，要有敏锐的头脑分辨真假对错，要有丰饶的心灵行善避恶。

人人生来都求福避祸，福分并非天生，并非天上掉下来，而是要以德行来换取。“福德一致”的原则原是中西古圣贤的遗训。

“天道福善祸淫”（《尚书 · 汤诰》）既有道德的内涵，又有宗教情操，说明善恶报应的原理原则。做了好事有善报，做了坏事有恶报。人生在求福避祸的整个过程中，有欢笑也有眼泪，有成功也有失败，有命运的捉弄也有解脱的慰藉。哲学家能在这人生问题中找出苦难的因缘：苦难来自罪恶，犯罪作恶才是受苦受难的原因。道德哲学的劝谕因而要人弃恶扬善，宗教的禁令更加上善恶报应，以阻止人们犯罪作恶。

哲学家也告诉吾人：上天必然赏善罚恶，行善避恶或是犯罪作恶，主导权还是在人。因此，受苦受难或是安享福乐的因缘还是操在吾人手中。只要人择善避恶，就会有福无祸，吉利无凶。

哲学和宗教合作之后更能解除吾人对善恶报应的疑虑。有人规规矩矩生活却无缘无故蒙受苦难，有人作恶多端却荣华富贵一生一世，哪里有正义的善恶报应？这种“今世报”的疑虑由三度空间的学理给予解答。因为人生除了今生今世之外尚有前生前世，尚有来生来世。报应不只在今世，亦可能在来世。

在人生的探讨中，哲学当然会教导人生活的智慧。譬如对于名利权位的引诱，会用“生不带来，死不带去”的理解叫人淡泊名利。宗教哲学会更上一层楼，告诉我们名利权位虽然是身外之物，可如果吾人利用它做好事、立功德，这些善与功德是可以带往来生来世的。反之，若谁利用它犯罪作恶，这些罪孽也同样会跟随着人到来生来世。淡泊名利权位似乎消极，积极利用它做好事、立功德则是人生哲学的智慧。

## 第二节　“人与物”关系的启示

从人生哲学入门，吾人获得了哲学中伦理道德的层面，其中也涉及宗教哲学的内涵。人生的两大课题：一个就是“头顶天”所形成的“天人之际”，有着“人在做，天在看”的民间信仰的纯朴思想；另一个就是“人际关系”的具体生活，即如何与他人相处，这也就是伦理道德规范的探讨。

哲学的另一个面向是面对物质世界。“人与物”的关系，自古以来都是“人役物”“人宰制物”；人类为了生活必需的衣食住行，为了生活娱乐的育乐，都是从物质世界中获取所需。农民种五谷，牧人饲养牛羊，都是取材于物质世界。由这种“用物”“役物”“宰制物”的事工，自然科学渐渐萌芽。科学进步神速，日新月异，便利了人生，也更凸显出“人定胜天”的豪气。

人类对于物质的需要是有限度的，吃饱了就不想再吃，喝够了也不想再喝，穿暖了也不会再加衣服；物质享受到某一限度时，人类悟性的功能就会转向更高的层次，那就是面对自然世界，以“欣赏”的心态。“欣赏自然”与“宰制物质”自有其不同的心灵境界。“宰制物质”创造了自然科学，“欣赏自然”则催生了艺术。“艺术求美”，有了面对自然、欣赏自然的心境，人性也就变洒脱，超越一切烦恼和不顺。中国先秦道家的精神就能完全地把握住这种“欣赏自然”的意涵，能够提升自己的灵性生命，“上与造物者游，下与外死生、无终始者为友”。这种物我相忘的意境，是人与自然合一（“物我合一”）的超脱境界。

从“人与人”之间的关系，哲学开展了道德，甚至从道德的人际关系逐步走向天人之际的宗教层面，发挥了“道德求善”以及“宗教求圣”的哲学内涵。在这里，从“人与物”之间的关系，哲学又能开展自然科学，甚至超越科学而走向艺术，从“宰制物质”到“欣赏自然”，发挥了“科学求真”以及“艺术求美”的哲学内涵。

于是，人文世界的科学、道德、艺术、宗教，都能从哲学的观点讨论、催生和发扬；进一层，哲学对本体特性的体认也就在“科学求真”“道德求善”“艺术求美”“宗教求圣”之中抽离出“真”“善”“美”“圣”作为“抽象存在”（Being），以及“具体存在”（Existence）的“超越属性”（Transcendentalia）。

## 第三节　人生三大问题

一般说来，人生只包含了从生到死的生命历程，人生哲学通常也限定在这生命历程中，探讨它的吉凶祸福，指出它的意义。“人与人”“人与物”也只是人生哲学的两个具体的面向，而“人与自己”课题的迫切性，远较前两者为重。因为，“人与人”以及“人与物”总可以而且一定会分离，“人与自己”却绝对是一生一世的事，人与自己无法分离。

首先问及“我是谁”，先要界定自己的身份地位。在人生哲学根本的问题上就会出现人生的三度时期：前生前世、今生今世、来生来世。

人生三度时间的思想，科学无法去肯定（亦无法否定），艺术对它似乎不感必趣，只有道德与宗教对它有所探讨。道德进路，像太史公司马迁也只能在质询善恶报应不公的情况下凸显出今生今世的不足，因为没有公平的今世报。宗教进路的来世报，一方面指证出来生来世的必需性，而另一方面解释今生今世的吉凶祸福又不得不在前生前世处找因缘。

佛教的宗教哲学充分发挥了三度时间的意涵，而基督教在肯定来世生命之余并没有探讨前生前世的情事。道德进路也好，宗教进路也好，“行善避恶”的令谕是可以让三度时间来加强的。

针对三度时间，人生三大问题就是：生从何来？应做何事？死归何处？这三大问题可是纯哲学性的。柏拉图就因为全程参与了其师苏格拉底的审判与死亡，尤其聆听其师临终之言有关来世生命的种种，而在哲学的铺陈中涵盖了前生前世、今生今世、来生来世的三度时间性，而且进一步把三度时间的人生安排在其二元宇宙的架构中，使理念界完全包含了前生前世以及来生来世，而今生今世在感官界中完成。柏拉图受到毕达哥拉斯学派的影响，相信轮回报应，也肯定可以利用今生的一切换取来世的福报。在这方面，柏拉图思想与佛教非常接近。

其后的中世纪思想对前生前世存而不论，对今生今世的功过会引渡到来生来世却是肯定的。基督教制度变化之后，规劝信徒今生行善避恶以获得来世福报，提升并加强了西方伦理道德的令谕。

中国民间信仰大都相信报应，因此道德取向的文化也一直劝人为善。

## 第四节　哲学的兴起和发展

在西方，哲学的前身是神话；神话是大众的信仰，而哲学则有独立思考的内涵。亚里士多德曾说过，神话不是哲学，但却是哲学的朋友。神话一般不用理性看事物，而是相信命运及神秘的力量；哲学则发挥人类理性的功能，设法用次序来定位宇宙，甚至在宇宙中安排人生。

西方哲学的开始就设法摆脱神话，而用理性探讨问题，更用理性解答问题。古希腊哲人仰观俯察，设法找寻宇宙起源以及宇宙发展的原理，同时亦对人的命运和自由有兴趣。形而上学家于是运用自身天生来的“向上攀爬”的功能：一方面用敏锐的头脑揭开了宇宙神秘的面纱，设法利用物质充实和改善生活，这就是自然科学；在观察宇宙的同时亦发现自然现象之美，因而在科学旁安置了艺术的神坛。于是以哲学的全方位的学问，人的敏锐头脑就可以把握“人与物”关系的科学与艺术。另一方面，“向上攀爬”的功能是丰饶心灵的陶冶和发挥。灵性生命的修持终究可通过伦理道德的规范以及宗教情操而与“存在”取得联系，最后达到天人合一的生命境界。

“天”的问题，中世纪哲学担负了重任，使哲学提升到神学的探究；宗教哲学在西方走着有神论的路子，不但在理论的铺陈上，而且亦在具体制度生活上，有星期制的周而复始的时间定位，配合着人烟稠密之处的教堂的空间定位，缔造西方哲学和神学共同的课题答案。

近世以还的哲学，有专务理性者，有专司经验者，亦有专门批判者，希望跳过中世纪的宗教挂帅，回归古希腊的人文及哲学思辨。

古希腊时代是以哲学家为风云人物；中世纪以神学家、哲学家有名；近代则以天文、物理等自然科学挂帅，哲学家逐渐变为配角；到了当代，哲学家已经失去了昔日的光环而退居幕后了。

在中国先秦时代，哲学亦是百家争鸣、欣欣向荣的势态，其时各家各派的学说大都以安排人生为职志，其中当然不乏提出形上基础的学者。中国哲学的起源一开始就没有神话作先导，亦因而多少会过于理性化，过于倾向伦理道德的实践；实践性较强的哲学难以开展出宗教哲学对于来生来世的寄望，而把人生的祸福完全定位在今生今世。一直要等到佛教东来，以及本土充满神话色彩的道家思想所催生的道教，才把宗教哲学发扬光大。

汉代的宇宙论很有“定位宇宙”的倾向，不过本土主流是“罢黜百家，独尊儒术”，因而还是以“安排人生”为导向。道德实践一直是哲学的主导，而较为形上色彩的玄学并没有受到足够的关怀；因此，魏晋时代的整体思想并没有开展出体系强劲的形而上学，被宗教哲学（更富有神秘色彩）所取代。

宋明时代设法走回先秦儒，以“人本”恢复纯哲学思考的地位。明末清初的耶稣会士来华带来宗教和科技，再后来的船坚炮利的入侵，中国渐渐走西化的路子。

## 第五节　全方位的知识进路

自8世纪末开始“养士”，查理曼大帝集结了地中海沿岸的重要知识分子，融和了各地的族群，更展现了“知识优位”的自立自强设计。到13世纪，知识分子的集合以及知识的聚集已成气候，也就有大学的创立以及修会的创设。大学是社会找到全方位的知识进路，修会则是教会的内部改革，以“绝色、绝财、绝意”的三愿摆脱俗世精神，回归到原始的宗教情操。

“大学”的拉丁文名字 Uni-versitas 是由 Versus（趋向）和 Unum（一）合成，是“合众为一”的含义。当时的先知先觉之士，意识到长久以来的养士之风固然可以集结知识分子，但是，如何聚集知识，知识究竟有多少，如何能有全方位的知识进路，仍需办法。《旧约 · 创世记》中诠释“人”的三重祝福：首先，人的灵魂是上帝的肖像（Imago Dei）；第二，亚当获赐伴侣（Socius）；第三，上帝把天上飞鸟、地上走兽、水中游鱼都交给人类管辖，人成了万物主人。学者们依照这三重祝福，认为知识应包含“人与自己”“人与人”“人与物”三个面向，因而界定大学至少得有“人与自己”的人文学院、“人与人”的社会学院、“人与物”的自然科学学院。

学者们发现，在人类历史流变中尚有两大行业没有包含在大学之中，那就是教士和医生，前者关怀人的灵魂，后者专注人的肉体。于是人文、社会、自然科学三学院之外再加上神学院和医学院，就成了综合大学的模型。

13世纪，当巴黎大学、牛津大学、萨拉曼加大学创立之初，一、二年级的初阶是以人文为主，人文学院的文、史、哲三系（符应人性功能的“知”“情”“意”）就是大学课程的通识，全校同学都必修。三、四年级的进阶则是学生可以深入自己爱好的科系，作个案的探讨。作为通识的“文”是抒情，“史”是坚定意志，“哲”则是理性的运用。文、史、哲的“知”“情”“意”既有客观的科目可遵循，又有主观意识的投入。哲学成为通识之一，是靠着理知争取到的。“哲学概论”一课就是设法把哲学全方位的情事加以讨论。

大学创立之初，理念是在培育虔诚信徒、优秀公民、知识分子，这种三合一的才德兼备的教育理念，即希望通过全方位的认识进路——知物、知人、知天作为教育制度，而利用教学和讨论（辩论）的实践——达到晓得用物、爱人、敬天的人生态度。

修会方面，方济各会（Ordo Fratrum Minorum，简称 O. F. M.）或者是多明我会（Ordo Praedicatorum，简称 O. P.）都是提供大学神学院、哲学系师资的最主要机构。会士们在大学授课完全可以展现身教言教合一的成效。同学们在课室中所接触到的会士教师，正如希腊时代亚里士多德对柏拉图的观感：老师有学问、有德行、生活幸福。

大学对西方社会乃至于对世界人类的贡献人尽皆知，修会对于大学教育的贡献亦功不可没。

## 第六节　三史六论

《哲学概论》或《哲学入门》所要涵盖的一般为“三史”和“六论”。“三史”是《中国哲学史》《西方哲学史》《印度哲学史》。“六论”则是理则学（逻辑）、认识论、形而上学、伦理学、价值哲学、哲学概论。

“三史”是纵向的探讨，把世界三大系——中国、西方、印度的古老哲学传统以编年分段的方式，依哲学家、哲学派别、哲学问题等等，以客观的方式给予初学哲学者一些基本的哲学史知识。

“六论”是哲学的内在含义，是哲学横切面的探讨，通常是以认识论为哲学入门，形而上学为哲学的“体”，伦理学为哲学的“用”，涵盖了理论哲学和实践哲学两大范围。

“三史”中，《中国哲学史》分由先秦、两汉、魏晋、隋唐、宋明、清及当代等阶段来铺陈。先秦诸子百家兴起，讨论着以“安排人生”为主轴的各种问题，是中国哲学重实践的奠基时代；汉代的宇宙论探讨，由于没有自然科学的帮忙（宇宙问题原就是哲学和科学共同的课题），逐渐陷入谶纬、算命、风水、长生不老等迷信之中。后汉开始的本土道教，以及印度传来的佛教，使重实践的中国哲学更深入在宗教哲学的修持中。儒、释（佛）、道的平行发展，在中国文化史中共存共荣，是世界文化的一大奇迹。

西方哲学的发展，希腊、罗马、中世纪、近代、当代等分段切割得很整齐，多以理性的“知”为重心。希腊哲学从神话脱胎出来（from mythos to logos），对“定位宇宙”以及在宇宙中“安排人生”都有体系的铺陈。哲学三巨子（苏格拉底、柏拉图、亚里士多德）各扮演了不同的角色，开展了西方往后2000多年的哲学传统。

罗马时期虽然很长，但哲学乏善可陈。中世纪由于希伯来人宗教信仰融通希腊哲学，以及罗马典章文物，而缔造了1000多年的哲学和神学盛世。前期教父时代着眼于新柏拉图主义，经院哲学时代则追随亚里士多德思想为主流，并与当时的大学、修会同步发展，奠定了“永恒哲学”（Philosophia Perennis）的基础。

近代理性高涨，有理性主义、经验主义、观念论等百家争鸣的哲学。这些多样化的哲学到了当代，由于受到“唯物”“实证”“实用”“功利”等学说的影响，亦曾一度走进了死胡同；20世纪有生命哲学、现象学、存在主义等，再度复活哲学的生命，尤其是，新经院哲学挟其“永恒哲学”之威卷土重来，与当代各家各派取得对话的机会，而复兴宗教哲学。20世纪的哲学流变，英美的分析哲学、欧陆的诠释学，二者都重视语言，极盼存异求同而发扬哲学于当前价值混淆的世代。

若说西方以科技著称，中国以道德为主，印度则是宗教的国度。宗教哲学富有神秘性，而这神秘性是以个别心灵的体验为主。佛教经典（《经》《律》《论》）汗牛充栋，各家各派都以自身的宗教生活体验来诠释经典，而所依经典的不同也就成为不同的宗派。佛教在印度本土并不发达，而是东来在中国发扬光大。

“六论”以理则学和认识论为首，探讨人性认知的功能，在知物、知人、知天的全方位知识进路中，一方面定位宇宙，另一方面安排人生。

形而上学是哲学的“体”，知识的目的是在建立形而上学，是奠定宇宙观和人生观的根本理由。

形上的“体”落实到伦理学和价值哲学，也就是落实到哲学的“用”。哲学固然是“爱智”，有浓厚的理论色彩，但理论是为了实践，哲学是知行合一的。

价值哲学分由科学的“真”、道德的“善”、艺术的“美”、宗教的“圣”分别探讨。“存在”的超越属性也就由文化各阶层铺陈。

## 第七节　何谓哲学

“哲学”字义就是“爱智”，而实质义则是“定位宇宙”和“安排人生”。就内容上看哲学是如此。事实上，哲学虽重内容，但更要提出方法，让人们本此方法走出一条通往哲学、智慧之路。

吾人天生来就有头脑，能分辨真假对错；还有心灵，能分辨是非善恶；人天生自由，对于真假对错以及是非善恶都可以自由选择。不过，哲学强调行善避恶、求真拒假才是人生正途。哲学要从根本上着手，提出宇宙和人生的根本问题，还要提出根本的答案。

如认识论的根本问题在于：一、吾人悟性能否认识；二、认识对象有哪些；三、为何要认识真理。传统哲学肯定吾人认知的能力，也肯定吾人所思的价值。前人的许多学说都是吾人研究学习的对象。

如形而上学的根本问题，一是本体论（存在学），问及量、质、关系等问题；二是宇宙论，包括宇宙起源问题、宇宙生成变化的问题。

如价值哲学中科学的“真”、道德的“善”、艺术的“美”、宗教的“圣”，都是把终极存在的超越属性，呈现在人类文化的各阶层，同时也是人性借以提升自己的关系。

在哲学2000多年的流变中，人的主体功能一直在多面向的运用：西方希腊重“知”、罗马重“行”、中世纪重“信”，近代又回到“知”，到了当代设法在“知”“行”“信”三者的综合工作上发挥作用；中国先秦重“行”、西汉较偏重“知”、魏晋有浓厚的“玄”、隋唐重“信”、宋明回到先秦重“行”的倾向，清代以来综合的人生设法把“知”“行”“信”熔为一炉。

## 第八节　为何学哲学

哲学的功能在综合各门学问而在个别学问之上，问及宇宙和人生的根本问题而且设法提出根本的答案。

“我是谁”的人生根本问题、“世界怎么来的”的宇宙根本问题，其他学科固有涉猎，唯有哲学才有全面的探讨。

由于文化发展、社会变迁，人生宇宙观、价值观常有混淆的现象发生，哲学探讨文化各层面的科学、道德、艺术、宗教，以及其针对的“真”“善”“美”“圣”，设法安排人生，设法使社会安和乐利。

## 第九节　如何学哲学

《哲学入门》提供哲学的各个层面，可以按部就班地依着进度去学习。

首先，站在哲学之外，以文化发展的历史，看看哲学家如何发现宇宙和人生的根本问题，又如何提出各种化解之道。这历史发展是相当客观的史实和事件的铺陈。

再来，进入哲学问题的核心，讨论哲学的内在含义，问及哲学如何看待宇宙，如何安排人生。人生的生命安顿、社会的安和乐利如何设计，在“知”和“行”的双向发展中哲学的理论和实践如何落实。

最后，站在现实人生的立场，问问哲学在当代有何种意义，学习哲学对于头脑的锐敏和心灵的丰饶是否有所裨益。

在“知”的头脑功能上，知物、知人、知天等全方位的知识如何把握；在“行”的心灵功能上，用物、爱人、敬天等全方位的实践如何推动，都是学哲学者所应努力的方向。一个人生存在天和地之间如何顶天立地，一个人生活在人与人之间如何出人头地，亦都是学哲学者应注意的内涵和基础。

哲学使个人安身立命，使社会安和乐利，这种功能 2000 多年来使得中外哲学家乐此不疲。

（邬昆如）

# 第一部　认识论

我们也可以说完成的知识系统是一座殿堂，除了瞻仰这座建筑物的宏伟，也可以试着去了解它是由何种材料构成、运用何种方法建造。所有的宏伟建构无一不是从最细小的部分结合起来的，如果我们能了解这最基本的构成分子，那么再复杂的结构也会变得容易了解。因此，本章将针对认识发生的历程进行说明。我们尝试了解认识发生的场域，各种知识形成过程的材料与结果，最后才达到认识的完成。

# 认识论引言

首先从“认识论”一词之词义说起，凸显这门学科的义蕴、探讨范围与研究项目；继而概括地提示人在认知过程中的来龙去脉，也给本单元各章大略作鸟瞰。

如果哲学是一部卡车，则形而上学和认识论就是它的双轮：形而上学旨在探讨万事万物的最后根源，而认识论则在乎追问人如何知道它。

古典时期的哲人们以致力建立形而上学为己任，以人能认知为理所当然，而不以此为困惑。自近世以降，批判之风炽盛，认识论遂起而受世人所重视，并有凌驾形而上学的趋势。哲人们体会到：我们若不预先从认识论上反思人如何认知，则无从稳妥地奠立形而上学。

## 第一节　从词义说起

谈及“认（知）识论”一词的词义，我们可分别从西方语源学与中国文字学上的分析作为讨论的开端。

### 一、西方语源学的提示

Epistemology（认识论）一词，语源自希腊文之 episteme 与 logos 二词之合并。

Episteme 一词意谓“认识”，泛指人的一切阅历、见闻与学习心得。起初在认识的体会上，希腊先民尚未清楚地辨别感性知觉（aisthesis）与智性之知（episteme）。至柏拉图（Plato，公元前 427—前 347）始有意识地分辨感官经验所导致的一般日常生活之意见（doxa）与理智理解所引致的对事物本质的智悟。继而，亚里士多德（Aristotle，公元前384—前322）还进一步地把“智性之知”划分为“理论之知/theoretike”（如数学）、“实践之知/praktike”（如伦理学）与“技艺之知/poietike/techne”（如造船学），再把“理论之知”区分为“数学/mathematike”“物理学/physike”和“神学/theologike”三者。至此，“认识”之义愈显周密。episteme 一词意义丰富，它涵括着“学识”“智慧”“有系统的体系”等；凡得着知识，就是把握了世事那“普遍”“永恒不变”“放诸四海皆准”的一面，人们可以借此而为事物下定义，并可借语言而辗转传授，乃至成为人类共有的精神财产。

至于 logos 一词，则意谓着理论（Discourse），涵括着“言词”（Speech）“论述”（Account）、“理性”（Reason）、“定义”（Definition）、“原理”（Principle）、“思考”（Thought）等。希腊先民还有意无意间把 logos 与 mythos（神话）对比起来看待，借此标榜其为一“分析性之论述”（Analytical Account），以与“象征性之叙事”（Symbolic Narrative）有所分别。希腊某些宗教甚至以 logos 一词来作为那化育宇宙万物之原理，日后基督教继承了这一点，而以 logos 作为那天道降生成人之“圣言”（verbum）。时至近代，西方语文往往借着它来寓意“学问”，如英文之 Biology（生物学）、Psychology（心理学）、Physiology（生理学）等专名。

当 episteme 合并 logos 而为 Epistemology 一词，顾名思义，我们可得悉其为一门研究“认识”之为“认识”的学问，也就是说，它是以对人的认知作一认知为主旨的探讨，即以“何谓知识”“人如何认知”等问题作为研究核心，故又被称作“认知理论”（Theory of Knowledge）。

## 二、中国文字学的提示

若从词源上扣紧“知”“识”“论”三字的来龙去脉，我们可窥探到以下的一些义蕴：

**知**

许慎《说文解字》云：“知，䛴也，从口矢。”“䛴，意内而言外也。”段玉裁《说文解字注》进一步指出：“识敏，故出于口者疾如矢也。”“司者，主也；意主于内而言发于外，故从司言。”按以上的指引，我们可获得如此的提示：

1.“知”有其内容，即有被知内容被心智所把握——此所谓“意内”也。

2.“知”可外传，被知内容可表达于外而为“言词”，以传递给他人——此所谓“言外”也。

3.“知”意谓了悟，段玉裁注“识敏”一语，尤以“敏”字意谓着认知心识的一份豁然贯通、捷然地洞察到事物之核心意义，以致可以疾速地用口语来发表，故又云“出于口者疾如矢也”；盖人心口一致，心智敏捷，自然口齿伶俐。

4.“知”蕴涵意向——许慎谓“知，从口矢”，“矢”又象征着“指向”活动，即心有所向，意向着被知对象如同箭矢般指向着目标。为此，“知”涵括着“能意向之心识功能”“意向之活动”，以及“所意向之对象”；即人之所觉、所思、所悟、所言，皆意有所向，而非无的放矢，不论“意内言外”皆思之有意而言之有物。

**识**

许慎《说文解字》谓：“识，常也，一曰知也，从言戠声。”段注补充云：“常，当为意字之误也……心之所存谓之意。”上述给予我们这样的提示：

1.“识”意谓记存于心。按段氏之补充，识者意也，“心有所存谓之意”。上文又谓“意主于内”以与“言发于外”作区别，以致我们可肯定“识”以“记存于心”作为其原初义，如古人所言之“默而识之”。至于“识”字被体会为辨识之“识”则是后来的引申义，于此不论。

2.“识”与“知”为同义词，若把“知”与“识”二字一并观看，我们可有以下的察觉：

(1) 分解地言，“知”与“识”意义重叠而各有偏重，但并非互相等同。“知”与“识”之比对，乃“意内言外”与“心有所存”之对应；即“知”乃有所悟而表达于外，而“识”乃有所悟而记存于内。换言之，“知”与“识”二字吻合于“意内”（即皆寓意着内心有所悟），但“知”尚且有“言发于外”之面向，“识”则偏重在“记存于内”这一焦点上。

(2) 圆融地讲，“知”与“识”可合并而混为一谈，在一般的用语上我们惯常把此二字合并为一词，而不刻意地对二者加以分辨。原因是："知"之"意内言外"与"识"之"记存于内"之偏重并非全然地绝对对立。"知"与"识"除了均有"意内"之义，尚且或多或少地牵连着"言外"；那就是说，"言外"不必然是向别人发表为口语，也可借默识而成为内在的"心语"，即人可向自己发表言语而记存于心。"心有所悟"并非全然与语言无关。人在辨识推理中固然不缺乏语言，而那记存于内心的概念也并非全然脱离语言来存在。概念不异于心语，概念即心语。

**论**

《说文解字》谓："论，议也。"段玉裁注："论以仑会意；仑，思也……理也。""议者……人所宜也，言得其宜之谓议。""凡言语循其理、得其宜谓之论。""论"字至少蕴含着以下的意义：

1."论"寓意着"思"——有思考内容在议论中呈现，故曰"论以仑会意；仑，思也"。

2."论"乃"思"被编成"理"——在"论"中被呈现的思想并非杂乱无章的"胡思乱想"，而是具有法度、条理的理论，故曰"仑……理也"。

《说文解字》谓："理，治玉也。"段注引《战国策》而谓："玉之未理者为璞，是理为剖析也……凡天下一事一物，必推其情至于无憾而后即安，是之谓天理，是之谓善治。"是故"理"字原意谓"治理"，雕琢璞玉使之成器，再引申为"修理""清理""料理""整理"等义。把"理"字放在思考议论脉络上看，则其意义丰富而多元：

（1）推理义——即按部就班地思考，把思路"尽精微"地推至极致，也"致广大"地把概念加以区别。是以段氏引戴氏《孟子字义疏证》云"理者，察之而几微，必区以别之名也"。

（2）义理义——思路"尽精微"地被推至极致，而把握到事物之核心本质，使那些环绕着这核心义之论点得以呈现来龙去脉，共同建构成一套首尾相连之义理。如朱熹在补充《大学》"格物致知"项目时所说："天下之物莫不有理。""必使学者即凡天下之物，莫不因其已知之理而益穷之，以求至乎其极。至于用力之久，而一旦豁然贯通焉，则众物之表里精粗无不到，而吾心之全体大用无不明矣。"

（3）条理义——那环绕着核心义之众论点经“致广大”地分门别类、排列成序而显得井然有条，是为“条理”。是故段氏引郑注《乐记》而谓“理者，分也”，即分辨清楚，各有定份，并补充说“得其分则有条而不紊谓之条理”。

（4）合理义——所推论出来之义理并非违反理性，而是合情合理的论说。合情者指不违反人之常情，合理者指合乎平正中立理智之引导，纵贯地相应天道天理，横摄地放诸四海皆准，广为有理性之人所接纳。

总括言之，“理”字意义多重而彼此连贯，共同汇合成一整体义，指谓着那按理性与含条理而思维之义理。至此，“仑，理也”一义可明矣。

3. 所思之“理”被表达得宜而为“论”。《说文解字》又以“论”与“义”为同义词，而一般用法又惯常把二者合并为“议论”一词，则二字之密切关联可见一斑。站在“议”的前提来探讨“论”，“论”乃是指那恰当地被表达之思路。凡思维理路本身“持之有故，言之成理”，说起来头头是道，言辞恰当得体，适合时宜与场合，是谓得其所宜。

4. 表达得宜之“理”禁得起非议而为“论”。当“论”字构连着“议”字时，则表示所发表的理论不再是独白，而是可供议论的对谈，积极的可听取别人的建议，消极的可回应他者的非议，甚至可力排众议而禁得起挑战，乃至自成一家之言而发人深省，给后人引发更高更深远的启示与思维。

总而言之，“论”字意谓着一套有条理之思考、表达得宜、禁得起考验、可供作开放性的检讨。

## 三、词义透显下的认识论

我们已先后分析了 episteme 和 logos 之词义，也探讨了“知”“识”“论”三字的义涵，相信大概可知认识论这门学科的宗旨。诚然，不论是 episteme 与 logos 二词合并而为 epistemology，抑或是“知”“识”“论”三字合并而为认（知）识论，皆向我们透显着一门以研究认识为己任之学问，它以“知识之为知识”（Knowledge as Knowledge）作为探讨目标，企图“对认知作一认知”（Knowledge into Knowledge），以能对人的“认知活动”（Act of Knowing）与“被知视阈”（Horizon Known）作一“体认”（Appropriation），并以对“能知”与“所知”之“符应”（Adequation）作一检示，借此有条理地兑现出一套相关论述。顾名思义，认（知）识论向我们投掷出一个研究范围，其中蕴涵着以下的一些要点：

**认知心**

认识有其“主体极”（Subjective Pole），即知识的获取预设着有一认知主体（the Knowing Subject）进行着认知。凡谈论知识，就须预设并肯定有一能知之心识、拥有着一系列之认知器官（Knowing Organs），如那能知觉的眼、耳、鼻、舌、身等外五官，以及那能了悟的理智（Intellect），以作为认知活动之根据。

**认知功能**

能知之主体及其根器蕴涵着一套认知功能（Knowing Faculties），即外五官之视觉、听觉、嗅觉、味觉、触觉等功能，以及理智之悟性功能（Power of Understanding），以容许人借此意识外物、了悟事理。

**认知活动**

以认知功能为本，人可引申一系列认知活动（Acts of Knowing），即视、听、嗅、尝、触等知觉活动（Acts of Perception）以及理智的理解活动（Act of Understanding），借此容许人实际地把握被知事物。

**被知客体**

知识也有其“客体极”（Objective Pole），即认知活动寓意着有“被知对象”（Object Known）被把握。那就是说，有“被知境界”（Horizon Known）临现于认知主体以构成知识，例如视、听、嗅、尝、触等知觉活动摄取着色、声、香、味、触等外境事物，而理智的理解活动也对应着被理解之对象本质内容（Essential Contents of Objects Understood），借此孕育着知识。

**心识与对象之符应——真理**

当能知心识对应着所知对象，使心智所把握之内容符应着被知事实，我们就此把握到事物之真相，我们称之为真理之达致；真理乃理智与对象之“符应”，亦即主体所把握之内容与被把握对象事理之互相吻合应和。人在认知中求“真”，“真”乃是人作为认知者所向往之价值，达致真理，就是达致求知之目标。

上述的论点都会在认识论的探讨中涉及。然而，我们仍会继续追问：人究竟如何认知？人如何经历其认知过程（Process of Knowing）才达致真理？人在认知中究竟经历了怎么样的阶段始达致认知心与被知事物之符应？此等问题显示了认知过程作为认识论的一个核心反思。

## 第二节　认知过程

或许我们可以借以下的典故来对认知过程之究竟作一初步的体认。

《韩非子 · 说林上》有这样一段：

> 隰斯弥见田成子，田成子与登台四望，三面皆畅，南望，隰子家之树蔽之。田成子亦不言。隰子归，使人伐之。斧离数创，隰子止之。其相室曰："何变之数也?"隰子曰："古者有谚曰：'知渊中之鱼者不祥。'夫田子将有大事，而我示之知微，我必危矣。不伐树，未有罪也；知人之所不言，其罪大矣。"乃不伐也。

战国时齐人隰斯弥往访权臣田成子，把酒谈笑。主人家一时兴起，邀请客人同登高台欣赏风景。眺望四周，发现东、西、北三面景色皆畅览无阻，唯独南面视野却被隰斯弥家的参天大树所遮蔽。田成子当时不发一语，只是隰斯弥狐疑："他带我登高远眺的用意何在?"返家后，隰斯弥遂吩咐管家把大树砍了。然而，用斧头才砍了几下，隰斯弥又起而制止。管家问："主人的主意为何改变得如此快速?"隰斯弥叹息道："古人有句谚语说：'知道渊中之鱼者不祥!'（《列子 · 说符》：'察见渊鱼者不祥，智料隐匿者有殃。'）田成子其人充满野心，想举大事，如果我明示自己能晓得他心中的隐微，正是自陷险境。不去砍树，没什么罪过；知人所不言，则犯了人家的大忌!"为此，隰斯弥决定保留这棵大树，以免锋芒毕露而招杀身之祸。

《韩非子》的原意或许只在彰显一位明哲保身之士的聪慧，我们感到兴趣的是他那耐人寻味的反思经过。我们可以引用它来作为人认知过程的一个写照，并且把其心路历程作以下的排比：

**大树的遮挡——经验**

一个单纯的造访竟然引来了一份不寻常的经验（Experience）：主人家带客

人登楼远眺，不失为一份友好的表示，也算尽地主之谊，但谁料想到会在高处瞥见自己家门口的大树遮挡了对方的视野。隰斯弥看在眼里，也震撼在心头！

**第一重询问——悟性问题**

于是，隰斯弥在狐疑："他为何要带我登高远眺？让我看见这景象到底有什么用意？他的这一举动究竟动机何在？"这一类问题可被约化成这样的一重询问"这是怎么一回事"（What is it），即凸显了一个人在经验到一事物而尚未理解它的意义时所提出的询问。这是一份悟性问题（Question for Intelligence），为的是在经验中寻求理解。

**直接洞察——理解**

凡通过悟性问题的带动，人将获致一个初步的了悟——一份"直接洞察"（Direct Insight），借着它，人对所经验的事物获得了一个直接的理解（Direct Understanding），理解到一事物的含义。隰斯弥在询问中有所了悟，获得这样的洞察："对方大概是嫌我的大树阻挡了他家的风光吧！不然，他又何必借故带我临高张望！"在这份洞察的引领下，他作了一些构想与计划：既然如此，自己也不妨给对方一个方便，给他卖一个人情，让他高兴一下，也算成人之美，反正我家的植物多得是，少一棵树又算什么！

**第二重询问——反省问题**

然而，在隰斯弥吩咐管家砍树之际，另一重质疑涌现在心头："事情就是如此的单纯吗？难道田成子就只是有意无意间让我看到大树蔽景之事？他是否别有用心？"这一系列的追问可被约化为"是否如此"（Is it so）这样的一个询问模式，可方便地称之为"反省问题"（Question for Reflection）。此时人所要求的不再是单纯地去理解一件事情，而是要确定先前的理解是否符应事实，即要求印证所理解的意义是否符合事实真相，以致须对整件事件作一反省。

**反省洞察——判断**

在反省问题的导引下，我们将灵光乍现地获得另一层次的洞察——一份经历反省而后获悉的洞察，我们可称之为反省洞察（Reflective Insight），其中所把握到的理解可称作反省理解（Reflective Understanding）。以隰斯弥的事件为例，他此时所得着的洞察与理解可能是：

1. 不！对方并非只让我远眺风景。

2. 对！对方应该是在试探我是否能洞悉先机。

3. 大事不妙！他是在试探我而暗藏杀机，我可不要被他识破我的心思。

4. 即使他并没有这样的居心，我砍树的行为就等于给他机会知道我的心思，这可对我不利。

这份反省洞察可被约化为“是！正是如此”（Yes，it is so）与“不！并非如此”（No，it is not so）这样的公式，其特色在于人洞察到先前的理解符应事实或不符应事实。当人一旦获得了反省洞察，他就不得不作出判断（Judgment），以肯定或否定自己的想法为吻合真相。隰斯弥的判断是：“事情可不单纯！我可不要被他识破。”“知人之所不言”犯了人家之大忌。换言之，他洞察到先前的理解其实与事实有一段距离，不得不下判断去修正自己的想法。

**第三重询问——衡量问题**

在一般情况下，人的认知完成于判断。例如，当我确定“2 + 2 = 4”是正确的时候，我对这道数学题的认知就此完满。然而，某些情况带动我转往实践，在付诸行动之前会出现第三重询问——衡量问题（Question for Deliberation），其公式是“是否值得”（Is it worthwhile）。以隰斯弥的情况而言，接踵而来的问题是：“我应该如何回应？我如此对策是否值得？”“既然田成子之举动在于试探，我以不砍树作为对策是否值得？”“衡量问题”所询问的前提是：人在实践上所该兑现的价值为何，以这价值迁就另一价值是否值得。隰斯弥所面对的是“生命价值”（Vital Value）与“快感价值”（Pleasure Value）：砍树以逞一时之快却招致杀身之祸，这样做是否值得？价值分不同等级，若两个不同层级的价值不能二者兼得之时，人所应该做的是舍低就高：舍快感而就生机（例如宁吃苦药以恢复健康），舍生取义（如孟子所言“无求生以害仁，有杀身以成仁”），隰斯弥的个案并未需要他面对“道德价值”（Moral Value）来作抉择，却需要他在面子与生死之间选取。

**德践洞察——抉择**

因着衡量问题的指引，隰斯弥达致另一层面的洞察——德践洞察（Practical Insight），他的洞察是：应该明哲保身，不要因一时冲动而自陷险境！德践洞察带人达致抉择（Decision）与践行（Practice）。当人发现应该如何实践才算是有价值时，他须当机立断，取其所当为而为之。在隰斯弥的例子上，他洞察到自己须明哲保身，就当机立断作出抉择，即在大树被砍倒前及时制止。人在践行上“有所为”“有所不为”。隰斯弥的“有所为”是制止大树的被砍倒，其“有所不为”是勿锋芒毕露。隰斯弥作了明智的抉择，实践了应实行的举动；即使他被田成子误会为笨蛋，到底他的性命保住了，而后人也认为他的回应之道是对的。

**思考**

于此，我们发觉到这样的一个事实：当人从一个认知阶段转入另一个认知阶段之际，他总会因应着不同的问题而引申思考（Reasoning），思考乃成为贯穿各个认知过程的活动。换言之，人从其个别的经验中产生理解，来下判断，并最后作出抉择，他就从不同形式的询问中思考着，借此获得不同层面的洞察，而得以从一个过程转进另一个过程，就此发展出一段完整的认知历程。隰斯弥的例子是人认知过程的一个典型，其经历可借下列图表来示意：

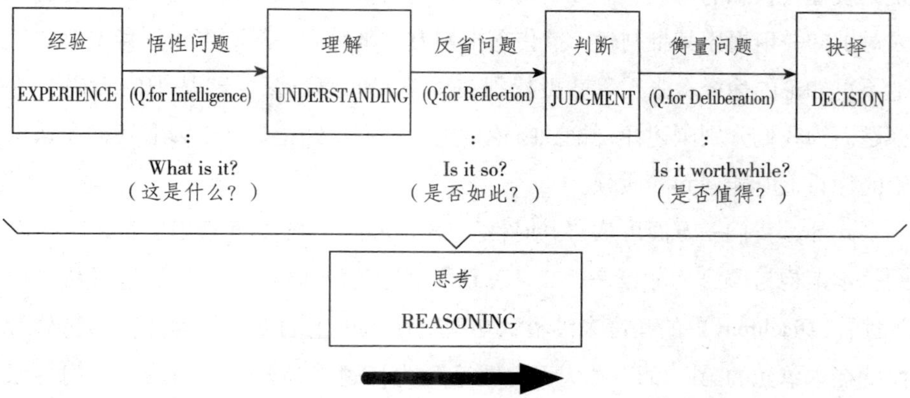


以上分析已经让我们不知不觉进入了认识论的堂奥，体会着“人如何认知”。隰斯弥的故事并不特别标榜认识论的反思，但隰斯弥在其思言行为上表现了人是有意识的认知者；推而广之，我们可以在任何人物的言论或行实中俯拾即是地找到与认识论相应的例子。我们以隰斯弥的事例而举一反三，可了悟认识论的基础性。认识论所涵括的讨论范围是如此的基本，以致任何人的思言行为都逃不出认识论的权限。修习哲学，就须从认识论入手，借此获得一个稳妥的门径去探讨宇宙、定位人生。

为了要对认识论作一个较深入的讨论，我们将在正文内以四个不同的章节来凸显认识论的一些重要项目：

首先，我们既已意识到思考活动在贯穿着整个认知过程的每一个阶段，就有必要交待逻辑思考的分析。逻辑寓意着人须借着思考而认知，而逻辑学标榜着正确思考的运作程序。第一章以“逻辑——认识工具”作标题，由潘小慧教授执笔，用以介绍逻辑的内涵以及思辨推理的规则等事项。

人为求达到知识，他除了思考，尚须经历着经验、理解、判断等认知阶段，而且还在跨越不同的过站中牵连着感性与理性的互动。我们以“认识的历程”一标题来道出本单元第二章的宗旨。此章由尤煌杰教授撰写，借此刻画人认识知识的来龙去脉；尤强调“认识”与“知识”二词之分辨、人意识的特质、认知的过程、感性与理性的互动，以及整体认知的完成。

并非所有的人都肯定并体会到人可顺利地获得知识，有部分人士对人能否获知保持着怀疑的态度，此所谓“怀疑论”是也。怀疑论与独断论对立：怀疑论质疑人认知的可能，而独断论未加批判而素朴地强调人可达知识。也有哲人对求知一事提出其批判论，欲借着批判方式来奠立认知的事实，其中有的走上不可知论的途径。张雪珠教授特别在本单元的第三章以“认识的障碍”为标题而为我们分别阐述怀疑论独断论批判论和不可知论等，以彰显我们在认识论的探讨上所能遇到的瓶颈。

此外，我们一方面可从“共时性”（Synchrony）的角度来指出认识论探讨的基本架构与项目（如第一、二、三章所展陈的反思），另一方面也可从“历时性”（Diachrony）的角度来涉猎认知理论在历史上的发展。为此，邬昆如教授就在本单元的第四章以“认识的理论”为标题来为西方认识论中各门各派在历史上的发展走向作一个纵贯的论述，从希腊时期、中世纪时期，而至近代、现代的思潮，一一介绍，以让我们得悉历代哲人的异同、贡献、困惑与互补，使读者能借此异中求同、去芜存菁，而建立起一套属于自己的认知理论体系。

（关永中）

# 第一章　逻辑——认识工具

本章共分四节：

第一节，逻辑简介。首先介绍“逻辑”一词的意义。其次从逻辑史的发展介绍两种逻辑。接着指出逻辑的对象为思想的形式及其正确性。最后说明传统三大思想律。

第二节，概念与语词。首先指出概念的形成。其次说明概念的内涵和外延。之后说明定义。

第三节，判断与命题。首先指出判断（命题）的意义与结构。其次介绍判断（命题）的种类。之后说明定言判断（命题）的意义与种类。

第四节，推理与论证。首先指出推理（论证）的意义与种类。其次介绍间接推理两大类型：演绎与归纳推理（论证）。之后，指出定言三段推理（论证）的意义与结构。

哲学的基本入门在于讨论知识的问题。知识作为思想的结果，有关乎思想形式（form）的部分，也有关乎思想内容（matter）的部分。认识或思想按照一定的法则进行，此即认识或思想的形式的部分；探讨思想法则的学问，也就是所谓的“逻辑”。逻辑作为进一步探讨一切思想内容的真理的基础与入门，而堪称为认识工具。

## 第一节　逻辑简介

### 一、"逻辑"一词

逻辑，英文就是 Logic，又称为"理则学"，在西方各国文字中，其书写和读音大体都很相近，而起源于希腊文逻各斯（Logos），原意为思考、思维与表达思维。这门学问最早传到中国是在明末天启年间，但当时尚未流传开，直到清末民初才再度传到中国。刚开始的几十年间，其中文名称都未能统一，有称为"论理学"的，有称为"名学"的，有称为"名理"的，也有主张称为"辩学"的，以音译的"逻辑"并用通行。理则学这个名称是孙中山先生所译。他说："然则逻辑究为何物？当译以何名而后妥？作者于此，盖欲有所商榷也。凡稍涉猎乎逻辑者，莫不知此为诸学诸事之规则，为思想行为之门径也。人类由之而不知其道者众矣，而中国则至今尚未有其名，吾以为当译之为'理则'者也。"

### 二、两种"逻辑"

从逻辑史的发展来看，逻辑可分为两种：一为形式逻辑（Formal Logic），一为符号逻辑（Symbolic Logic）。

公元前 5 世纪希腊有所谓的智者（Sophists）出现。当时很出名的有普罗塔哥拉（Protagoras，公元前 481—前 411）和高尔吉亚（Gorgias，公元前 483—前 375）。他们重视口才辩论，重视逻辑条理，只是没给后人留下逻辑的规则。正式以逻辑学问世的应首推亚里士多德，他创立了以主谓词式的命题作为推理论证的根基，且建立以演绎法（Deduction）以及三段论证（Syllogism）为主的思想方式，著有《工具论》（*Organon*）一书。因此，形式逻辑又称为主谓逻辑或亚氏逻辑。

中世纪的欧洲哲学以经院哲学（Philosophia Scholastica）为最盛。经院哲学的研究方法承自于亚氏的逻辑学。托马斯 · 阿奎那（St. Thomas Aquinas，1225—1274）著作主要采用三段论证。其他研究亚氏逻辑学者，有吉尔伯特 · 波雷塔（Gilbertus Porretanus，1076—1154）著《六原则论》（*Liber Sex Principiorum*），大阿尔伯图斯（St. Albertus Magnus，1206—1280）和托马斯·阿奎那著《亚氏逻辑学注释》，邓斯·司各脱（J. Dun Scotus，1265—1308）著《范畴论》，教宗约翰二十一世（Petrus Ispono）著《逻辑学大全》（*Summa Totius Logicae*）。

到了中世纪末，英国哲学家培根（Francis Bacon，1561—1626）以为亚氏以来的形式逻辑不足以获取新知识，于是另著《新工具》（*New Organ*）一书，创立了一种新的求知方法，即归纳法（Induction），开近代科学方法论的先河。继培根之后，重视归纳法的著名代表为穆勒（John Stuart Mill，1806—1873），他于1843年出版《逻辑学》（*A System of Logic Ratiocinative and Inductive*）一书；严复曾将该书译成中文，名为《穆勒名学》。近代哲学大师如笛卡儿、康德和黑格尔等人仍主张演绎法，且比传统的经院哲学更严格。19世纪末叶，天主教各修会及培养教士的修道院中，经院哲学被列为必修课程，而逻辑学为诸科目的开端。2000多年来，形式逻辑一直是逻辑学的正统，故又称为传统逻辑。

符号逻辑又称为数理逻辑或现代逻辑，起源自德国哲学家莱布尼茨（G. W. von Leibniz，1646—1716）。莱氏以为亚氏逻辑有许多困难，其应用范围也有限，于是主张设立一套符号以代替文字的地位，使每一符号表示一个意义，并且以数字方式为推理的方式，以避免意义的混淆。这个理想他只作了一小部分的尝试。直到19世纪的中叶英国的两位数学家狄摩根（A. De Morgan，1806—1878）和布尔（George Boole，1815—1864）发明逻辑代数学（Algebra of Logic），德国的学者弗瑞格（G. Frege，1848—1925）正式完成了一套逻辑符号演算系统，由是再发展为符号逻辑。到了20世纪，对于符号逻辑贡献最大者为英国哲学家罗素（Bertrand Russell，1872—1970），他与怀特海（A. N. Whitehead，1861—1947）合著《数学原理》（*Principia Mathematica*）一书。

## 三、逻辑的对象

逻辑是一门什么样的学问？粗略地说，它是一门从事于人的思考研究的学问。那我们是否就可以简称逻辑为“思考学”呢？事实上，“以思考为逻辑对象”的主张是笼统的，甚至会导致逻辑与从事思考研究的心理学混淆不清。为了避免这种错误，我们必须针对“思考”作一分辨。

首先，从我们心理所发出的“思考”可以分析出四个要素，分别是“思考主体”(thought-subject)、“思考作用”(act of thinking)、“思考对象”(thought-object)和“思想本身”(the thought)。“思想本身”与“思考作用”对照至少有三点不同：思考系属于主体，思想则不然；思考受时间约束，思想则不然；思考关乎心理的事，思想则关乎论理的事。

思考属于心理学。心理学是探讨有关实在的思考动作之发生、进展程序以及思想惯例或思想型等问题。至于涉及思考动作实现的最后根由的问题，如思考能否追溯到物质作用，它是否是大脑所发生的动作，或者仅仅是大脑动作的一个副象，或归根结底它是一种由自我主动发生的精神动作，则属于哲学人类学的研究主题。除了以上这些由思考的心理实在性所引起的问题，还有一些根本不同的问题，它们是从思考所含的内容（即思想本身上）发生的。这些问题既是集中于讨论一种论理的事物（即思想），因此它们必不能归之于以“实在的思考”这种心理事物为对象的心理学及哲学人类学的范围，而必须由不同的学问专门探讨。我们无法用仅适于心理事物的方法去把握它，因此必须用适于论理事物的特别方法去研究。

思想具有两个不同的方面：一是思想内容及其与对象的关系；一是思想内容本身所呈现的组织或内在结构，即思想形式。因此，关于思想的一切问题至少应该由两门不同的学问加以研究。其中，关于思想内容本身能否与事物相合之真实性问题属于认识论的范围；至于思想形式以及其结构正当与否的问题则属于逻辑的特有对象。

除了思想自身的形式，还可以从思想和对象的关系上谈到思想的另一种形式，它是出自思想作用所具有的趋向于对立事物的方式。由于此趋向的方式有三种，即对于对象予以“纯粹表现”或“肯定、否定”或“引申出未知的”，遂形成了思想作用方面的三种基本形式，即“概念”(concept)、“判断”(judgment)和“推理”(reasoning)。其中概念是思想的最小或最基本单位，本身无真伪可言，只有清晰明了与否；判断至少由主、宾两个概念组成，知识寓于判断，故知识至少必须以判断的形式呈现，判断有真伪；推理至少由前提和结论两个部分判断组成，是逻辑的主要研究对象，推理有正确、不正确之分。

因此，我们可以界定逻辑是“研究思想形式及其正确性的一门哲学学问”。

## 四、传统思想律

思想是有其组织架构的，不是漫无章法的，这就是所谓的法则或规律。传统上有三条基本思想律：

同一律（Law of Identity）

同一律的常见形式有：(1)“A = A”或“A 是 A”，如说“人是人”“牛就是牛”(牵到别处还是牛，本性难移)，表达出每件事物皆与其自身等同。(2)“一个命题 P 若为真，则 P 是真”，如说“托马斯 · 阿奎那是神哲学家”命题若是真，则“托马斯 · 阿奎那是神哲学家”为真，表达出命题真即真、伪即伪之一致性。这一思想律之真，是一目了然，本身即足够说明其为真。在符号逻辑中，A⊃A（读为“A 含 A”）或 A = A（读为“A 等于 A”）。

矛盾律（Law of Contradiction）

矛盾律其实应该是“不矛盾律”，意即“在同一个观点之下，一事物不可同时既是 A 又是非 A”，如此就是矛盾的。它的常见形式有：(1)“A≠非 A”或“A 不是非 A”，如说“A 不是非 A”“人不是非人”。(2)“任何事物不能既是 A 又不是 A”，如说“任何事物不能既是杯子又不是杯子”。(3)“任何命题不能既是真又不是真（伪)”，如说“‘太阳从东边升起’命题不能既是真又不是真（伪)”。这些都表达出“凡是的不能同时又不是”“对同一件事物，不可能同时是又不是”以及真与不真（伪）在二值逻辑的对立性。

矛盾律其实是同一律的另一形式，和同一律一样都是自身明显。若同一律为真，则此律亦为真。是 A 又是非 A 为假（是不可能的)，或 A 又是非 A 等于零（空集合或空类)。例如：一个人不能同时既是孔子又不是孔子。

排中律（Law of Excluded Middle）

排中律是说，在一个论域范围内，任何事物不是归属于 A 就是归属于非 A（A 与非 A 构成整个论域)；也就是说，是与非两者必居其一，排除有中间或第三种可能性。这一原理的常见形式有：(1)“A 或非 A”或“不是 A 就是非 A”，如说“不是人就是非人”。(2) 任何事物不是 A 就是非 A，二者必居其一，如说“任何事物不是人就是非人”。(3) 任何命题不是真就是不真（伪）——非真即伪，如说“张三去年结婚了”这一命题不是真就是伪，不是伪就是真。

排中律是不矛盾律的另一形式，意思是：矛盾的双方不可能同时存在，如果我肯定一事，则必然否定它的矛盾；反之，如果我否定一事，则必然肯定它的矛盾了。排中律本身亦是明显的，其真实性如同一律和不矛盾律一样。

总之，此三条基本思想律呈现出一件事物的三种基本理解：首先，一件事物必定等同于它自己；其次，它不能同时还等同于与它自己矛盾的一方；再者，一件事物不是隶属于某一小范围就必定隶属于某一小范围以外的范围，没有第三种可能性。

## 第二节　概念与语词

### 一、概念的形成

一切的知识都是由感官和经验开始。例如，我们与许多人接触，发现他们之间有很多的区别，有些是瘦的，有些是肥胖的，有些是高大的，有些是矮小的，有的是男人，有的是女人，肤色有黑有白，脾气温和或暴躁不等，有的笑容可掬，有的眉头深锁，有的体格魁伟，有的羸弱不振等等。理智理会了这些区别，加以比较，发现有些性质可以去掉而为别的性质所替换，同时也发现有些性质在任何情况之下都是不变不易。

抽象作用（abstraction）就是理智把个体中非主要的特性抽去，只留下必要的、主要的性质。这些主要的性质是一物之所以为该物的共相（univeral），即概念。普遍概念是理智的产物，是理智在理解事物的过程中所产生者。普遍概念的普遍性是存在于人的理智中，不能离开理智而独立，虽然它是根据具体存在的事物。所以说普遍性是在理智中，而其基础是在事物的本身。

### 二、概念（语词）的内涵和外延

讨论一个概念或语词有两个方面——一方面是概念或语词的意义部分，一方面是概念或语词的指谓部分——也就是内涵和外延两个层面。

**概念（语词）的内涵**

概念的内涵（intension，connotation）就是思想的内容，可定义为“构成一概念元素之总和”或“特征的和”。

**概念（语词）的外延**

概念的外延（extension，denotation），或称指谓，是指一概念所能应用的范围，可定义为“一概念能代表的个体和集体的整和”或“对象的和”。例如人的概念是“有理性的动物”，其外延是一切的人，由亚当、夏娃开始，一直到最后一个人为止，不管是中国人、外国人、男人或女人、大人或小孩、文明人或野蛮人，都是组成人的外延分子。这样，“人”字便是一个类的名称，可叫作类名。但如“孔子”或“苏格拉底”是单指着一个特定的个体而言，可叫作专有名词（专名）；“地球”“中国”等也都是专名。专名也可以看作只有一个单一分子之类名，即“个体类”。此外还有所谓“空类”，即是一个类名所指之类中并无任何分子存在，例如说“飞马”“圆形方”“现任美国的国王”等。这些作为类名都是空类，但是并非没有意义。这些空类的类名有其内涵却无其指谓。

两个或两个以上的概念（语词），如果内涵和外延都相同的话，它们就是“同一概念（语词）”。如果内涵不同而外延相同，它们就是“同义概念（语词）”；如类名“女性”与“女士”，又如专名“李商隐”与“李义山”等都是。如果内涵和外延都不同的话，它们就是“别义概念（语词）”，如“杯子”与“桌子”“花”与“麦克风”。

**内涵和外延的关系**

一个概念（语词）之内涵和外延有其规则：概念的内涵不能增加或减少；概念的外延能增加或减少，但不能妨碍概念的本质。内涵和外延的关系成反比例：内涵增加时，外延数量减少；内涵减少时，外延增加。例如当“女人”这个概念增加“长头发”的内涵变成“长头发的女人”这一新概念时，不是长头发的女人（如短发或剔光头的女人）将被排除导致外延数量减少；又当“女人”这个概念减少“女（的）”这个内涵变成“人”这一新概念时，男人将被纳入导致外延数量增加。

## 三、定义

**定义的目的**

清楚明确的观念与概念是思想正确的先决条件，概念模糊、浮泛则是探求真理的阻碍。在已有的具体知识基础上，我们要使概念明确，必须应用两种逻辑方法，就是“定义”与“分类”。这里只介绍定义部分。

关于定义的目的，可归纳为四点：

1. 说明新词：这类定义多半用在专门学问的专门术语。例如几何学上的“圆周率”，心理学上的“制约反应”，国际贸易上的“出超”“入超”，医学上的“SARS”（严重急性呼吸综合征）等。

2. 除去双关语：在一词多义或语意双关（ambiguity）中，两个或两个以上的不同解释容易造成混淆不清的情况，此时只要以定义的方式限定上下文脉的意义就可以排除其他意义，澄清混淆。例如，直截了当地指明：“这里所谓的‘黄牛’是指以不正当的方法买票卖票，提高票价以赚取利润的人。”

3. 确定语词界限：这主要为了避免词义含糊（vagueness）而引起的误解。例如量体温，对于什么是热，什么是发高烧，不同的人有不同的感觉，就必须要以确切的温度（包括测量的方式）来确定。对于 SARS 而言的“发高烧”意即体温超过 38℃。

4. 简化词语：只要第一次使用某术语或专门语词说明其确切意义后，之后再提及时即可直接使用该术语或专门语词，这就是简化词语、避免冗长之效。

### 何谓“定义”

定义是一个句子能说出一事物是什么。当我们问“某物是什么”时，所能有的最佳回答即是定义。如问“人是什么”，若回答说“人是一种有理性的动物”就是一个相当理想的定义，若回答说“人是一种会笑的动物”则略逊一筹，若回答说“人是一种不同于一般牛、羊、狗等动物的动物”则是一个虽不错误却不清楚的回应。对于一事物的观念或概念的把握必须借由认识事物而来，所以在下定义之前必先认识事物。一个理想的概念和定义是能够将事物的全部本质毫无缺漏地呈现给我们。但人的理智有限，所以本质的定义寥寥可数、不可多得，我们也只好求助于其他类型的定义。

### 定义的种类

定义分字义（nominal definition）和实义（real definition）两种。字义是讲一个名词（物）在文字方面的意义。实义则指出该事物是什么及它与其他事物的区别。在哲学上，实义比字义更为重要。

实义可依照所列举的特征基本与否，而分成本质定义与非本质定义两个类型：

1. 本质定义（essential definition）乃是用基本特征去解释事物本身的句子。它只包含构成事物的本质要素，严格的本质定义必须是类概念加上种差两个要素合成的，如“人是一种有理性的动物”以及“正方形是等边直角的四方形”便是。

2. 非本质定义或描写定义（descriptive definition）乃是用非基本特征去解释事物本身的句子。这种定义固然次于本质定义，有时也足以将一事物与其他事物分辨开来，也并不否定其在学术上及哲学上的价值。一般而言，演说家和诗人比较喜欢用这一类具体描写事物的方法。

**定义的规则**

1. 在可能范围内应力求本质定义。

2. 定义中被定义项与定义项应是完全一致、可互相取代的。例如“天鹅是有白色羽毛的水禽”就违反此规则，其定义项范围大于被定义项。

3. 定义必须是明确的，应避免使用罕见难懂及意义不明确的语词。

4. 定义内不可掺杂被定义的字，以免造成定义循环的谬误，例如“形而上学是一门研究形上之物的哲学学问”便是。

5. 定义应是肯定句，至少应是肯定否定参半的句子。因为否定句如“鲸不是鱼”，只说出事物不是什么，对于事物是什么则未加任何确定。

6. 定义愈短愈好，对于解释事物无益或多余的语词尽量去除。

## 第三节　判断与命题

### 一、判断（命题）的意义与结构

一个人在日常生活中，每天经历许多事务，下了许多判断，也说出或写出许多命题。判断和命题与思想相关，都表达出思想。判断作为思想三形式之一，有命题常先有判断；有判断却不一定有命题，因为可以选择不说出也不写出，而只停留于思想当中。

**判断（Judgment）的意义与结构**

判断是由主概念（Subject）、宾概念（Predicate）及维系作用（Copula）等三个元素构成。判断是理智的行为——维系或断定作用，判定主、宾概念间的相合或不相合。因此，判断不是肯定（is）就是否定（is not）。例如“台湾是个美丽之岛”，将“台湾”和“美丽之岛”两个概念相联（肯定）；又如“张三不吃不喝”，则将“张三”和“吃喝”两个概念分开（否定）。至于一个判断的真伪，端赖于它是否与事实相符合。

**命题（Proposition）的意义与结构**

判断是理智的内在行为，必须借由命题方可表达而出。因此，命题可说是一种有真假之辨的陈述句（statement），表达出两个概念的相合或不相合。据此，命题作为判断的可感觉标记，也包含三个构成元素：主词、宾词和系词。中文里系词可以是“是”“为”“系”等，而且常是被省略的。例如“他在演讲”即是“他是在演讲”，系词潜伏在动词中；又如“水清”意即“水是清的”，不同于“清水”，显示有时系词在命题内可借由语词的位置呈显出来。

我们可将判断（命题）的逻辑结构综合如下：

| S（Subject） | C（Copula） | P（Predicate） |
|---|---|---|
| 主概念（主词） | 维系作用（系词） | 宾概念（宾词） |
| | 肯定（is）与否定（is not） | |

## 二、判断（命题）的种类

判断（命题）的分类很多，可以根据性质、分量和形态来分，也可以主宾关系的简洁与否为基础，区分为定言和制约判断（命题）两种。

**定言（Categorical）判断（命题）**

这是一种将一个宾概念（宾词）指向一个主概念（主词）加以简洁断定的判断（命题）。

**非定言或制约（Conditional）判断（命题）**

由此建设出多个主或宾间的错综关系的命题。例如“如果将温度降至0℃

以下，水就会结冰”是个假设命题，又如“星球或是动或是静”是个选择命题。此外还有其他类型的命题，如关系式命题、价值命题、应然命题等。

### 三、定言判断（命题）的意义与种类

至于标准定言判断（命题）的结构，包括质（性质）与量（分量），其中质由维系作用（系词）决定，量由量词决定。可表述为：

量词＋主概念（主词）＋维系作用（系词）＋宾概念（宾词）
(Quantifier + Subject + Copula + Predicate)

至于定言判断（命题）的种类，依照其质与量之结构，两者相组合就构成四种：全称肯定、全称否定、特称肯定、特称否定。为了表达方便，我们用大写的英文字母 A、E、I、O 分别代表四种定言判断（命题）。逻辑上以拉丁文Affirmo（“肯定”之意）中的两个元音字母 A 与 I 分别代表“全称肯定判断（命题）”与“特称肯定判断（命题）；又以拉丁字 Nego（“否定”之意）中的两个元音字母 E 与 O 分别代表“全称否定判断（命题）”与“特称否定判断（命题）”。四种定言判断（命题）的形式如下：

A：全称肯定命题　All　S　is　P　例如“凡运动员是素食者”
E：全称否定命题　All　S　is not　P　例如“凡运动员不是素食者”
I：特称肯定命题　Some　S　is　P　例如“有些运动员是素食者”
O：特称否定命题　Some　S　is not　P　例如“有些运动员不是素食者”

## 第四节　推理与论证

### 一、推理的意义与种类

所谓推理（作用），是由已知的或已成立的判断（前提），依据逻辑的必然性引申出一个未知的新判断（结论）的一种思考作用。我们也将推理视为一种完备的思想形式。按照前提判断数量的多少，推理可分成直接推理和间接推理两种。

直接推理（immediate inference）的意义：从一个已知的定言判断（命题）为前提推出另一个定言命题为结论。例如："凡人皆可以为尧舜（A），所以张三可以为尧舜（I）。" A 与 I 有差等对当之关系，A 蕴涵 I。

间接推理（mediate inference）的意义：就是从多个（两个或两个以上）已知判断（命题）推出一个结论，也就是其结论是由两个或两个以上前提联合推衍得来的。

## 二、演绎推理（论证）与归纳推理（论证）

推理（论证）基本上由前提和结论两个部分组成。在逻辑上，常将推理或间接推理的方法分为两大类型：一是演绎，一是归纳。一个对确的演绎推理（论证）中，前提（合起来）必须蕴涵结论，亦即如果前提全真，则结论必然跟着为真。演绎推理（论证）中前提和结论的关系为必然关系，归纳推理（论证）则为概然关系。

演绎是由普遍推到特殊，典型的例子如：

> 凡人是会死的，
> 苏格拉底是人，所以苏格拉底是会死的。

演绎推理（论证）要求前提对结论具有必然性的（necessary）推理关系；假如前提完全成立，则其结论必定亦因之而成立。为了表明演绎推理（论证）在逻辑上的正误，可用"有效"（valid）与"无效"（invalid）两个专门术语来称谓。

归纳是由特殊推到普遍，例如：

> 第一次在这家卖场买东西是物美价廉，
> 第二次在这家卖场买东西是物美价廉，
> 第三次在这家卖场买东西是物美价廉，
> 所以，在这家卖场买东西多是物美价廉。

归纳推理（论证）要求前提对结论具有概然性的推理关系；如果前提完全成立，则其结论很可能亦因之而成立。这种概然推理关系的要求，其概然性可有大小程度的不同，不适宜用"有效"与"无效"来称谓，也不适宜用正确、不正确，比较适宜的说法是用“可靠”（reliable）与“不可靠”（unreliable）来称谓归纳推理（论证）是否符合于某种程度之概然性推理关系的要求。

演绎推理（论证）是否有效，完全决定于推理（论证）的形式，无关于推理（论证）中命题的真假。任何有效的论证不可能有前提为真而结论为假的情形。这是所有演绎论证的基本特征。由这一特征便可得到演绎推理在实用上的三大功能：第一，若是前提为真，论证有效，则结论必真；第二，若是论证有效，结论为假，则前提中至少必有一为假；第三，若是前提为真，结论为假，则论证必为无效。所谓“前提为真”是说前提完全成立，要是前提中有一个不成立，就说前提为假。

## 四、定言三段推理（论证）的意义与结构

**定言三段推理（论证）**

三段推理（论证）是一种间接推理，是由两个前提推出一个结论的演绎推理（论证）。定言三段推理（论证）则是间接推理（论证）的典型，由两个定言判断（命题）为前提推出一个定言判断（命题）为结论的演绎推理（论证）。这三个判断（命题，近质料要素）恰好有三个概念（语词，远质料要素），每个概念（语词）各出现两次，分别出现在两个不同判断（命题）中。例如：

凡人（M）是会死的（P），凡希腊人（S）是人（M），所以凡希腊人（S）是会死的（P）。

三个概念（语词）：

S（小词）——希腊人——出现在小前提中的概念（语词）

P（大词）——会死的——出现在大前提中的概念（语词）

M（中词）——人——不出现在结论中的概念（语词）

一个标准的定言三段推理（论证）中三个判断（命题）的排列次序是：大前提（含有大词P的前提）→小前提（含有小词S的前提）→结论命题。

**格式与样式**

定言三段论证的格式（figures），是以中词（M）在前提中所居的位置而

定。由于中词在定言三段论证的前提中可有四种不同的排列，所以定言三段论可有四种不同的格式。

| 第一格式 | 第二格式 | 第三格式 | 第四格式 |
| --- | --- | --- | --- |
| M – P | P – M | M – P | P – M |
| S – M | S – M | M – S | M – S |
| S – P | S – P | S – P | S – P |

至于（合格）样式（moods），是以三个大写字母表示，依序是大前提形式、小前提形式、结论命题形式名称。如上例“凡人是会死的，凡希腊人是人，所以凡希腊人是会死的”为第一格式，样式为“AAA”。

| | |
| --- | --- |
| M – P | 所有的人都会死 |
| S – M | 希腊人是人 |
| S – P | 所以希腊人会死 |

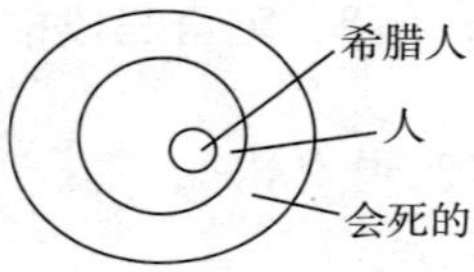


大前提中提及“所有的人都会死”，表示“死亡”的范围比“人”要大，整个“人”的范围是在“死亡”的范围之中；小前提是“希腊人是人”，“希腊人”的范围只是“人”的一部分，所以“希腊人”的圈圈比“人”的圈圈小，“希腊人”在“人”的范围中。将大、小前提连结，所有的“人”都在“死亡”的圈圈中，而“希腊人”又在“人”的圈圈中，因此“希腊人”必然在“死亡”的圈圈之中了。这在传统的三段论证中是确定的。

（潘小慧）

# 第二章 认识的历程

本章之目的在于对认识之发展历程进行一个初步的描述与分析，以作为进入认识理论的准备。

认识是一种心灵活动的历程，而知识是这个活动的结果。

认识作为一种心灵活动，它活动的场所就是意识，所以意识是作为描述知识活动的基础。我们由意识作为基础，对于认识行为的各个流程进行整体的分析。

认识活动主要产生感性认识与理性认识，我们对感性认识的一般通性，以及外在感官认识和内在感官认识进行描述、分析。接着探讨理性认识，分析理性的功能与理性活动的结果——概念。

真正认识活动的完成在于判断，它是认识活动的高峰。认识行为在人类的所有活动中是最为显著的活动，却不是唯一的活动。所以，我们还需要放大格局来看认识活动在整体人性活动中的相对位置，从中发现其他活动和认识活动的相互影响。

## 第一节 认识与知识

### 一、何谓认识

经验知识产生的历程包括从感官的刺激以至于判断的完成。举例而言，在我的眼前现在正出现一个物体（object），在视觉上我看见它有红色、绿色、棕色；红色的部分有一些色泽上的渐层效果，它们有许多片，层层围绕着一个中心聚成一个圆形；这个红色的部分接在一个长条状的棕色的部分的一个端点之上；同时这个棕色的部分又接上几片椭圆形的绿色部分。在嗅觉上我闻到一阵清淡的芳香。在触觉上我感到红色部分的柔软，棕色部分的突刺使我感到刺痛。这些纷至沓来的感觉材料（sense data）在我的意识里形成一个完整的图像（image）。接着，我的理性能力把这个物体的图像拿来进行一项普遍化的加工，它只保留这个物像的最不可或缺的部分，而舍弃其他的细微末节，终于形成一个普遍而抽象的概念，它被命名为"玫瑰花"。最后，我形成一个判断——"这是玫瑰花"。由于这个判断的完成，使我把这个具体的物体和经由抽象作用而得到的普遍概念关联在一起，这两者的联系让我完成了整个认知的过程。

这个完成知识的初步过程奠定了我们整体认识的基础。根据已经获得的认识成果，即判断，我可以依循已知的逻辑规则（无论是传统的形式逻辑规则或当代的符号逻辑规则）推导出新的判断（即推论之结论）。由这些判断所表现的命题共同组成了一个论证（argument）的系统。集合许多论证系统共同论述一个研究主题，就形成了一个知识体系。

一提起有关知识的问题，我们同时混杂着作为动词的"认识"（to know）与作为名词的"知识"（knowledge）。作为动词的认识一般意味着三重的含义：

1. 认识意味着"了解"。例如："我认识林怡君"其实就等于说"我了解林怡君"。"我认识吸烟的害处"就是说"我了解吸烟的害处"。认识其实就是我们对于人、事有所了解。

2. 认识意味着"一种能力"或"知道如何去做"。例如："我认识（知道）怎样操作电脑""我认识（知道）开汽车的诀窍"。认识就是我们知道如何去执行一项工作的能力或知识。

3. 认识意味着"知道某个事实"。例如："我认识（知道）地球是行星""我认识（知道）7+5=12"。这种意义的认识都是以一个命题的形式表现出来的，这也是在科学和哲学里最常被注意到的重点。

无论对于以上的三个意思采取哪一种，我们都可以综括为"认识就是自我意识到某事物的一种作用"。它包括三种要素：认识的主体（即感觉与了解的"自我"），认识的对象（即所感觉的内容与所了解的"意义"），认识的本身（即感觉与了解这两种内心的作用）。

就动词形态而言，获得认识的行动，可以是借由感官的知觉活动而认识具体的经验对象，或是借由理智的了悟而认识抽象的对象。因而在名词上，认识大略上可分为感性认识和理性认识。感性认识是具体而个别的认识，它是经由感官接触现象界的对象而得到的认识结果。理性认识是普遍而抽象的认识，它越过感性认知的过程，它是理智了悟一个抽象的概念或原理而得到的认识结果。

## 二、认识与知识

认识一旦形成，它就不受限于主体的限制，也不受限于时间长短的限制，它完全和逻辑的正确性相关，与意识内的活动脱离关系。我们在进行认识作用的时候，首先它必须是一个由认识主体主动发出的求知的欲望所主导的活动，它和主体的认知能力息息相关；其次它有一个时间上的起点和终点，在这个认识作用结束的时候才有知识的产生。知识的产生就如同一个有形的产品或作品被制造出来，它成为客体世界里的一部分，从而独立于主体的条件的约束之外。因而，一个千百年之前的贤哲的思想可以经由知识体系的流传而和我们的心灵相交往。

总括以上所言，认识是一种主体的心能，而知识即此心能的产物，二者的关系极为密切。知识的意义在于它是主体认识的结果，没有主体对于它的理解，知识顿失其存在的价值。另一方面，知识借着各种保存知识的媒介能够超越时空的隔阂，使不同时代、不同民族、不同文化、不同价值观的人们互相在心灵上沟通、交往。可以说知识其实是个人的主观精神世界与客观的外在世界交融的结果。

我们也可以说完成的知识系统是一座殿堂，除了瞻仰这座建筑物的宏伟，也可以试着去了解它是由何种材料构成、运用何种方法建造。所有的宏伟建构无一不是从最细小的部分结合起来的，如果我们能了解这最基本的构成分子，那么再复杂的结构也会变得容易了解。因此，本章将针对认识发生的历程进行说明。我们尝试了解认识发生的场域，各种知识形成过程的材料与结果，最后才达到认识的完成。

## 第二节　意　识

我们在日常的生活中对于所有事物的存在不加以反省，总是隐然肯定有事物存在，我也存在。这一切事物的存在，构成所有意义的基础，也构成认识的基础。我们如何肯定这些存在是真的，而不是幻觉？

近代哲学家笛卡儿（Rene Descartes，1596—1650）曾说过“我思故我在”（Cogito ergo sum），他把“我思想”作为一切哲学思考的出发点。这个“我思想”的范围包含一切有意识的活动，一切发自我的行为、观念都和我的意识有关。我们可以说意识确实和认知行动有密切关系，是认识活动的基本预设。举例来说，当我们从睡梦中清醒过来，我们第一件要确认的事情是“我已经醒过来了”。我会先拿起床头的时钟，发现指针指示现在是6：30，然后我打开窗帘，看见东方微露曙光。我发现自己正躺在床铺上，身上的睡衣是昨晚入睡前换上的。床头柜上还摆着昨晚入睡前阅读过的杂志。这周遭所有事情的存在都符合一种合理的规律，于是我可以确定：我是活着的，我是在清晨6：30起床的。我可以很肯定，我不会面对所谓的“蝶梦庄周”或“庄周梦蝶”虚实不分的困境。

### 一、意识的特征

在进行一切活动之前，意识是所有认识与肯定的基础。再也找不到更基础的前提了。所谓的“意识”，可以将它的特征描写如下：

1. 意识包括经验（experience）、直观与验证。就所有人类的知识活动而言，经验是一切认识的出发点，所以意识涵括经验。直观意指不借助于中介者而直接获得结论，同时可以指称感觉经验的直观或观念的直观。

2. 意识包括肯定（affirmation）。所谓“肯定”是有意识地对于某事表示态度或立场，意即下达“真”“假”“存在”等等的判断。意识的肯定活动不只对存在的事物表示态度，也在这个肯定他物的活动中一并肯定它自己。

3. 意识包括明显性（evidence）。意识在所有的经验活动以及肯定活动中都是自我明晰的，也因此才足以有肯定的活动。

4. 意识是“真实的”（real）。当我们说意识包含肯定的时候，就包括被肯定的对象是真实的；也就是说，在意识内被肯定的事物或“存在”都是真实的，不是虚幻杜撰出来的。反过来看“意识”本身当然也是真实的意识。所以，通过意识肯定有实在的世界，而意识本身也是实在的世界中的一分子。

5. 意识是一个不停变化的意识之流，因为它的活动而不停地涌现新的内容。

6. 意识的变化是连续而统一的。意识的变化是有规则的，通过对过去的意识内容的记忆，它和现在的意识保持连贯性，能够保持统一与同一。在现实生活中，我们因为这个同一性而得到身份的确认，也能维持行为的责任性。

以上我们对于意识的描写只涉及“显意识”的部分，也就是针对意识的最清晰、明显的领域所作的检讨。这并不包括在现代心理学所研究的“前意识”“潜意识”“半意识”等领域。哲学研究对于显意识有清楚的了解便已足够。

### 二、意识活动的特性

意识的活动包含着三种特性：

1. 双重的经验——客体的经验和主体的经验。在意识内的活动，我们认识到关于客体事物的经验，同时也体验到自我意识或主体的经验。

2. 双重的必然肯定——客体和主体的必然肯定。在意识的活动场域里，主体性和客体性的不可化约特性，使我们必然肯定意识内有客体性的一边和主体性的一边。

3. 双重的明显性——客体和主体的明显性。客体和主体作为意识场域中不可化约的两大元素，是极为明显地呈现于意识当中，无法再以更简明的方式来解说了。

## 第三节　认识活动的分析

### 一、认识活动的整体历程

认识活动在意识内的活动历程可以作如下描述：

我的知识的行为无论是在客体的方面或主体的方面都呈现出一个揭露特定结构的复杂性。当客体的客体性在感觉材料、印象和概念方面逐渐减弱时，主体的同化作用在知觉作用、想象力和概念作用方面相对地增强。认知行为在判断中完成。这个复杂性并不危害到这个行为的统一性。

在这个部分，我们要把知识的活动解析成三个阶段，每一个阶段都同时包含着主体性活动与客体性活动。根据亚里士多德的看法，人是有形存在的最高层级。这个存在由形式与质料组成，人体的形式即灵魂，质料即肉体，这两者紧密地结合成一个人的实体。由于人类存在的特殊状态，使我们的知识必须开始于感性经验认识，然后才逐步提升到抽象的概念与判断的完成。

人类的意识活动分别由感性知觉、想象活动与概念活动三个层次组成。认识是一种同化作用，也就是主体变成（或拥有）客体，而客体变成主体的一部分，在认识的高峰达到主体与客体的合一。

把以上的主题说明作如下图解，再依此进行说明：

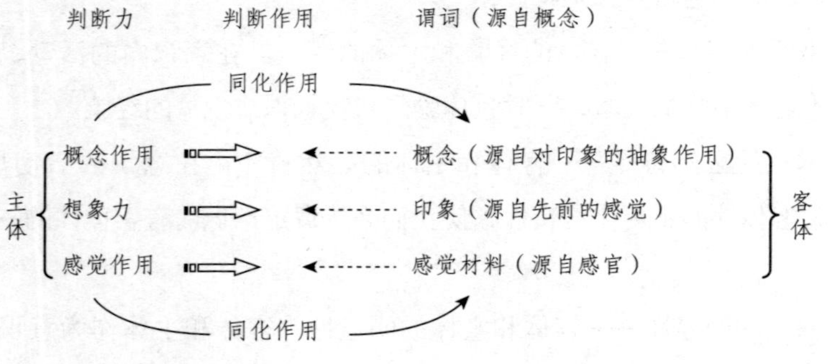


## 二、感性知觉

就感性知觉的层次而言，主体性即是感觉作用（sensation），客体性即是感觉材料。在知觉的层次上，主体性的作用通过感官接收被认识事物的形象。这时候人的整个身体都有感觉能力，所以身体在这个认知的过程中是作为认知的工具。以视觉为例，眼睛感受到光的刺激和事物的影像，将之由神经传导到大脑皮质的特定区域，经意识的作用而解读成某事物。这个视觉印象，最初是和我的主体性对立的客体事物，它完全不隶属于主体甚至决定主体的认知内容，但是感性认知的结果是要让这个客体事物变成为“我的”感性知识的内容。这个结果也就是由客体性朝向主体性的同化作用，也就是主体拥有客体的结果。来自特定的空间与时间条件，成为“这个”感性知识，而与之前或之后所获得的感性知识完全不同。根据哲学的术语称之就是“具体的”（concrete），也是“个别的”（individual）。

## 三、想象作用

我们的感官对于感觉对象并不是随时随地都保持联结的关系，或保持接触的状态。当感官与感觉对象脱离联系的时候，我们的意识对于先前的知觉内容仍然有所印象，并且只要我愿意，我的意识随时可以将这个知觉印象召唤出来。这就是所谓的想象活动的层次。在这个层次中，凭借记忆将过去知觉印象召唤出来的内容，就是想象活动的客体性内容，我们将它称之为印象。它的基本特征与感性知觉层次的知觉内容相同，也就是说它带有“具体的”“个别的”特性。在这个“想象活动”的层次，主体性的活动称之为想象力或想象作用（imagination）。经由想象力的活动，一件过去知觉内容的意象再现于意识中，可以不完全按照原来客体性所展现的特征或细节。想象力可以综合数个意象，或改变任何意象，而创造出一个新的意象。这种创造力表现于艺术创作，或科学发现的创意，或是对于过去事件的回忆。这个创造力或想象力，可以脱离客体性的限制，对于某些意象的局部特征加以提炼，并和其他意象的特征重新组合。这种能力意味着想象力不必完全受限于客体性，它可以根据意象的某些特殊结构或形式，加以把握或提炼，这个活动的结果仍然是具体而个别的意象。由于想象力的特殊能力，使它成为介于感性知识与理性知识之间的过渡阶段。

## 四、概念作用

认识的目的并不是以获得某个个别事物的认知为满足。某一位动物学家曾经对台北木栅动物园的大象林旺进行学术研究，知道了它的脾气、它的口腔内的第几颗牙齿有蛀牙、它的右前肢的趾缝有某种寄生虫、它的膝关节有某种病变等等。随着林旺的去世，这些关于林旺的种种细节也就不再继续存在，这些知识具有什么价值呢？除非有关林旺的科学记录可以被引用于其他有关象类的研究上，否则前述知识的价值就只能是一些归档的文献。因此我们发现，一种知识的价值和它是否能广泛地被运用于其他事物的普及性有密切的关联。一个能被广泛运用的知识，它的学术价值就高。这种普遍知识，自古以来被哲学家们称之为“共相”。早在古希腊时期，自苏格拉底、柏拉图以至亚里士多德，均一致认定学术的目标就是追求共相。

我们通过概念活动寻求有关共相的知识。在概念活动中主要是根据理性来进行。就主体性的一面而言，它通过抽象作用将原来具体、个别的意象抽取出共相而成为概念。概念是作为理性活动的客体性的一面。就抽象活动而言，广义的抽象就是抽取对象事物的某一特征。例如，我们可以从白花、白雪、白羽、白云、白粉笔等事物抽离出“白”这个性质；或者，我们可以从师生、父子、母女、朋友、同学、同事等抽离出“关系”这个性质。但是就狭义的抽象而言，特指将对象事物的空间、时间等条件抽离的活动。例如，对于苏格拉底或孔子而言，他们都是生活于某一特定的国度与时代的个人，如果把他们的空间因素与时间因素抽离，则某一个人的形象就消失了，只剩下一个普遍的“人”概念。就抽象作用而言，在理智里也被区分成“主动理智”（agens intellectus）与“被动理智”（passivus intellectus）。主动理智是属于主体性活动的一面，而被动理智是属于客体性的一面。这两者可以比喻为指环与蜡版的关系：指环可以在蜡版上留下印痕，指环本身并不在蜡版上留下任何东西，而这个蜡版上的印痕就如同我们所谓的普遍概念。

## 第四节　感性认识与理性认识

### 一、感性认识的种类

我们通过感官而获得的认识就称之为“感性认识”。对人类的认识的形成而言，感性认识非常重要。除非像某些极端唯心论者所言我们具有先天的认识，否则我们的任何理性认识都是从感性认识抽象而来的。我们的感官可以分成外在的感官和内在的感官。所谓外在的感官就是五种感官：眼睛、耳朵、鼻子、舌头、皮肤。而内在的感官有四种：公共感官（common sense）、想象力（phantasy）、记忆力（memorial power）、评估力（estimative power）。

公共感官分辨各种感觉的不同，同时也综合各种感觉于一个共同的对象之上。想象力可以把各种不同事物的印象重新组合成新的事物。记忆力则是再现先前感觉认识的印象。评估力是衡量事物之利害的感觉力。

感性认识的形成在过程上极为复杂，认知心理学也有许多探讨，但是就认识论而言，我们主要关切的是感性认识的真实性问题。如果感性认识的真实性发生问题，则感性认识无法成为其他认识的基础，我们所有认识的基础都将动摇，难以成立。古代有许多怀疑论的兴起，其中一种理由就是认为我们的感官经常犯错，感性认识不可靠，所以一切认识也就无从成立。感性认识虽然不是认识发生历程的主要目标，但是它如果有疑问，就会使我们的认识目标落空。

## 二、感性认识的真实性

感性认识的获得虽然不是认识过程的最后阶段，但却是极为关键性的阶段，因为后续的认识活动都会以感性认识作为基础，所以不能轻忽它的价值，否则将受到怀疑论的攻击而摧毁认识论的基础。我们肯定外在感官认识的真实性的理由：

1. 外在感官的认识是我们求生所必需的条件，必须借助于外在感官的知觉才能求生避祸。

2. 外在感官的知觉不会错。外在感官有时候产生错觉，是在特定的条件下形成，不会发生突变。所以外在感官的知觉有其稳定性与统一性。

3. 外在感官是我们生活的指导。我们对外在世界的初步判断是以外在感官的信息作为参考的主要依据。

4. 外在感官有其自然的欲望，这个欲望必须实现，因为“自然的欲望不会落空”。各种器官都有其特定的知觉对象，朝向这个对象的倾向，说明感觉内容的真实性。

对内在感官认识的肯定也是极为重要的课题。如果否定了内在感官认识的可能，我们将立即危害到自我的认同、艺术创作的可能，甚至无法判断利害关系而危害到生存。

## 三、理性认识

到目前为止，我们对于认识的过程都是处理具体、个别的感觉或印象，它们的共同特征就是单一个体，受到一个特定空间与时间条件的限制。我们的知识活动绝对不会仅止于这个个别的表象，只要当我们说“这件绿色夹克是丝绒布料做成的”或“丝绒布料是高级的衣料”，我们在作这些判断所使用的谓词都是比主词外延更大的语词。这代表“丝绒布料”不专属于这一件夹克，“高级的衣料”不专属于丝绒布料。这意味着我们还可以找到更普遍的概念来涵盖单一的语词。这表示除了单一的个别表象，还存在着普遍的共相。而这个共相既不能被感官所认识，也不能被想象力所认识，所以只能通过理性能力来认识。

## 四、理智的意义

“理智”的拉丁文是 intellectus，由介词 intus（在内、向内）及动词 legere（念、诵读）的过去分词 lectus 合成。这两个词合起来就是“向内读”“向内念”，引申的意义即是“研究”“探讨”“了解”，被当成“理智”来使用。

理智获得概念的关键在于它拥有“抽象作用”（abstraction）的能力。这个英文字源自拉丁文 abstractio，它是 ab（从）和 trahere（抽出）的组合。此外它的希腊文ἀφαιρέσις（aphaeresis）意即 take away。“抽象”的字面意义就是“抽取共相”，另一方面它也带有“排除个别性”（individuality）的意思。就抽象的实质意思而言，可以区分成广义的抽象与狭义的抽象。所谓广义的抽象，就是从一具体的对象事物当中抽取出某一特征，例如颜色、声音、形状等等。这些特征都是不能单独存在的性质，我们的理智可以把它们单独从一个事物当中抽离。例如我们讨论“白”雪、“白”云、“白”羽、“白”球、“白”石等等，我们把“白”单独从事物中抽取出来。狭义的抽象是指分离事物的具体形象，也就是把一个事物的空间与时间序列上的定位加以抽离。

有许多近代的学派并不认同抽象作用。例如：经验主义者认为观念的产生是由于经验、印象不断累积的结果，把观念视为一种对于事物模糊的印象。我们需要概念或观念作为事物在意识内的代表，以此概念作为思想的基本单位，以建立完备的知识体系。如果把这个概念当成只是印象的模糊聚合，则一堆具体个别的印象的累积仍然是具体个别的东西，它对于普遍知识所要求的普遍性毫无帮助。

## 五、主动理智与被动理智

我们的意识对于被认识事物的呈现在不同的阶段有不同的心象。感觉材料的呈现是“可感觉的心象”，而后成为“印入的心象”。这两种心象都是具体而个别的。它们的呈现都是受限于空间、时间的条件限制。而理智通过抽象作用把这“印入的心象”抽离它的空间、时间条件，形成一个普遍的“可理解的心象”。

| | | |
|---|---|---|
| 概念（源自对印象的抽象作用）： | 可理解的心象 | 客体 |
| 印象（源自先前的感觉）： | 印入的心象 | |
| 感觉材料（源自感官）： | 可感觉的心象 | |

这个心象被认识，不是认识活动的目的而是认识的媒介。我们认识的最终目的是要认识真实的事物。理智在认识可理解的心象分别由两种不同的能力来进行工作——“主动理智”和“被动理智”。主动理智的工作就是进行抽象作用，以便对事物进行概念的认识。主动理智对事物抽象出概念，然后传递给被动理智；被动理智的主要工作便是接受物的概念，并认识物的概念，进行理解。

## 六、概念的特征

我们经常把概念（concept）与观念（idea）这两个语词混用，视为同义词。严格而言，经过认识历程而得到事物之普遍而抽象的认识，其结果称之为“概念”。它的存在是后于事物而存在，是对于事物的认识的结果。而“观念”则是事物之存在的规范，事物根据观念而成为某一种类的存在物。所以观念是先于事物而存在的，它是事物存在的模范。概念与观念两者本身同为普遍而抽象的存在。

概念所表现的特征如下所示：

1. 概念是我的意识的实在元素。经由以上的分析，我们可以肯定概念不是在意识里由主体性主观地杜撰而成的幻影。它是根据知觉、印象抽象而来，而且这些知觉、印象也是根据客观的实体而产生，它们也具有客观实在的根据。所以概念是一个意识里实在的内容。

2. 概念是意识的内容，它不能被化约成有形的材料。虽然我们获得概念需要从对经验材料的认识开始，但是经验材料之具体、个别的特征和概念之普遍、抽象的特征完全不同。经验主义者认为概念是比较模糊的印象，这是混淆两种完全不同属性的错误。概念与印象的差别不只是分量上的不同（概念可以同时代表一整个系列的事物，印象只代表一个单一事物），而且在性质上也不同（概念显示为事物之可被理解的形象，印象只显示为事物之被感受的具体形象）。理智把一切对象综合于统一的概念之下，以一个单一的概念涵摄杂多的个别事物。

3. 概念是抽象的，摆脱一切有形客体的具体时空条件。个别经验材料以空间和时间作为其呈现于意识的条件，但是普遍的概念已抽离空间和时间的条件。

4. 概念经常直接地或间接地表现一个客观的或生活的经验。认识主体不能从无中生有产生空洞的概念，它若少了经验材料的协助就无从产生。没有任何概念是天生的，除非它依赖经验而获得。

5. 概念具有稳固的与精确的内容。一般缺乏抽象思考训练的人认为抽象的概念比起具体的感觉印象难于把握，因此经常把抽象概念以具象的印象来表示，例如思考“三角形”的概念，意识中立即浮现一个三角形的印象（不管是等腰三角形、直角三角形、正三角形，或是红色的三角形、黄色的三角形等等）。但是如果我们现在要思考一个“正二十一边形”的概念，我们的想象力对于图形的把握恐怕要比理智对这个几何形概念的把握来得模糊与不精确。再者，印象总是受到具体、个别属性的变迁而流动不定，而概念总是确定不移。

## 第五节　认识的完成

知识的完成在于判断，从判断的意义开始，并说明判断的性质。处理认识的统一性，说明认识的历程虽然复杂万分，却是有其一贯的统一性在协调各个不同的功能与认识结果。一个知识历程的完成，并不是单独倚靠理智就能克竟其功，意志与情感因素也和知识的结果互相吸引、互相影响。我们应反省认识活动的目的：它究竟是一个观念游戏还是一个深入实体的探测工作。

## 一、判断

判断是认识行为的完成，它是意识内主体同化客体的最高峰，经由判断使我们确信主体确实已经认识或拥有客体。我们借由一个判断的形式来分析判断的构成部分。例如“这个是蜗牛”这个判断可以分析成主词（“这个”，subject）、系词（“是”，copula）、谓词（“蜗牛”，predicate）。主词所代表的是意识里的经验材料，也可以说是这一连串认识活动的最初起点。而谓词所代表的是经由概念化活动（即抽象作用）所获致的普遍概念。经验材料和普遍概念在属性上已经完全不同（具体对抽象，杂多对统一，个别对普遍），却是同属于一个首尾相连的认识历程。于是需要把这个首尾连贯或主、谓词联合的动作通过判断作用宣布原来是有从属关系的，系词就是把这两个词加以结合的关节。

到达了认识活动的最高峰，再次回顾认识历程发现它是如此展开的：主体首先受到具体客体的支配，客体在意识里吸引主体的注意；接着主体通过抽象作用产生客体在意识内的表征，也就是概念；最后，经由判断作用将主体与客体加以结合，在这个综合作用当中找到主词概念与谓词概念的相应关联。

## 二、判断的特征

1. 联结抽象概念和具体事物之间的统一。消弭概念形成过程中抽象作用对实体的抽离而引发实体被分解的难题。

2. 延续概念的统一工作。借助于类概念对个体的断定作用。

3. 完成认识的初步工作。借助于意识对感性材料的统一与同化作用。在这个认识的初步工作完成后，也就代表主体对于客体采取一种立场，亦即主体对客体表示一种认识的评价工作，采取肯定或否定的判断形式。

## 三、认识行为的统一性

经过了对认识历程一系列的分析之后，我们可以明了在意识里的主体性一面和客体性一面，一方面展现在知觉作用、想象力、概念作用、判断作用等主动认知的功能，另一方面则展现在感性材料、印象、概念、判断等认识的结果。这两方面的工作与成果绝不是失序的杂乱无章，而是复杂而有秩序的统一性工作。我们可以发现在感性层次、理性层次，主体性的一面与客体性一面，都是二元平行地相对应，就犹如人靠着两条腿一前一后地移动才能向前行动。

源自主体性的认识活动和发生在客体性的认识结果，两者不是自始至终都要面临分离的局面。我们只要从判断作用的结果就可以明了主客二元的分析，最后要结合于主客融合或主客相互同化的效果之中。认识的最终目的并不是认识先天存在的观念，而是经由概念的把握得到对实在界的认识或拥有。这最终的境界就是肯定主体在实在界之中，而实在界也经由主体而得到意义的显扬。

## 四、认识主体的完整活动

认识主体作为一个存在实体，它不只是一个“有认识能力的人”。应该说人是一个拥有各种能力的完整实体，而认识能力仅只是他的诸多能力当中的一个显著项目。就一个人的组成而言，可以区分成肉体与精神两大部分。整个人体各个组成部分都多多少少与认识活动有关，肉体的完善与认识的完成有相互影响的关联，精神各方面的状况也影响认识活动的表现。

### 身体因素与认识活动的相互影响

肉体的神经系统和感官活动都是作为认识活动的工具；在认识活动中，主体借由肉体的感官吸取外在的经验，对于体内活动吸取内在的经验。认识活动与肉体的关系呈现交互影响的状态。认识活动的内容可以影响肉体的状态。例如，当一个人发现他买的彩票中了大奖，他的生理反应可能是突然脑内一片空白，不知所措，因为过度兴奋而引发呼吸急促、心跳加速。或者他在暗夜突发的火警当中，发现自己身陷火海，为了逃生肌肉运动爆发超乎平常的能量，让他能大步跳跃、奋力举起重物等等。这些都是因为对外在状况的新认识而影响了肉体的反应。另一方面，肉体所引发的状况也会影响认识的结果。例如，当一个人感冒的时候会食不知味，甚至原来是甜味的食品现在尝起来也变成苦味的东西。又例如，当一个人患牙痛很剧烈的时候，可能连做简单的思考或加减法运算都感到很苦恼。

### 情感因素与认识活动的相互影响

一个人的精神活动包括情感、意志、理智三大方面。虽然理智是进行认识活动的主角，但是情感因素与意志因素会和理智的认识活动互相影响。一个人对于认识对象如果有情感上的好恶，会影响理智认识的结果。例如，某人对于榴莲这种热带水果有特殊的喜好，则他对于榴莲的认知将会朝向有关这种水果的正面价值，如高热量、高营养等方面，而忽视它那独特的气味让人难以忍受的一面。又例如，某人对于他的兄弟钟爱有加，所以在他的眼里其弟无论是仪表、举止、学识都是优秀绝佳（尽管在他人客观看来不过尔尔）。另一方面，认识的结果也会影响情感的发展。例如，某人对于某位极度受大众欢迎的公众人物（电影明星、体育明星或政治明星等等）原本有极高的好感，因为在偶然情况下看见了这个人物的怯懦自私的一面，尔后不再有好感，甚至产生厌恶感。

**意志因素与认识活动的相互影响**

意志的活动主要表现在欲望的活动上，欲望的复杂性和知识的复杂性是平行发展的。在感性作用、想象力、概念作用等层次的活动上都有欲望的平行发展，由于某种欲望的驱动力而推动了进一步的认识的作用。欲望表现为对于欲望对象的占有，这种占有的形式和认识活动主体占有客体的形式类似。被欲望的客体在整个过程也是一个同化作用的过程。欲望的活动表现于各种层面，如对于肉体欲望的满足，也有对于精神欲望的满足。认识的欲望活动属于精神欲望，表现为求知欲、好奇心。求知欲、好奇心起源于人类精神的无知，即知识的缺乏。当适切的知识获得满足，也就是求知欲获得满足，在精神上就能显示为对获得知识的享受。这种享受源自对知识的清晰认知，当获得的知识愈是精确、澄澈、透明，知识的享受就愈高级。

## 五、知识的目的

我们反复从各种方面来分析知识的形成过程，并不是为了一个知性上的游戏，或追逐空泛的概念、观念，甚至只是一个空洞的声音、符号、标签。我们的求知欲之所以不断追逐新的目标，源自对真实知识的渴求，就是要真实地拥有客观实体。这就好像当我们饥饿的时候光看着菜单上的美食名称并不能真正满足我们，必须真的有食物被我们所占有、消化。同理，知识的匮乏不能以获得观念或名词为满足，必须要这个观念能够真正呈现实体事物的本质，观念或概念完成它表征实体的任务，我们的知识才算完成，才能真正享受知识所带来的满足。

根据这个计划而达到对实体认识的结果，才能成为形而上学的前导。形而上学的主要目的在于探索一切“存在”的真相与属性及其相关问题。面对各种怀疑存在之真实性的理论，或对存在之肯定不置可否的不可知论，如果不能对存在加以澄清其价值与意义，形而上学的研究将趋于寸步难行。为免遭遇这种重大危机，知识论为形而上学的存在研究清除障碍，是其极具价值的工作目标。

（尤煌杰）

## 参考文献

王臣瑞:《知识论·心灵与存有》，台湾学生书局，2000 年。

汪斯丹博根著，李贵良译:《知识与方法之批判》，台湾商务印书馆，1967 年。

Fernand Van Steenberghen: *Epistemology*, NewYork, Joseph F. Wagner, Inc., 1970.

# 第三章　认识的障碍

本章探讨怀疑论、独断论、批判论、不可知论以及相对论等这些理论的来龙去脉，以及它们的问题症结所在。

认识论探讨我们获得正确知识的可能性。历史告诉我们，有些知识被古人奉为金科玉律，后来人却发现事实上并不是那么一回事。由于有这些混乱的情况，有学者对于人类知识的正确性起了怀疑，产生了怀疑论、与之唱反调的独断论、想要彻底解决知识论问题的批判论，结果反而奠立了不可知论以及以为可以息事宁人的相对论。这些理论，除了独断论夸大了人真实认知的可能性之外，或是全盘否定，或是缩小了我们正确认知的可能性范围。

## 第一节　怀疑论

怀疑论是否认人有正确知识的可能的学说，它几乎存在于哲学史的每一个时代，产生的理由各不相同。

### 一、古希腊哲学的怀疑论

怀疑论在哲学史上最早可以推到赫拉克利特（Heraclitus，公元前535—前475）。他的怀疑论有两个动机：一个是神学的，另一个是宇宙论的。他不相信人能够认识真理，因为人的理智是分享神的灵性而来的，但是分量太少，所以认识的能力很小，不能了解神所创造的真理。另外根据他主张的“流动说”，宇宙间的万物都处在永恒的流动变化之中，如同他的名言所说“你不能两次踏入同一条河流”，因此人根本不能真正认知掌握什么。

另一个在哲学史上以否定人类知识成名的是诡辩派的高尔吉亚（Gorgias，约公元前 483—前 375），他提出了三个命题：（1）无一物存在。（2）即使有所谓存在，也不可认知。（3）即使可以认知，也不能够传达。

还有就是克拉底鲁（Cratylus），是赫拉克利特的学生，也主张万物流动说，而且比赫拉克利特更极端。赫拉克利特说人不能两次踏入同一条河流中，他则认为连一次也不能，因为河水不断地在流动，当人踏入河流时水已经流失了。宇宙万物亦复如此，无时不在流动消失。因此他认为我们对于任何事物都不应当作判断，在我们作判断时已经事过境迁，我们的判断与事实永远不会符合。

## 二、学院派的怀疑论

柏拉图逝世后，他创立的学院走向了怀疑论的路线。首先有阿尔克西劳（Arcesilaus，公元前 316—前 241）主张“我们什么都不能确定”。接着卡涅阿德斯（Carneades，公元前 214—前 129）坚持：我们什么真理都没有，既没有理智的真理，也没有感官的真理，当然也不知道什么是快乐、什么是痛苦。因为我们没有分辨真理与错误的任何标准。真理超越了我们的能力，我们的能力只能达到概然性。

## 三、皮朗学派的怀疑论

真正有系统地倡导怀疑论的是皮朗（Pyrrhon，公元前 360—前 270）。他的怀疑论可分为三点：第一，我们没有能力认识物的真相，因为不同的人对于同样的物有不同甚至相反的感觉。所以我们认识的只是物的现象，而不是物的本质。物究竟是什么，我们无从得知。物的现象是什么，我们也无从查考，因为我们无法把物的现象与物的本身作比较。第二，我们既然不能认识物，那么对于任何事就不应当作判断。对于不同哲学家的主张，既不接受，也不驳斥，保持缄默就行。第三，由于我们对于物一无所知，又常保持缄默，所以我们应当追求安静，度一个平安宁静的生活。

不管是学院派的怀疑论或是皮朗学派的怀疑论，在实际生活上既无法履行，在理论上也矛盾重重。第一，他们不能怀疑和否定他们自己的存在。第二，在衣食住行等实际生活上，他们不可能不作判断，而且时时刻刻都要作判断。第三，如果真要在生活上贯彻怀疑论，疑东疑西，那么他们什么东西都不能吃、什么事都不能做，只能坐以待毙。

在理论上，怀疑论者不是陷于自我矛盾就是强词夺理：第一，怀疑论者说"我们对于任何事都不能确定，所以不要作判断"，然而他们已经率先确定了一件事，即"我们对于任何事都不能确定"，同时他们自己也作了一个判断，即"我们不要作判断"。第二，怀疑论者主张"我们不要接受任何主张有真理的学说，因为那些学说不能被证实"，这不禁令人质疑：到底要我们接受他们的怀疑论是有真理的学说呢，或者要我们不接受他们的主张？第三，怀疑论者主张"我们对于任何事都应当怀疑，因为我们不能认识真理"，但是，如果有人对什么都怀疑，那么他在某种意义上一定认为自己才知道什么是真理。第四，学院派的怀疑论主张"我们虽然不能得到真理，然而能够达到概然性的知识，而且还能够得到较高的概然性的知识"。什么是概然性的知识？只能够说是距离真理不远的知识。因此，如果我们能够达到概然性的知识，那么在某一个意义上假定了我们知道什么是真理。总而言之，怀疑论者的基本主张在于两句话——"我们对于任何事都应当怀疑"和"没有真理"。但是，这两句话包含着自我矛盾，因为至少怀疑论者不能怀疑自己的存在。至于说"没有真理"，奥古斯丁已说过："如果没有真理，没有真理便是真理。"

## 四、近代的怀疑论

在文艺复兴时代怀疑论再度兴起。蒙田（Montaigne，1533—1592）是近代最著名的一位怀疑论者，他坚决主张我们的感官和理智无法得到真理，他的理由如下：第一，我们的知识是靠理智推理和感官经验得来的，而理智推理最后必须依赖感官的经验。问题是我们的感官经验不到事物的本质。第二，我们认识的能力与我们所处的环境以及我们当时的信念有着密切的关系，然而我们的环境与信念常常在改变，因此我们的认识能力也随之在改变。第三，我们的知识都来自感官的经验，也许我们并没有足够的感官以经验事物。而且，纵然我们有足够的感官，幻想与错觉也会欺骗我们，疾病与醉酒也可以误导我们。第四，为证明我们的经验的可靠性，我们需要使用一种标准；但是这个标准是否可靠需要另一个标准来证明它，这样证明下去，一直到无穷，永远得不到一个结论。从以上的理由，蒙田结论说：真理对我们而言是遥不可及，单凭我们自己永远达不到真理，只有靠上帝的恩典，我们才能得到某些真理。

## 五、休谟的怀疑论

### 否认普遍概念

最彻底和最有系统的怀疑论者则首推休谟（David Hume，1711—1776），他的主张代表了经验主义的怀疑论。他赞成贝克莱（George Berkeley，1685—1753）的观点，认为我们不可能有抽象的观念。自然地，他也否定了一切所谓的普遍概念，因为普遍概念来自于心灵的抽象活动。他否定了普遍概念，顺势地也就迈入了怀疑论。因为如果没有普遍的概念，我们便不能定义任何事物，提到人时只能说这个人或那个人，谈到事物时就仅能说这件事或那件事。但是，知识的性质就是得脱离物的个体性，以形成普遍的概念。如果没有普遍概念，不但没有科学，其他一切学问也不可能存立。

### 否认因果原理和齐一原理与归纳推理

此外休谟否定因果原理。他认为原因的事实与结果的事实是两回事，它们之间没有必然性的联结；由于在经验中我们发现它们经常地一先一后相续发生，久之也就“习惯”它们这样发生，而“相信”前者的事实必然具有能导致后者事实发生的能力。实际上，原因并没有可以导致另一个事实发生的能力。因为一切有关事实的知识都是从经验得来的，从经验得到印象，由印象得到观念。而我们并没有原因必然产生结果之能力的印象，自然也就不能有原因与后果必然联结的观念。

否认了因果原理之后，休谟进一步否认大自然的齐一原理。也就是说，我们不能证明我们没有经验过的事实会如同经验过的事实一样发生，因此也不能证明将来会有相似于我们经验过的事情发生。

否认了因果原理和齐一原理之后，归纳推理也成为可疑的，因为归纳推理及其应用是建立于因果原理和齐一原理之上的。也就是说，从特殊事件归纳推理的结论不能成为普遍的真理，更不能由此有效推断未来的事件必定与过去的事件相似。

### 否认对物独立存在的认识

否定了普遍概念、因果原理、大自然的齐一原理以及归纳推理的有效性之后，不可避免地要产生“我们到底能不能够认识事物”的问题来。休谟先是排除我们由感官认识事物的可能性。他以反证的方式解释说：如果只有当物呈现在我们的感官前时我们才知道物的存在，那么当物没有呈现于我们的感官时我们就应当不能知道物的存在。因此，如果说感官使我们认识物的独立存在，那么感官就必须时时不停地工作，即使当物没有呈现于我们感官前时也不例外。这显然是一个矛盾而不可能的事。

休谟不但否认感官有使我们知道物继续独立存在的能力，也否定了理智有这样的能力。按照他的说法，我们的心灵认识物时只是对于物的知觉（perception），而且是经由感官才有的知觉。因此，感官不能使我们知道物的独立存在，理智同样没有这样的能力。

既然感官和理智都不能使我们知道物有继续独立的存在，那么为什么我们相信物有继续独立的存在呢？休谟将之归于物本身具有的恒久性（constancy）和一贯性（coherence），以及我们的想象力。譬如，在我窗前的那些山、房屋和树木常以同样的姿态显示给我，有时我转过头去暂时不看它们，当我转过头来再看它们时它们依然如故，没有什么改变，这就是休谟所谓物的恒久性。再譬如，有几堆炭火，它们是同样的木材、同样的体积，在同样的时间内燃烧，它们的变化会是相同的，这就是所谓物的一贯性。物的这种恒久性和一贯性，使我们相信物有脱离我们心灵的认知，继续而独立的存在。

问题是，物的恒久性和一贯性虽然使我们相信物有继续而独立的存在，然而它们并不使我们的信心达到坚信不疑的程度，毕竟我们对于物的认知或印象随着我们的感官与物接触的中断而中断。因此，纵然物有它们本身的恒久性和一贯性，它们并不能绝对地保证物在脱离我们心灵的认知后有继续独立的存在。为了解这个问题，休谟提出我们的想象力。这就是说，由于看到物显示于我们的恒久性和一贯性，我们的心灵便会想象，在我们心灵的认知中断时必须有一个继续而独立存在的物，否则物不会在显示于我们时有它们的恒久性与一贯性。换句话说，是我们的想象力将物的恒久性和一贯性与物继续而独立的存在给联系在一起的。

综合以上所述，究竟我们有没有充足的理由相信物有脱离我们心灵的认知继续而独立的存在呢？休谟持否定的态度。因为他的基本主张是：我们直接所认识的对象只是我们对物的知觉或印象。我们对物的知觉或印象是否就代表实际存在的事物呢？对休谟而言，这是永远不能解决的问题。这也正是所有怀疑论者都认为永远不能解决的问题。

### 否认对自己位格同一性的认识

在休谟的经验主义理论下还会产生另一个问题，就是对于自己位格同一性（personal identity）认识的问题。我相信“我就是我，我常是我”，这是不会变的。但是我们真能认识自己位格的同一性吗？休谟认为在哲学上没有比这个问题更难的了。我们先问：我们能不能认识自己的身体？休谟的回答是：真正来说，我们认识的不是我们的身体，而是我们的感官所得到的一些印象。

休谟不否认我们有心灵，然而他否认心灵是实体。他认为我们没有心灵是实体的观念。如果我们有心灵是实体的观念，我们也必定有心灵是实体的印象，因为观念来自印象；但是我们并没有心灵是实体的印象，况且印象不能代表实体。那么心灵究竟是什么？休谟说：“心灵是一种剧院，在那里不同的认知连续的出现、过去、消失，而混入形态与环境的无止的变化之中。”“我只是一堆不同的知觉，或不同知觉的集合，那些知觉以不可想象的速度一个接一个地发生，且在永恒的流动之中。”这就是哲学家们所说的休谟的“一堆的理论”。很清楚地可以看出，他否认了我们位格的同一性。

### 对感官和理智的认识能力的质疑

关于我们感官的认识能力，休谟强调，事物并不能直接与我们的心灵相接触，我们心灵认识到的只是事物的形象或知觉，而感官是事物的形象或知觉进入我们心灵的入口。因此，哲学使我们看出相信感官的自然本能是错误的。可是理智又不能证明事物的形象或印象仅是事物的代表，实在的事物不是形象或知觉；也许事实上事物就是形象或知觉。总而言之，休谟认为，没有任何论证可以证明我们的心灵所得到的物的形象或知觉是来自外界的事物，然而我们也没有任何论证足以证明那些形象或知觉与外界的事物完全不同。由于以上对于感官知觉与形象的质疑，休谟认为怀疑论者怀疑感官认识真实性的理论是有理由的。

关于理智的认识能力，休谟从抽象推理与事实推理两方面来检讨。从抽象推理方面来看，休谟认为使我们对理智发生怀疑的理由主要在于几何学家与形而上学家所讲的空间与时间的理论。根据几何学家与形而上学家们所说，物体可以分成无限的部分。譬如甲这个物体包含乙，乙能够无限小于甲，因为甲可以分成无限的部分。同样在乙这一部分内包含丙，丙也能够无限小于乙，因为乙也可以分成无限的部分。丙又包含丁……这样推演下去，一直到无穷。休谟说，这种理论充满荒谬与矛盾。几何学家们与形而上学家们又称，时间有无限的部分，每一部分都是真实的，而时间一部分接续另一部分地耗尽而消失。休谟说，不论谁，只要他的判断力没有被腐化，永远不会承认这种理论的。

从事实推理方面来检讨，休谟把怀疑论者分为两派——普通的怀疑论者与哲学的怀疑论者。前者认为我们理智认识的能力不可靠，不同时代和不同地区的人有不同的主张，即连我们自己在不同的情况之下也会有不同的判断——这个指的是皮朗主义的怀疑论。休谟认为这种怀疑论经不起实际生活的考验。因为在日常生活里我们无不根据我们的理智在生活，谁也不怀疑理智认识的能力。休谟赞同哲学的怀疑论，它只限于对事实与存在问题的探讨。这类的问题容许矛盾命题的存立，因为任何的存在者可以不存在；任何一个物的不存在，和它存在一样，都是一个明白而清晰的观念。这是建立于经验的事实知识，不是来自于先验的推论。换句话说，休谟赞同哲学的怀疑论，只承认由经验得到的事实知识，不承认或是怀疑由先验推论出来的知识。

综观以上休谟对我们的感官与理智认识能力的理论，没有人会怀疑他不是怀疑论者，但是他不承认自己是怀疑论者。为什么呢？有两个理由：第一，如同他反对皮朗主义的理由一样，如果我们在日常生活上作判断，我们便不是怀疑论者。第二，如果他承认自己是怀疑论者，那么他也必须怀疑他自己的主张。

**评休谟的怀疑论**

首先我们评休谟有关因果关系的理论。他不相信原因有产生后果的能力，认为那完全是习惯问题。对此我们可以提出两点来反驳：第一，有时我们只要一次看到一个事实使另一个事实发生，不必有一百次或一千次看到，就相信它们之间有必然联结的关系。第二，如果我把手放进火里，我“知道”火会烧手，不是我“相信”火会烧手。休谟还强调，我们是靠经验才知道原因与后果的关系，因为我们不能证明我们没有经验过的事。我们也不能证明将来相似过去。但是每当我们作某一行动的决定时，我们无不假定了将来会相似过去。没有大自然齐一原理的观念，我们不可能作任何的决定，而是盲目行动。此外休谟也质疑建立于因果原理和齐一原理之上的归纳推理的有效性。然而大半的自然科学、社会科学、人文科学都以归纳推理为主要的依据，如果归纳推理被否认，那么这些科学的基础就动摇了。这样的结果显然非常荒谬，而且不符合事实。

休谟的"一堆知觉"的理论否认了我们位格的同一性，没有所谓的"自己"。但是，如果没有一个知觉者，如何能够有那一堆的知觉？如果"自己"只是"一堆的知觉"，我们如何分辨这"一堆知觉"和那"一堆知觉"的差别？我怎么能够知道这是我的认知、那是你的认知？我如何说"我""我自己""我的"？对于"我"认为"我常是我自己"的事实，休谟解释说，那是因为我们有记忆力，记忆力使我想起我以往的认知和它们之间的关系来，因此我便认为"我常是我"，有一个位格的同一性，其实那是虚构的。休谟以记忆力说明我们位格的同一性，犯了循环论证的错误。因为记忆力要求"我常是我"，没有"我"位格的同一性，不可能有"我"从前认知的记忆。

休谟是一个彻底的经验主义者，认为经验是一切知识的来源，反对心灵抽象说，而否定一切普遍概念，进而否定一切普遍命题。但是，休谟的经验论中就预设了一些普遍命题，诸如"经验是知识的唯一源头与判断标准"，所以休谟的经验主义怀疑论是有问题的。

## 第二节　独断论

在认识论上，与怀疑论对立的极端立场是独断论（dogmatism）。怀疑论质疑我们认识的可能性与正确性而陷入自我矛盾，是我们应当避免的一种认识论立场。独断论肯定我们认识的绝对可能性和绝对正确性，是我们应当避免的另一种极端主张，因为它对于人类认知能力未加说明的夸大肯定会阻滞我们的哲学思考。

哲学家从不同的认识论立场所反驳的独断论，所意指的不是同一个立场的独断论。学院派的怀疑论者和皮朗学派的怀疑论者提到独断论者时，所指的仅是不认同他们怀疑论的主张而跟他们唱反调的学说，也是泛指凡认为我们人能够得到某些真知识的学说。费希特（J. G. Fichte，1762—1814）口中的独断论者则是指着康德（I. Kant，1724—1804），因为康德的认识论承认，知识的构成除了悟性的思想之外，还需要感性材料，而假定了物自身的存在。对费希特来讲，如果假定物自身的存在，“我”便会失去自由，因为悟性的行动还要受到质料的限制，而他的观念论（idealism）肯定“我”的整个自发性，就是认识的质料也必须是来自意识主体的设置。对康德来说，凡是不知道我们认识能力的性质及界限却仍大发议论者是独断论者；所有的理性主义者都是独断论者，因为他们的形上知识未经过批判却认为真。鉴于以上对“独断论”名词使用的混乱现象，我们有必要对独断论作一个界定，以分辨真正构成知识障碍的独断论与不同学者口中的独断论；后者不一定是我们应当抛弃的独断论，驳斥别的主张是独断论者的，他自己也可能才是真正的独断论者。

邬昆如教授给予独断论的定义是：“未经哲学论证就肯定一切，而且信以为真者。”简单地说，独断论是未经过批判就相信。

由以上的描述可以看出，独断论事实上不是一种学说，而是做学问的一种态度，把未经证实的知识当作不可改变的真理。这种独断态度使真正的哲学工作无法进行，是我们应当避免的一种态度。

## 第三节　批判论

独断论的方法是未经批判就相信，与之相反的则是批判论的方法。最彻底的批判论的方法出现在康德的《纯粹理性批判》。鉴于理性主义过分强调理性的洞悉能力，经验主义太夸大感官经验的认知作用，康德意图调和两者。他采取的方法是，对我们的认识官能作彻底的分析，找出认知的先天因素即主观的认知条件，探讨我们认知的过程，然后以这种分析为根据划定我们认知的范围。按照他的分析，人的认知官能具有三层的结构：感性、悟性及理性。这三层官能各有其先天的结构，各有其功能，不能混淆，次序也不能颠倒。

### 一、感性

感性的功能是直观，即是直接地看。康德视之为接触对象的最前线。感性怎样地直观、怎样地看，决定我们认知对象的方式。

感性直观能够怎样地看，决定于感性的先天结构。就像我们的肉眼能够怎样地看，决定于我们眼睛的先天结构一样。感性直观的先天结构是空间与时间的先验模式。空间与时间本身不是什么客体存在的东西，也不是取自经验的概念，更不是物自身，而是感性直观的先验模式。空间是外感官的主观先天模式，它不是事物关系的普遍概念，也不是事物客观的存在方式。时间是内感官的主观先天模式，即直观我们自已和我们内在状况的先天模式。

空间与时间是使感性直观成为可能的主观模式条件。在空间与时间的先验模式内所直观到的不是物自身，而是物的现象；也就是已被空间和时间模式所接纳，而被安顿和被改造了的表象。物自身是不能被感性直观的，而人只有感性直观——康德只承认上帝有理性直观。因此，对人的认知官能而言，物自身是不可认知的。虽然康德假定了物自身，他说在直观发生之前必须有东西呈现出来，刺激感官，引起感官的活动。这些东西是认识最原始的材料，它们是混沌而无意义的。但是，这些原料与物自身的关系不明。而当它们被感性知觉（直观）时，则又是已然通过空间与时间之先天模式所安顿了的现象，它们与物自身的关系更是蒙昧不明。

感性直观到的现象杂多，为形成概念，需要加以综合统一。综合统一杂多的现象是悟性的工作。

## 二、悟性

悟性是反省思考的官能。悟性的工作是针对感性直观所产生的现象进行思考与判断。现象就为悟性思考的材料，也是杂多；悟性的思想，就是以共同的概念，即先验范畴，去统一和安顿这些杂多的表象而产生普遍的概念。针对这些普遍概念，悟性再按照自已的先验原理进行判断，而构成所谓普遍与必然的判断。因此，直接涉及对象的只是直观，悟性的概念从不直接涉及对象，而是涉及对象的表象，不管它们是被直观的现象或是已被思想为概念的表象。换言之，悟性的思考与判断，是对对象间接的认知活动。

要完成知识，对悟性所获得的普遍与必然的判断，还要进行系统统一。这是理性的工作。

## 三、理性

理性是以先验观念系统统一悟性之概念与判断的官能，这个工作称为推论。理性对认知对象具双重的间接关系，因为理性的推论不是对感性直观，而是针对悟性的概念与判断。理性从不直接涉及对象，而只涉及悟性。所以理性的观念比悟性的范畴更远离了客观事实。

理性不制造概念，而只是安顿概念，即通过一个先验观念对悟性的概念做最大可能范围的系统统一。如果说，悟性是以规则（概念）统一现象的官能，理性就是以原理（观念）统一悟性规则的官能。

理性的行动是推论。理性的每一个推论，在求有条件存在者的先决条件，此先决条件本身又预设其先决条件，条件系列之总和或最终原理是个无条件者，即一个统一原理的先验观念。通过先验观念，理性进行系统统一。康德提出三大观念进行三大系统统一："灵魂"是思想主体无条件的绝对统一观念；"世界"是现象条件系列的绝对统一观念；"上帝"则是一切可思对象之条件的绝对统一观念。

理性的先验观念不是存在的原理，而是先验的认知原理，即理性在认知的时候用以系统统一经验认知之杂多的一个主观原理。因此，先验观念没有本体的应用性，而只有理性主观认知的应用性。

其中"上帝"是最高的先验观念，康德称之为"先验理想"。它是理性的"先验理想"，不是一个存在的原理，即不是一个本身必然存在而能说明世界一切存在的充足理由。它是理性最高的认知原理，也就是说，在"上帝"这个理想观念之下，理性这样看世界内一切的联结，"拟似"它们都出自上帝。它的作用是，使理性在认知过程上能够尽可能地系统统一表象。

总而言之，一切认识由感官开始，经由悟性，结束于理性；或者说，一切认知由直观开始，经由概念，结束于观念。其中，悟性只对感性现象加工，理性则只对悟性加工。悟性与理性两官能不是直观的官能，因此不具有认知的积极性格；对感性直观而言，它们并不提供有关对象新的实在的认知。按照人的认知方式，我们的认识决定于感性直观。感性直观所获得的是现象。因此，人能够认识的只是现象，不是物自身，与物自身无关。

## 四、批判

康德对认识论的贡献在于他提出认知的主观先验条件。他的认识论最受争议的是：按照他的批判，人只能认知现象，与物自身无关。虽然康德承认首先必须有东西刺激我们的感官，感性才开启认识的活动，但是这东西（即原料）

与物自身的关系暧昧不明。如果你说原料应当来自物自身，那么你已应用了因果观念；而在康德的认识论里，因果关系属于悟性的先验范畴，它只能应用于现象界，不能应用于现象之外的东西。此外，当我们知觉到东西时，这东西已是被感性直观了的现象；也就是说，它已经通过空间和时间的感性先天模式的安顿；已被改造过了的表象，它与物自身的关系比原料与物自身的关系更不清楚。这样的认知如同无源之水，完全不可理解。而且，若人的认知果真是如此，则令人质疑自然科学是怎么可能的。自然科学预设我们能够认识事物本身的实在。问题在于，康德以为人的认知决定于直观，即决定于与对象直接的接触关系。因为只有直观能够直接看到对象。要认知，就必须看；而哪个官能看了，哪个官能就决定认知的方式。而人只有感性直观。感性直观到的只是物的现象，因此人能够认识的仅是现象。

虽然康德说“思想无内容是空虚的，直观无概念是盲目的”，好像认识无差别地出自直观与概念、感性与悟性的组合，但是仔细地分析不难发现，感性与悟性不仅在作用与作用的方式上不同，而且它们的作用有一定的次序，不能颠倒。先有感官提供对象，然后才有悟性的思想对象。提供对象的不是悟性，而是感性。没有感性直观对对象的传达，不能有悟性的范畴提供对象的概念。悟性的思想只通过感性直观才间接与对象有关。它只以概念综合感性提供给它的材料，所以它对对象并不提供新的认知。能够被认知的，自始已经由感性直观所提供。因此，决定认知方式的还是感性直观，而不是悟性的概念。

与对象有直接关系的是感性直观。因此，认知的目标应当是感性直观的目标，即现象的状况。反过来，认知对象的判断标准决定于感官的知觉。能够被感官知觉的，才可能是认知的实在对象；不能够被感官知觉的，不可能是认知的实在对象。换句话说，感性直观已规定了人的认知不能超过现象的范围。

至于理性的先验观念，对于对象的认知，在内容上也无所增益。它们在感官没有相符应的对象，因为感官不能直观先验观念所表达的对象。它们本身不是存在的原理，不能提出对象来。它们只具认识的作用，在认知上系统统一悟性的概念。理性对认知对象因而隔着双重的间接关系，理性的先验观念比悟性的先验范畴更远离了客观实在。因为理性的推论不是对感性直观，而是针对悟性的概念与判断。换言之，悟性只对感性直观加工，理性则只对悟性加工，所以认知的可能性与对象存在的方式决定于感性直观：与感性直观的条件相符合的则可认知，与之不相符合的则不可认知。我们认知的范围被限制于现象的范围，因为感官只按其主观先验条件传达对象。

从以上的分析可以看出，康德在“认知”与“直观”之间划了等号：认知是直观。这是由于他将对象世界当成一个“图片世界”来观察所致。面对图片世界，要认识，就得看；但若对象不是图片世界，而是存在的世界，那么状况应当有所改变。把握对象的不再是直观而应当是意向，意向以存在作为认知追求的对象。认知也不应毫无批判地决定于某个认知官能，更不能决定于感性直观，因为感性直观的只是原料，而原料本身是混沌的，所以将认知决定于感性功能是无意义的。认知应当决定于整个的认知过程，完成于判断。

## 第四节　不可知论

不可知论可以追溯到古希腊诡辩学者高尔吉亚，他有三个命题，其中的第二个命题就是:“即使有所谓存在，也不可认知。”这样他就排除了一切认识的可能性与真实性。中世纪的唯名论也与不可知论有关联，其中可作为代表的首推奥卡姆（Wilhelm von Ockham，1285—1349）。按照奥卡姆的观点，普遍概念只是思想物，代表着某个事物的记号。因此，普遍概念事实上只是普遍名词。作为事物的记号，普遍名词常是约定俗成的，也就是来自于人的虚构。换句话说，普遍名词只是一个名目，我们以此称它所表记的事物，但是它们不能表达被表记的事物的内在本质。对于事物的内在本质，我们根本无法认知，只有上帝能够洞察。在奥卡姆的唯名论下，对于事物内在本质的认识可能性也遭到排除。不过真正有系统架构的不可知论出现在近代，以洛克和休谟及康德为代表。

### 一、洛克的不可知论

洛克（J. Locke，1632—1704）区分物的第一性质与物的第二性质：物的第一性质是实际存在于物的性质，包括坚实性、延展性、形态、运动、静止及数目等。物的第二性质则是物的第一性质在我们的感官所产生的不同的主观感觉观念，诸如颜色、声音、气味等知觉。物的第一性质实际存在，洛克把它们归属于“某个东西”，并称这个“某个东西”为实体。他还说实体就是“支持性质的东西”，或者就是“性质所依附的东西”。至于这支持性质的“实体”

究竟是什么，他说那是我们不知道是什么的某个东西。洛克承认有实体的存在，而且区分精神实体与物质实体及第三类实体（上帝）。但是对于实体的性质进一步的认识，他认为是不可能的。

## 二、休谟的不可知论

按照洛克的理论，实体存在，但是不可认知；到了休谟的怀疑论，实体的存在被否认掉，因为我们并没有实体的感觉印象。休谟的怀疑论包含了某些的不可知论。按照他的经验认识论，感觉经验是人类认识的唯一源头。理性的功能只在于将感觉经验所提供的材料加以组合与整理。如果理性的推断超越了经验材料，则其推断便是无效的。而感觉经验所能掌握的是呈现在我们面前的现象。因此，所谓事物的本质，根本就是一种幻相，因为它没有呈现出来，不是我们感觉经验的对象，是不可知的。所以肯定本质的存在，按照休谟的观点是不合法的。

如果事物的本质不可知，那么对事物普遍而必然的判断也不可能了；因为否认了事物本质的可认知性，对事物普遍而必然的判断就失去了立足点。呈现在我们面前的现象都是个别的和具体的，其中没有普遍性与必然性。我们不可能根据具体和个别的现象求得普遍而必然的判断。一切普遍而必然的判断或原理都超越了经验或现象，所以都是无效的。

但是，我们怎么有普遍而必然的判断和原理呢？休谟解释说：我们肯定某些原理是普遍而必然的，那是因为通过经验的重复而养成了一种“习惯”，每次遇到类似的现象就产生类似的想法。久而久之，我们就不由自主地结论说“一切类似的事件都必须遵守同一的法则”。其实，这完全是主观的，在事实及逻辑上都没有根据。

休谟肯定感觉经验的价值。感觉经验在认知过程上的确扮演着极重要的角色。不过，他的学说过分偏向感觉经验而产生了自我矛盾。对此，孙振青教授在他的著作《知识论》提出了正确的批判。首先，根据休谟的学说，普遍而必然的原理是无效的，但是他的根本主张“经验是知识的唯一源头”就是一条普遍原理。按照他的说法，普遍原理不可能是单靠经验成立的，所以他的这个原理也不可靠，它只是理性一个荒谬的假设。其次，我们必须承认感觉对象应该有其客观的和独立的存在，有其客观的本质，否则我们的感觉的“被动性”不可能获得合理的说明。另外，客观对象中即使不含普遍的性质，但却蕴含着“具体的通性”。这些具体的通性即是普遍概念和普遍原理的客观基础。最后，悟性之能够形成普遍而必然的原理，乃是因为悟性具有先天的模式与逻辑规律。关于这一点，休谟完全忽略了，而康德已经提出纠正。

## 三、康德的不可知论

康德假定物自身的存在，但把它归列于不可知的范围。按照康德所说，呈现于我们感官面前的是些不确定的东西，称为“原料”。原料被纳入感性先天的时空模式而取得了空间性和时间性之后，称为“现象”。现象被悟性的先验范畴综合统一之后，才能形成概念与判断。“现象”是一个关系名词，是物自身或本体的现象。如果说现象是“现”出来的东西，那么本体就是没有对我们的认知官能“现”出来的东西。如果说现象是进入感性和悟性之先天模式的东西，那么本体就是不能进入感性及悟性之先天模式的东西。如果称现象为“可感的”，那么本体就是“可理解的”。现象与本体这两个概念是分不开的，现象是本体的现象，本体是现象的本体；因此，康德的现象知识论必须假定物自身的存在。但是，物自身是不对我们的认知官能“现”出来的东西，所以物自身或本体是不可知的。

康德将物自身或本体排除在可能认知的范围之外，完全符合他的哲学系统。按照他的哲学系统，因果原理只能应用于现象界，而不能应用于本体界。我们不能根据原料，通过因果原理而推论出一个本体界。其次，“原因”和“存在”都是悟性的先验范畴，若将这些先验范畴应用于本体界，则毫无意义。如果有一个本体界，那也应该是不可认知和不可言说的。

关于康德对现象与物自身的看法，孙振青教授的批判切中问题所在，我们摘要引述如下：第一，依照康德的观点，范畴、图式、原理、统觉等等这一切知识的主观条件，都不是凭经验或论证而获知的。它们是根据普遍而必然之知识的事实而设定的。我们有普遍而必然的知识，而这只能来自这些先验的主观条件，所以我们必须设定这些主观条件。否则，普遍而必然的知识这一事实即是不可理解的。孙教授采取同样的步骤证明物自身的实存。因为呈现于感官面前的原料是一项事实，根据这项事实，我们必须设定客观对象的存在，否则无法解释原料的事实。第二，依照康德的观点，因果原理不仅是先验的，而且是纯粹的。这即是说，在实在界并没有相应的因果关系，因果原理没有丝毫的经验基础。因果原理只能应用于现象界，而不能应用于本体界。对此，孙教授指出，因果原理虽是先验的，却是以客观事实为基础，因此它可以应用于“整个”实在界。所以可以凭着因果原理而证明客观对象的独立存在，即物自身存在。第三，原料被纳入感官的模式之后，称为现象。所以现象是客观原料与主观模式的结合体。物自身则是指客观对象的本然状态，它们不能被纳入感官的模式。就此意义言，现象与物自身是有区别的。但是，依据孙教授的分析，我们的先天模式只能“改造”原料，而不能“创造”原料。原料必须另有来路，这来路即是物自身（本体）。如果否定物自身，则原料变成无源之水，而不能获得充分的说明。原料既然来自物自身，则它与物自身必有密切的关系。一切现象皆含有指涉性，它们必然地指涉着物自身。现象是物自身的作用与表现，物自身是现象的根本与能源。就此意义言，现象与物自身是绝对分不开的。第四，我们的感性至少间接地触及了本体界。我们的概念不仅代表现象，并且指涉着整个实在。我们的原理不仅统辖着现象，而且统辖着整个实在。我们知识的对象是整个实在。

康德的不可知论还出现在他对形而上学对象的主张。按照他的说法，灵魂、自由及上帝等等形而上学对象是不可知的，所以形而上学是不可能的。他认为，知识的材料只来自感性直观，而这些形而上学的对象不是感性直观相称的对象，因此不可知。它们只是理性的先验纯观念，仅具有认识的作用，即是认识的原理，不是存在的原理。不过，这些观念不含矛盾，因而我们也不能肯定它们不可能存在。我们根本不知道它们是否存在。

但是，如果我们承认知识完成于认识的整个过程，而不是单单决定于感性直观，那么不能如同康德一样以能否被感性直观来决定可知不可知。所以，康德以不是感性直观相称的对象来断定灵魂、自由及上帝等形而上学的对象不可知，是一个错误的理论。况且康德所列出的人类知识的一切先天因素或主观条件、时空模式、悟性的范畴及原理等，也都不是感性直观的对象。它们是《纯粹理性批判》的中心思想和主要讨论的内容。康德如何列出这些先天因素的呢？这是因为他认为，普遍而必然的知识是一项不可否认的事实，这一事实“要求”我们设定先天因素的存在。

## 第五节　相对论

相对论者主张世界上没有所谓的绝对真理，只有相对的真理。对一个人来讲是真理的，对别的人不一定是真理；在一个时代人认为是真理的，在另一个时代人认为是错误的；在某一个地区人奉为真理的，在另一个地区人不那么认为。支持相对论的理由不同，产生不同形态的相对论，根据柴熙教授的分析主要可分两种：真理决定于认识主体条件的相对论与真理决定于认识目的相对论。

### 一、决定于认识主体条件的相对论

在哲学史上首先出现的相对论是普罗塔哥拉所提倡的感觉相对论。按照他的说法，对于事物的感觉因人而异，对于事物的认知也因人而不同，就像老人与少年走路不同一样。因此，事物对于我显示如此，对你显示不见得如此；一阵风刮来，我觉得冷，你可能觉得不冷。他的名言“人是万物的尺度”“什么对我是存在的物，什么对我是不存在的物，我是审判者”“我们每一个人都是什么存在与什么不存在的尺度”也都说明：人如何衡量事物，事物就是那样。问题是，既然人人都是事物的衡量或审判者，而每个人对于事物的认知又各不同，那么谁的认知是对的、谁的认知是错的呢？普罗塔哥拉的答复：每个人的认知都是对的，每个人都有个人的认知情况，只是有些人的认知较好，有些人的认知较不好。

狄尔泰（Wilhelm Dilthey，1833—1911）首创心理说的相对论。他认为个人的思想结构与趋向不同，对于真假的认知也不同。他依照不同的人生观将人类分属三种不同的思想型：（1）自然主义的思想型，重视物质能力；（2）自由理想主义的思想型，主张精神能克服物质；（3）客观理想主义的思想型，否认物质能力而主张物质是自我精神的形成物。三种思想型的心理因素不同，个人的真假认知也就有了差异。此外，斯普兰格（Eduard Spranger，1882—1963）主张一切人都不出下列六种思想型：社会的、经济的、政治的、理论的、美术的和宗教的。他同样把认识的原因归于人心理的不同结构，主观的色彩浓厚。

另有学者认为我们对真理的判定受社会环境或团体的客观精神以及时代思潮的影响，也就是说，真理是有时间性和地方性的，随时代和地区而变迁，这种主张叫作历史观的相对论，其中以斯宾格勒（Oswald Spengler，1880—1936）为代表。他认为真理属于文化的个别精神。他将西方文化区分为埃及、希腊、罗马及阿拉伯等四种文化，各自有其特殊精神与特殊性格。在此地承认的真理，只限于此地适应；属于此种文化内的人，绝不能晓得另一种文化内的人的思想。即使在同一文化下培育的人，由于时代精神的约束，只能看见先人的文化产物的外表，难能体会其真相。

## 二、决定于目的的相对论

支持目的相对论的学者认为我们的思想为目的所支配。按照他们的主张，人类的认识，概念、判断、推理以及一切信念之所以有价值，不是因为它们符合客观的事物，而是因为它们有效率。也就是说，因为它们能推进并且提高我们的生活，所以是真。对生活不同面的强调，看出不同的需要，而产生不同的相对论。譬如因果律被认为真，因为它能够满足我们理论的需要，帮助我们了解新事物的发生。自由意志对于道德生活是必要的，所以也被认为真。总而言之，意志实际上是否自由，因果律是否合乎实际的现象，无须考察其客观的真实性，只要探究这些信念或假定有着什么效验。

## 三、对相对论的批判

相对论者主张人类具有不同的思想型和不同的认知目的。这讲法在某种意义下是真的。我们的判断往往受到主观因素，诸如个性、心态、教育、环境以及文化背景等等的影响。这些的确能够说明对一个对象所以有不同思想甚至错误的产生，但是若把它看作一种理论学说则缺少足够的基础。相对论者提出相对论，无异宣示有一个绝对真理，即人的认识是相对的，而与自己的主张相反。

（张雪珠）

## 参考文献

柴熙：《认识论》，台湾商务印书馆，1991 年。

孙振青：《知识论》，台湾五南图书出版公司，1994 年。

王臣瑞：《知识论·心灵与存有》，台湾学生书局，2000 年。

# 第四章　认识的理论

1. 以纵的历史发展，依编年次序评介自古到今的认识论学说。西方认识论较有体系的铺陈，而中国认识论多隐藏在道德之中；不过，二者都以才德兼备作为学者的条件。

2. 认识乃哲学入门，入门意义是要引导学者登堂入室，进入形而上学。形上“本体”的认识，以及其开展的宇宙和人生，虽可以是认识论的范围，但毕竟超越认识而进入本体。

3. 认识论学说多姿多彩，百家争鸣；吾人设法存异求同，让人类知性能发挥功能，攀爬至“存在本体”之高峰；而不去刻意求异，褒贬各种知识的真假对错或学说优劣。

4. 本章重点在于下列几大课题：认识如何产生、认识内涵为何、认识功能为何、求知方法大观。

## 第一节　希腊时期

### 一

西方文化发源和发展都在地中海沿岸，希腊半岛是以哲学发展见长。公元前 8 世纪希腊就有神话述说人与神之间的趣事，后来才兴起哲学。哲学使人的悟性向上攀爬至“无限”（Apeiron）而成为形而上学，往下探底到至小的“不可分”（Atom，“原子”）而开创物理学。无论向上攀爬或往下探索，都是认识的课题，都是人性利用自身的认知工具（“感官”“悟性”“理性”等），针对客体的分析或综合、归类或抽象而获得知识。

早期哲学家寻找到“无限”和“不可分”，正如《庄子》中惠施所提出的“至大无外，谓之大一”以及“至小无内，谓之小一”，可以说把宇宙的两端——至大的“无限”以及至小的“不可分”——都刻画出来。

## 二

苏格拉底（Socrates，公元前470—前399）述而不作，其弟子柏拉图在《对话录》中记载苏格拉底的生平和学说。苏格拉底学说在“认识”课题上有两大贡献：一是解说认识的形成，二是说明认识的功能。

在认识的形成上，苏格拉底用了“概念”（eidos，concept）一词，这概念是由悟性的归类和抽象所得。吾人悟性能把具体的、个别的、单独的事物，通过归类和抽象，促成抽象的、普遍的、共相的概念。比如从张三、李四、王五、赵六等归类出“人”的概念，再从这只鸽子、这只狗或那条鱼抽象出“禽兽”的概念；再从“人”和“禽兽”往上归类出“动物”，加上从这棵树、那朵百合花、这株含羞草所综合归类出的“植物”，再归类为“生物”，“生物”还可以和这堆沙、那团土、那块石头所形成的“矿物”，再往上归类为“物”“存在”。从个别的事物一直归类到最高概念的“存在”（Being），也就形成金字塔型的架构，这架构显然就是宇宙的概念蓝图，包含了天地万物。

概念以上的世界是共相的、抽象的、普遍的，概念以下的世界是个别的、具体的。柏拉图因此而开展了“二元论”（Dualism）的世界蓝图——观念界与感官界。

苏格拉底对认识功能的厘定，首先是那句“认识你自己”，把“自知之明”作为认识优先的考量；再来就是“知即德”，把知识和德行等同起来，把教育的目标定位在做人的道德事功上，教育是要教出才德兼备的学生；对那些有才无德的知识分子，苏格拉底是瞧不起的。“才”是锐敏的头脑，“德”是丰饶的心灵，完备的人性是二者兼顾的。

## 三

柏拉图的二元世界赋予乃师苏格拉底金字塔型的宇宙蓝图的解释及价值判断标准：观念界是不变的、永恒的；感官界变化莫测，有时空的限制。人由灵魂构成，灵魂乃常住观念界，而肉体来自感官界。在认识的课题上，柏拉图采用“记忆说”（Anamnesis，Memory），意谓着感官界是观念界的投射，乃观念上之复印；灵魂常住观念界，因而认识所有观念，灵魂降凡尘世，受困肉体，但通过肉体官能对于外界的接触，仍然可以记得以前在观念界的认识。

柏拉图的这种“记忆说”，还包含了认识的内容，那就是“至善”（auto to agathon，Good itself）所包含的“真”和“美”，人的天生观念也就有对“真”“善”“美”的追求倾向。

## 四

柏拉图弟子亚里士多德有“吾爱吾师，但更爱真理”（Amicus Plato，sed magis Veritas）的感叹。他并不赞成柏拉图的记忆说，而以非常实际的感官作用开始，从看得见、听得到、摸得着的事物开始，走回师祖苏格拉底的归类和抽象，提升吾人悟性的能力，把柏拉图“向下之道”的记忆转化成“向上之道”的诉求；其大著《形而上学》（*Meta ta physika*）开宗明义就是“人人生来求知”。求知是要知道真相，知道真理，知道形上本体。亚里士多德建构了从认识走向形而上的道路，肯定及证成“思想和存在一致性”的古老传统。

作为认识方法论，亚里士多德写了《工具论》一书中《范畴篇》（*Katego-ry*）、《前分析篇》（*Analytica priora*）、《后分析篇》（*Analytica posteriora*）、《解释篇》（*Peri Hermeneas*）、《论题篇》（*Topics*）。工具是思想法则，是逻辑和理则学，分析和综合语言所表示的意义。

亚里士多德利用苏格拉底的概念，作为认识的原始单元，然后以“符应”为真的立场，把两个或两个以上的概念连起来（肯定判断）或分开（否定判断），就成为判断。进一层，将两个或两个以上的判断连起来或分开，就成为推论。这种三阶段形成的概念、判断、推论就是思想的进程。其中最后阶段的“三段论法”经由“大前提”“小前提”到“结论”，把“思想的法则”阐述清楚。

逻辑是思想法则的铺陈，范畴则是存在法则的描绘。存在有“自立体”（实体，Ousia，Substance）和“依附体”（属性，Accidentia）之分：前者是事物本身，后者则需依存于实体之特性。实体如桌子，属性如长、宽、高、颜色等。

亚里士多德深信悟性可以把握客体，亦即可以建立认识论，人有能力认识真理，悟性能分辨真假对错。进一层，认识论乃哲学之入门，形而上学才是哲学的“体”——哲学的殿堂；认识的目的是引导人进入哲学的殿堂。知性形而上学是可以成立的。为此，亚里士多德著作了《形而上学》(*Metaphysica*)，阐明苏格拉底金字塔型的宇宙蓝图中最高的“存在”概念，而形而上学即为探讨此“存在”的学问。

亚里士多德理论哲学包含了认识论和形而上学，而哲学除了“知”，还要“行”，是要知行合一的。“行”的实践在亚里士多德哲学体系中就是那三大部《伦理学》(*Ethika*)。亚里士多德哲学于是成了：认识论为入门，形而上学为“体”，伦理学为“用”。2000多年来西方哲学的根本课题都以这三门功课为基础。

对伦理的重视，也就是肯定“知即德”的传统。

## 第二节　罗马时期

希腊哲学从哲学之父泰勒斯（Thales，公元前624—前547）的生到亚里士多德的死（公元前322），一共300年；但罗马时期则长一倍，从亚里士多德的死到基督教信仰合法化（公元313年）。希腊300年哲学百花齐放，而罗马600年则乏善可陈，只有二三流的哲学家可供参考。

先是斯多亚（Stoa）学派，首先把逻辑（理则学）引进罗马学界。此派的学问多在修辞学（Rhetorica）方面，最多涉及一些辩证的技巧，谈不上哲学的定位宇宙和安排人生。虽对形式逻辑有些推广，不过皆无能从认识走向形上本体，而是在思想主体上找到精神（Logos），算是成果之一。

其次是伊壁鸠鲁（Epicureans）学派，否定认识的可靠性能依赖逻辑及辩证，而认定认识的唯一可靠来源是感官，这就是往后经验主义所支持的理论。

第三个学派是“怀疑论”(Skepsis)，一方面反对教条主义，一方面反对传统。

## 第三节 中世纪时期

### 一

中世纪在西方历史分段中最长，最少有1200年（从基督教信仰合法化的公元313年到宗教改革的1517年）。这悠长岁月都是基督教哲学的时期：前半期是教父时代（Patristica Period），后半期是经院时代（Scholostica Period）。

中世纪思想由于耶稣基督改革了希伯来人信仰，融通了古希腊哲学和古罗马文明而成。因此，信仰和知识的冲突和和谐成为思想界的大事，也是核心的哲学课题。教父时代设法融通“信”与“知”，经院时代则将“信”与“知”分开。

信仰的真理是“从彼岸来的信息”，是启示，因而给西方哲学带来了更深更广的知识领域。

### 二

教父时代的“信”与“知”融通的尝试，即以“信以求知”（Crede，ut intelligas）和“知以求信”（Intellige，ut credas）双向的交互作用。最先有知识主义（Gnosticism），认为信仰的内涵也是知识的对象，吾人有能力可以理解信仰的启示。于是，在实际运作上，信徒要设法以理解来诠释信理，完成“信诉求知”（Fides quaerens intellectum）的目标。

### 三

教父时代思想家辈出，其中尤以奥古斯丁（Aurelius Augustinus，354—430）为首，开展了“心灵哲学”（Philosophy of Mind），以心灵的“爱”和“追求”作为哲学的核心，甚至提出“我的分量乃我的爱”（Pondus meum amor meus）。奥古斯丁认为，对“启示”的真理，是由上天的“光照”（Illuminatio）而心灵接受的“信”来完成。“信”与“知”是可以互换的。

“最后的一位教父”波伊提乌（A. M. S. Boethius，480—524）在认识上作了体系的贡献。波伊提乌提出“七门功课”作为进入认识之门的初阶，即是

“七艺”(Septem Artes Liberales)。“七艺”分由形式的“三目”和内容的“四科”。“三目”(Trivium)是文法、修辞、辩证,“四科”(Quadrivium)是算术、几何、天文、音乐。

## 四

8世纪时,欧洲出现了一位英雄人物,即查理曼大帝(Karl der Grosse,742—814),其养士的设计,使北方三大“蛮族”(德、法、英)洗刷了恶名,而谋求在知识上与罗马一较长短。公元800年,罗马教皇为其加冕,他成为神圣罗马帝国第一任皇帝,开创了政教分离的端绪。查理曼大帝养士是全方位的:图书馆乃过去之知识分子,士大夫为当时之知识分子,而学生则是未来的知识分子。

## 五

13世纪时各种条件成熟,于是有“大学”(Uni-versitas,字义即为“趋向统一”)的设计,不但集结知识分子,也集结各种知识。

《旧约圣经·创世记》中的人性三重祝福给了当时主事者灵感,设计了大学三分部:人文、社会、自然。人的灵魂是上帝的肖像,界定了人的本质,是人文学院研究的主题;亚当获赐伴侣夏娃,界定了人际关系,是社会的主题;上帝托人掌管天上飞鸟、地上走兽、水中游鱼,这乃“人与物”的自然科学课题。

此外,主管教育者又发现在人类文明发展中尚有两种职业——医生和教士,前者关怀肉体健康,后者提供精神生命之所需。于是,综合大学除了人文、社会、自然诸学院,尚有医学院和神学院。

于是,大学成为全方位的知识进路的场所。

## 六

当时政教分离尚未彻底,教士们对俗世的名利权位仍怀有贪念,于是有志之士创立修会,修道士们以“三愿”(“绝色”“绝财”“绝意”)作为奉献心身的出家行为,以避免俗世的名利权位,以提升宗教情操。

修道士们心无旁骛,学问与德行都不断精进,成为大学中的优良师资;对学生，他们身教兼言教，有学问，有德行，生活幸福。

“知”“德”“福”一致的教育设计，原是大学创设时的理念。

## 七

初期经院哲学的“共相之争”（Universalia-controversy）是哲学界的盛事，也是认识论决定性的争论。心仪柏拉图学说的学者主张“先物共相”（Universale ante rem），意即观念界的常住，乃所有感官事物的先天模型；追随亚里士多德学说的人则主张“后物共相”（Universale post rem），以为事物优先存在，吾人乃依存在物的抽象才得共相。

在辩论你来我往没有终结时，出现了折衷派的“在物共相”（Universale in rem），结束了“共相之争”，重新肯定了“思想和存在的一致性”的传统。

## 八

经院哲学全盛期最伟大的代表是托马斯·阿奎那。托马斯·阿奎那追随亚里士多德的学说，认定“自然理性”可以塑造哲学体系，以与“超然理性”的信仰接受启示一般。托马斯·阿奎那用了全方位的“知物”“知人”“知天”的知识内涵，以及主体的“感官”“悟性”“理性”；并且把理性分为主动与被动，主动创造知识，被动接受资料。托马斯·阿奎那时代亦为西方各宗教融通时代，天主教、犹太教、伊斯兰教三教学者都汇集巴黎大学，并且公推托马斯·阿奎那为代表，开设神学课程，在教外无神论者前替有神论者辩护，这也就是其《反异教大全》（*Summa Contra Gentiles*）形成的背景。

托马斯·阿奎那利用因果原则（Principium Causalitatis）提出了证明上帝存在的“五路证明”（Quinque Viae），利用物理因果的观察和抽象，走向“超物理”（“形而上学”字义就是“超物理”，Metaphysika）。

托马斯·阿奎那和亚里士多德一般，认定感官知识为认识的入门，无感官即无法开展认识工作。不过，感官只提供资料给悟性，理性则真正把资料加工才形成认识。这认识的真理因而也就是“主客符应”（Veritas est Conformitas inter intellectum et rem）。

认识的目的是建立形而上学，形而上学是为了拟定道德规范，因而，认识论、形而上学、伦理学的顺序是哲学学习的进程典范。

## 九

经院哲学逐渐没落的原因：一是本身缺乏新血液，二是主张“后物共相”的唯名论（Nominalism）死灰复燃。其核心人物是奥卡姆，他否认悟性有抽象和归类的能力，因而亦认为所有概念都是“空言”（flatus vocis），都无所谓。奥卡姆的名言“除非必需，存在不必增多”（Entia praeter necessitatem non sunt multiplicanda），此语被誉为“奥卡姆剃刀”（Ockham's Razor），意即刮掉形而上学的胡子。

唯名论的兴起和发展宣告了中世纪哲学的没落。

# 第四节 近 代

## 一

近代自然科学的兴起和发展，加强了哲学认识论的研究，相对地，减低了对形而上学的兴趣。近代哲学之父笛卡儿发现人的认知主体才是知识的关键，于是开展了“我思故我在”的思辨。认识本来就是主客关系的厘定，笛卡儿的主体“确定”（Certitudo）以及客体的“清晰”（Evidentia）所构成的认识条件——“清晰明了的观念”（Idea clare et distincta），事实上证明主体存在有余，若为客体的存在却嫌不足。笛卡儿自知，论证努力所得仍为“思维物”（Res cogitans），而不涉及“扩展物”（Res extensa）。亦即辛苦证明所得不过是“心”，却无能证明“物”的存在。其让“心”和“物”平起平坐的初衷仍然付诸流水。情急之下，笛卡儿请出上帝，赋之以“最清晰明了的观念”（Idea clarissima et distinetissima），企图支持“物”的存在。再加上“体”“性”“相”的三分，使“心”“物”二元更形疏离；到笛卡儿学派已经蔚成了“心”“物”“神”三元，认识论把握本体的企图愈来愈困难了。

## 二

斯宾诺莎（Baruch Spinoza，1632—1677）设法把笛卡儿分裂的“心”“物”“神”重新统一，成为“神即实体即自然”（Deus sive substantia sive natura），以

宇宙的大一统挽救认识论的沦落；再以“在永恒形相之下”（Sub specie aeternitatis）的观点，使“心”和“物”再度合一在大一统的宇宙中。

## 三

莱布尼茨以科学的“单子论”（Monadologie）来了解多元的宇宙，为“心”“物”分离背书；又以“预定调和”（Harmonia praestabilita）作为“心”“物”统一的契机，还是设法以本体来解释认识。“单子无窗户”（Fensterlos）也阻碍着认识相互交往的可能性。

## 四

英国经验主义者洛克随俗往“哲学家之城”（Civitas Philosophorum）巴黎取经，遇见笛卡儿学派的学者，得知有“天生观念”（Idea innata）一说，大感不满；回英后著作《人类理解论》（*An Essay Concerning Human Understanding*），强调人心生来是白板（Tabula rasa），唯有感官经验才能在其上书写事物。“非经感官，悟性一无所有”（Nihil est in intellectu，quod non antea fuerit in sensu）。

洛克用分析（Analysis）法，解释悟性官能的耳、目、口、鼻、手足，如何对应客体之声、色、香、味、触，通过记忆和反省而成认识；但转念一想，所得之观念印象，乃至于记忆和反省都在主体之内，不在客体之中，因而所得认识仍为主观，而无客观因素。因此，洛克还界定：感觉认识最低，论证认识次之，直观认识最高。

## 五

贝克莱继洛克之后，索性把所有认识放入主体，说出“存在就是被感知”（Esse est percipi），根本否定认识的客观性。

## 六

休谟干脆否定本体，认为一切都只是游离的印象（Imperssions）。其“反因果”的论证，更是设法推翻传统形而上学的努力。

## 七

经验主义发展到休谟，已经否定了存在，因而认识无所指，亦成为空谈。经验主义另一支提出各种“偶像”（Idola）以避免犯错的学者弗朗西斯・培根出版了《新工具》，提出归纳法取代亚里士多德的演绎法，更把“知即德”的原理转化成“知识就是力量”（Knowledge is power），斩断“才德兼备”的学问与德行的联系，而把知识推向力量的争取。

## 八

康德斩断了通往“知性形而上学”的通路。其主体性（Subjectivity）的理解从知性走向德性，设法在否定“纯知性”获得真相之后，以“道德形而上学”来取代。

在西方近代哲学思想的流变中，康德左右开弓，一方面批判笛卡儿的“我思故我在”，认为那是谬误推论（Para-logismen），错把“思想”当“存在”；另一方面批判经验主义的“后天”知识，而以“先天综合判断”作为真理的标准。

康德所著作的“三大批判”原为针对哲学三大问题：用《纯粹理性批判》（*Kritik der reinen Vernunft*）针对“我能知道什么”（Was Kann ich Wissen），用《实践理性批判》（*Kritik der praktischen Vernunft*）回应“我应该做什么”（Was soll ich tun），用《判断力批判》（*Kritik der Urteilskraft*）答复“我可以希望什么”（Was darf ich hoffen）。康德否定“纯粹理性”抵达真相的可能性，企图建立道德哲学，而其真正对后世哲学有贡献的还是第三批判对美学的探究。

康德否定传统的“思想与存在的一致性”，原则上并不困难，困难在于其所作的比方。他说，自己想着100元，伸手入口袋却发现袋内没有100元，这不就证明“思想”与“存在”不一致？关于这点，引起了后来黑格尔的“历史哲学”的批评。黑格尔用“发展”和“进步”的思想告诉康德：想着100元而口袋中没有，可以设法去创造啊！没有100元的人想要100元，那就得自己设法找工作赚钱，等钱赚到手，放入口袋，岂不是圆满的解答？

德国古典唯心主义哲学（German Idealism），从费希特发展辩证法（Dialektik）之后，就希望通过此法重新建立“思想与存在一致性”。其“正”（Thisis）、“反”（Anti-thesis）、“合”（Synthesis）的顺序，是“思想”的法则，也是“存在”的法则。

黑格尔（G. F. W. Hegel，1770—1831）用天罗地网的方式，运用辩证法的“扬弃”（Auf-hebung）方案，从物体的“量”“质”“关系”等等，一步步走向“意识”，再超越到“绝对精神”（Absoluter Geist），重新展现苏格拉底的金字塔型的架构；配合纵向的历史和横向的社会，完成全方位的认识和本体的研究。苏格拉底的金字塔型的宇宙蓝图是通过积极的归类和抽象而成，黑格尔的扬弃则是消极的、否定的——如何由不断的扬弃和否定获得积极的、肯定的绝对精神？

## 第五节　现　代

### 一

黑格尔死后，19 世纪后半期哲学式微，英国出现了功利论（Utilitarianism），法国有实证论（Positivism），德国兴起了唯物论（Materialism），美国有实用论（Pragmatism）。这些主义都对形而上学没有好感，认为认识论不必替形而上学服务，不必为奠立形上本体而努力，彼等要拆毁哲学的殿堂。

### 二

就在达尔文（Charles Darwin，1809—1882）发表其《物种起源》（*The Origin of Species*）主张进化论（Evolutionism）的同一年（1859 年），西方诞生了三位“先知”，分由三个不同的语区：在德语区奥地利诞生了胡塞尔（Edmund Husserl，1859—1938），在法语区法国诞生了柏格森（Henri Bergson，1859—1941），在英语区美国诞生杜威（John Dewey，1859—1952）。这三位思想家在步入 20 世纪时都以自身的作品和思想修正了该地区的思想偏差。

胡塞尔的“现象学方法”（Phenomenological Method），用数学上的“放入括号”（Epoche），和心理学上的“意识”（Bewusstsein，Consciousness）重新打通从思想走向存在的通路；柏格森的“生命哲学”（Philosophy of Life），用其“生命冲力”（elan Vital）和“绵延”（Duree）指出实证主义的偏差。柏格森能在物质中窥见生命，在生命中直观精神的光辉。杜威的“教育哲学”（Philosophy of Education）利用启发式教学，肯定了人的心智的创造力。

人类悟性的功能，通过这三位同年出生的学者的努力也恢复了昔日从“认识”走向“存在”的信心。

## 三

由胡塞尔“现象学方法”导引出来的存在主义（Existentialism）或是诠释学（Hermeneutik），对语言都有极大的兴趣，古圣先贤的片言只语都是智慧的结晶，这些智慧在当代哲学的探讨中都有承先启后的功能。

海德格尔（Martin Heidegger，1889—1976）就以为“真理乃主体显现”（A-Letheia），而不再是“主客符应”，“主体显现”乃因真理向来被遮盖不彰，而人的主体有能力揭开遮蔽的面纱，让真理显现出来。

另一派由维也纳学派（Wiener Kreis）发展的分析哲学（Analytical Philosophy）对语言也颇感兴趣，甚至自称为“语言分析派”（Linguistic Analysis）。这种在英美成为显学的流派对形而上学不怀好感，认为认识乃是“为知而追求知”，把形上语言都贬为“无意义”（Meaningless）。

## 四

此外，由天主教主导的新经院哲学（Neo-Scholasticism），承传亚里士多德、托马斯 · 阿奎那的传统，坚持认识论为哲学的入门，形而上学为哲学的“体”，伦理学为哲学的“用”，同时肯定“思想和存在一致性”的传统智慧成果。

（邬昆如）

# 第二部　形而上学

就连幼儿园的小朋友都会堆积木，这是归类能力的运用。吾人能以存异求同的方式，把张三、李四、王五、赵六归类为“人”，同样亦可以把鸟、兽、虫、鱼归类为“禽兽”；进一层，也可以把“人”和“禽兽”归类成“动物”。在“动物”世界旁边，还有更多的树木花草，吾人将之归类成“植物”；“动物”和“植物”可以归类成“生物”。在众多的“生物”旁有沙土、石头，可以总称“矿物”；再把“生物”和“矿物”归类成“物”（Being），而形成一金字塔型的宇宙蓝图。金字塔底部是所有个别的事物，金字塔整部都是归类的概念。

# 形而上学引言

人类悟性有向上超越至抽象界的功能，即从认识超越至形上本体之潜力，能用最抽象的概念旁通统贯所有具体的、个别的事物。学问的多元性、复杂性，可以由单元的形上本体去涵盖。

形而上学分为“一般形而上学”以及“特殊形而上学”，前者即本体论（存在学），后者即存在所开显的宇宙论和人性论。

本体论讨论宇宙的最终本体，可以分为“量”“质”“能”多方面的探讨，寻获本体的“单一”“精神”“完美”等积极的概念，也可以由人类历史文化的科学、道德、艺术、宗教等层次获知存在的超越属性——“真”“善”“美”“圣”。

宇宙论需要解决宇宙起源问题，问及“世界怎么来的”；同时在变化莫测的现象中，问及“常”与“变”的根本问题。

人性论先问及“人的结构”，其纵向的“灵与肉”及其横向的“男与女”，都是在抽象以及具体的层面，了解人的个别性和群体性的根本问题。再问及人生意义，哲学能否从今生今世，回头去看前生前世，前瞻来生来世，以至于能与宗教接轨？“行善避恶”的规范如何定位？苦难的因缘如何理解？诸如种种的问题都可以从形而上学引申到人生哲学。

## 第一节　知性形而上学

### 一

人类悟性的基本功能，一是向上攀爬至无限领域，一是往下探索至构成物质的微粒。前者就是形而上学，后者即是物理学。形而上学是哲学的“体”，物理学是科学的“体”。“形而上”的哲学，“形而下”的科学，都是吾人学问的范围和对象。

吾人在形而上学的课题上，肯定知性可以对“形而下”世界的研究，走向“形而上”世界；从对现象的观察，到达“形而上”的本体。这就看吾人天生来的归类和抽象的能力。

就连幼儿园的小朋友都会堆积木，这是归类能力的运用。吾人能以存异求同的方式，把张三、李四、王五、赵六归类为“人”，同样亦可以把鸟、兽、虫、鱼归类为“禽兽”；进一层，也可以把“人”和“禽兽”归类成“动物”。在“动物”世界旁边，还有更多的树木花草，吾人将之归类成“植物”；“动物”和“植物”可以归类成“生物”。在众多的“生物”旁有沙土、石头，可以总称“矿物”；再把“生物”和“矿物”归类成“物”（Being），而形成一金字塔型的宇宙蓝图。金字塔底部是所有个别的事物，金字塔整部都是归类的概念。这些概念全都是形而上的，形而上学可以从认识论奠立，也就是“知性形而上学”奠立的基础。

“知性形而上学”以认识论为基础，可是，并不停留在认识层面，而是超越认识，进入本体的领域。形而上学是讨论存在的学问，被称为“第一学问”，其他个别的学科称为“第二哲学”。

“存在”不是静止不动的，它会活动，它活动时首先就是本身的完整呈现，就是至善至美的天（上帝），再来是“分受”了真、善、美的世界和人类。

“知性形而上学”是相对于“知性物理学”而言，人类知性向上攀爬造就了形而上学，往下探底形成物理学。

## 二

人性除了有头脑有知性，尚有心灵有德性，德性的往上攀爬是道德的提升，直至天人合一的境界；德性的平行发展是人际关系的“爱人”，德性的往下发展是“宰制物”的自然科学中讲求“爱物”“惜物”。因此，人的各重关系，对“天”的“敬天”“事天”，对“人”的“爱人”“关怀人”，对“物”的“用物”“惜物”，都是德性进路。中国儒家所走的哲学思路就是这种进路，是在伦理学之后找出伦理道德的最终理由，是“后设伦理学”（Meta-ethica）与“后物理学”（Meta-physica）相对。

## 三

道家能以“心灵”的境界提升人性的“精神生命”。其“上与造物者游，下与外死生、无终始者为友”的境界，即是“物我相忘”的境界。如果说儒家的人生理想是“天人合一”，则道家思想的核心是“物我合一”，“天地与我并生，万物与我为一”是道家的心境。中国哲学的儒、道两家分别在“天”“地”“人”三才的面向做着融通的工作——儒家的“天人相通”，道家的“人物相通”。

## 四

哲学的“定位宇宙”，以及在宇宙中“安排人生”，所走的思想进路，首先是通过入门的认识论，走向哲学殿堂的“体”的形而上学，然后以形而上学中的原理原则落实具体人生的伦理学。

因而，认识论的目的是形而上学，伦理学的依据也是形而上学；形而上学成了哲学中最核心的课题。

中国哲学中的“形而上者谓之道，形而下者谓之器”（《易经 · 系辞》），其“道”“器”之分野在于“形”概念。有形之物是“形而下”，无形之物是“形而上”。不过，“形而上”的原理一旦落实“成形”，就是“形上的”活动创生“形而下”的世界。人的知性进路由下而上，由具体的个别事物走向普遍的、共相的、抽象的世界，直至最终的“存在”概念，这是思想进路。另一条方向相反的进路则是“存在”进路，是由“存在”开始，“存在”活动，以自身完整的表现就是“存在”本身，也就是“神”，由本体论（存在学）来探讨；再来是以“存在”的分身，以分受的方式呈现，即是人和世界。于是，“天”“地”“人”三才都在形而上学的研究范围内。

## 五

存在不但可以开展自己，成为“天”的存在学，成为“地”的宇宙学，成为“人”的人性论，它也有一些基本的超越属性，如“一”“真”“善”

"美""圣"。"存在"的"一"，是人性"知性"进路，从所有个别事物存异求同的成果。事实上，存在的"一"表现在所有个别事物之中。原来，人间世所有个别事物都是"一"，都只与自己等同，与自己之外的其他一切事物都不同，这单一性、特殊性是所有事物与存在的共通性格。

人文世界脱胎于自然世界，人文世界中有科学、道德、艺术、宗教。科学求"真"，道德求"善"，艺术求"美"，宗教求"圣"。人文世界中的科学、道德、艺术、宗教都分受着存在的活动，而这活动所诉求的特性就是存在的超越属性——"真""善""美""圣"。

## 第二节　第一原理

### 一

思想有思想的法则，存在有存在的法则，要把这两种法则综合起来，这是认识论的工作。思想法则的逻辑，存在法则的自然科学，一个看重形式，一个注重内容。形式和内容合作无间，才真正造就认识。不过，在探讨存在的法则和思想的法则之前，还是要超乎二者之上探讨对于思想和存在都重要的"第一原理"。

人心中有一把尺，总会衡量事物的真假对错、是非善恶。"第一原理"的形成，就是研究这把尺的本质和特性。"第一原理"就是探讨思想和法则之前，双方都得遵循的规则。

首先是同一律——"一个事物与自己等同"，可以用公式"A = A"来表明。这最先发现同一律的，是爱利亚学派的巴门尼德（Parmenides，公元前540—前470），巴门尼德借女神口中的"是就是是，非就是非"作为哲学最基本的思想法则以及存在法则。

### 二

从同一律直接延伸下来的是矛盾律——"一个事物不可能与自己之外的任何事物等同"，可以用公式"A ≠ 非 A"表示。巴门尼德的说法是"是不能是非，非亦不能是是"。这说明"是"与"非"是互相对立的、矛盾的。

### 三

从同一律和矛盾律二者共同延伸下来的，便是排中律——“一件事物不可能同时与别的事物等同又不等同”，意即“是不可能同时是，又同时非”。

三大思想律不只是对思想有效，对存在亦同样有效，其最终要说明的是：“是”与“非”都是全面的，没有部分，“是”即是“全是”，“非”就是“全非”，“是”与“非”之间没有折衷的可能性。同样，在存在的层次上，“有”就是“全有”，“无”就是“全无”，“有”和“无”之间亦没有折衷的空间。

由于思想的法则在“第一原理”的探讨下与存在法则是一致的，因而有“思想与存在一致性”，其最终的结论是：最高的思想也同时是最高的存在。

## 第三节　形而上者谓之道

日本在明治维新时代翻译了许多西方典籍，把亚里士多德的“后物理学”翻译成“形而上学”，乃采取《易经·系辞》“形而上者谓之道”的意涵。因此，形而上学即是道学。

道学所研究的是“形而上”，但“形而上”并非“形而外”，其“形”的意义，一方面是使之成形的创造功能，另一方面是在成形之后对形之美的欣赏。原来，人与物的两大功用，就在于欣赏和创造。创造使人解决了生活必需的衣食住行诸问题以及生活娱乐的育乐问题，这是自然科学“宰制物”的成果；此外，人对物的欣赏则创造了艺术，而提升了人性的灵性生命。欣赏物不是宰制物，而是与物共存共荣，达到“物我相忘”的意境。

希伯来人的《旧约圣经》在《创世记》中描绘了上帝一面创造、一面欣赏的双重行为。希伯来人因此在欣赏世界之时，由听觉分别出七个音符，由视觉分别出七种色彩，因而认定“七”为神圣的数目，配合上帝七天造好天地万物的记述，而有了“星期制”的厘定——六天工作，休息一天——不但是教会的令谕，也是从时间定点走向空间定点的契机。用休息的那天进教堂，读经唱诗、祷告听道；星期制的时空定点将人的有限生命提升到无限和永恒的境界，使人与天的关系通过宗教情操以及宗教实践，超度人与人之间以及人与物之间所有可能的疏离，而趋于正常化，个人安身立命，社会安和乐利，完成地上天国以及人间净土的理想。

## 第四节　本体论（存在学）

### 一

从吾人知性进路开始，跟随着苏格拉底的“概念”蔚成金字塔型的宇宙蓝图；在蓝图的峰顶安排了“存在”作为万事万物的极终范畴。首先开展了存在本尊“本体论”，存在完整地开显自己，就成了存在本身；再来是存在的分身，是存在将自身部分的完美分受下去，这就是人和世界。作为存在本身的天，作为世界的地，以及人，就是全部形而上学的内容和对象。

存在学本身讨论存在本身，因而是一般形而上学（Metaphysica generalis）；宇宙论与人性论因为只分受了存在，因而是特殊形而上学（Metaphysica specialis）。

### 二

存在学的课题可以分为三个面向探讨：先是量的方面，存在究竟是“一”，是“二”，是“多”？或是“一”中有“多”，“多”中有“一”？再来是质的问题，最终存在是精神或是物质？或者是心物合一的？最后是“能”的考察，在这方面，宇宙变化的原理原则是不变而恒常，亚里士多德的形质说、潜能实现说都要在这里展开讨论。“从无到有”的确是一件奥秘，但也是经验事实。

### 三

存在的量的问题，与宗教的神观有密切的关系。一神论（Mono-theism）者主张“存在唯一”（Monism），是一元论；专注于人类行为善恶问题的，容易掉入“善恶二元”，是二元论（Dualism）的理论基础。不过，古代宗教和目前倾向于科学的思维亦都以“多样化”为体裁，而主张多元论（Pluralism），连带地对神明的数量也是采取“多元”的多神论（Poly-theism）。

### 四

“质”的课题，由于世界四阶层的“物质”“生命”“意识”“精神”的划分，而且愈高级的存在，其物质性就愈少，这就推论出最高存在是纯精神体。但是，唯物论者认定物质乃一切存在根本，存在本身乃物质性。当然，依照“近取诸身，远取诸物”的方式思考，人本身的心物合一，也许能说明宇宙本体应是精神和物质的综合，是心物合一的。

### 五

“能”的课题是在“从无到有”的变化过程中主要的考量。一个原来不存在的事物，一旦开始存在，就涉及“如何开始”的课题。从潜能到实现的事实，在人文世界中到处可见，形式界定质料的事实亦随时出现，于是对“无”的解释就非常重要，它不是绝对的“无”，而是有变成“有”的可能性。桌子的“从无到有”，是有木匠利用木材依照桌子的图样制造出来的，在木匠做之前这张桌子是“无”，但不是绝对的“无”，因为有木匠，有木材，有桌子的图样……一句话，桌子有“原因”，这些“原因”就足以使这张桌子从无到有，从不存在变成存在。

自然界的生命现象更是清楚，种子落在地上，发芽、吐叶、开花、结果，生生不息，都是从“无”开始，认“原因”的运作而成了“有”。

## 第五节 宇宙论（宇宙学）

### 一

存在的活动，把自己的存在和一些特性分受给世界，于是世界成了存在的分身。

“宇宙怎么开始”的课题，事实上就是问及存在如何将自己分受给宇宙。宇宙万物杂陈，是多样性的，是个别性的，而存在唯一，这“一”如何产生“多”，这抽象的、普遍的如何变成个别的、具体的？“个体化”（Particularisatio）的课题原就是本体（存在）如何演变成宇宙的课题。

## 二

宇宙起源论在希腊神话时代，或是希伯来民族、阿拉伯民族，都主张“创造”（Creatio），意即神明创造世界，神是造物主，世界是受造物。

亚里士多德通过因果的考察，认定神明是宇宙行动变化的原因，可是并没有发展到创造概念。新柏拉图主义者普罗提诺（Plotinos，204—269）用“流出说”（Emanatio）解释宇宙起源，认为“太一”流出“Logos”，再流出“精神”，最后流出“世界”。太一如阳光，一直照射，接近光源的就比较光明，到物质世界时就已暗淡。“流出说”有泛神论（Pan-theism）之嫌。

## 三

近代自然科学以世界上的“物质”“生命”“意识”“精神”四阶层明显有先后之分，于是提倡进化论，物质由微而显，一直发展到灵长类，乃至人类。

## 四

近来，亦有创造进化论（Creative Evolutionism）出现，先由柏格森提出“生命哲学”，以“生命奋进”（Elan vital）为原则，提出创造和进化同步发展；更有夏尔丹（Teilhard de Chardin，汉名“德日进”，1881—1955），直接联结创造和进化两概念，支持其地质学的研究成果——原来，物质世界到生命，到意识、精神，相当明显是进化；不过，物质的来源、进化的原则，则是由神明创造的。

## 五

宇宙生成变化亦是宇宙论的一大课题：是“机械的”或是“目的的”？亚里士多德在其自然科学研究中得出“因果原则”，支持“内在目的性”（Entelecheia），认定宇宙的一切都有目的，不是机械的。尤其是生在宇宙的人类，其思言行为非常清楚是自选目的的，人的身体变化可以是机械式的，但其精神却是目的的。

宇宙生成变化的目的性，无论是在植物、动物、人类的各种结构和功能，都可以窥探出“内在目的性”的设计。尤其是人文世界的一切，“目的”才是其他原因的最终推动者。几乎可以断言，没有目的就不会有存在。

在经院哲学的研究成果中，宇宙中的物质世界，其目的在上帝创造时所设定；到了人的阶段，则是由于人有理知的意志，因而由人自己负责。吾人在生活体验中很清楚知道目的性对所有发生的事情都扮演着最核心的角色。

## 第六节　人性论（人类学）

### 一

人的顶天立地性格，不只是灵魂乃上帝肖像，以及肉体源自世界物质，而是在“天”“地”“人”三才中，人性的确居中，其上有天，其下有地。无论人性是否受天托付管理世界，或是人本身的各种需要，必然从物质世界中获取，其基本的理念还是要事天，其下要仁民，要爱物。人的媒介功能，凸显出其作为中介的角色。

### 二

因此，针对人，首先就是其结构（关系）课题，再从结构解读出其意义，解释并彰显人的地位、尊严和价值，以及其从生到死的岁月中有何存在的意义。

人的构成因素，首先是纵向的灵魂和肉体；在希伯来人传统的智慧中，灵魂乃上帝肖像，肉体来自尘土泥土。一开始就指出人性顶天立地，在“天”“地”“人”三才中，人性居其中，是统一天和地的中介。

中国哲学的“人”，在其横向的关系中追溯渊源：《易经》的宇宙元素的阴和阳，区分了宇宙整体的二元性格，而阴阳二元凸显在人性中便是男女。而男女正是社会关系的开始，同时也是阴阳、天地，以及生命世界的雌雄、公母等等成双成对的传宗接代功能的储备。男女二元展现出传宗接代，以及生生不息的宇宙活动蓝图。

因此，人性的完美意义是纵向的灵肉二元以及横向的男女二元，灵肉二元完成顶天立地的中介性格，男女二元肩负着生生不息的责任。《易经》的“生生之谓易”，展现了宇宙生命动态的画像，而人生恰好也在这生生不息的洪流中完成自己的生命。

灵与肉展示每个人的个别性和独立性，人性的尊严和价值皆可在不死不灭的灵魂中找到基础；同样，人性的各种需要，以及它的限制也可以在其有朽有坏的肉体中体验出来。

男与女的二元显示出人的群体性和社会性，人际关系的各种规范都可以在男女两性互爱互助所组成的家庭制度中找到注脚。人性不是孤独的，它有伴侣，同心协力，使人生中的许多困境都可以获得某种程度的化解。

男女不是对立的，更非相互矛盾的，而是相互补足、相辅相成的。正如灵魂与肉体虽然本质不同，性格亦互异，却能成为一体，互相辅助，互相补足，而完成高尚的人性，使人安身立命；同样，从男女成家开始的社会，亦是人际关系的互爱互助，共同缔造安和乐利的社会，共同经营安居乐业的社会。

## 三

因此，人性的目的在其纵横两面向的组成元素的探讨中呼之欲出。

灵肉合一的“个别的”“自我认同”（Self-identification），比任何主张自我疏离（Self-alienation）的心理学学说来得重要；男女和谐的“群体性”的“社会认同”（Social Identification）以及“社会之爱”（Social love），总比社会中人际关系的疏离（Social alienation）或是人际关系的仇恨来得高尚。

个人“个别性”的修成，一方面要依靠锐敏的头脑，另一方面更要依靠丰饶的心灵。锐敏的头脑负责知性，而丰饶心灵则指导德性，知性和德性同步成长就成为才德兼备之人，才算是修成之人。《礼记·大学》中的“致知、格物”就是指知性的成长，“诚意、正心”则是指德性的修成；知性与德性都达到一定标准时，就是修身的完成。“修身”是个别性的完美，接下来的“齐家、治国、平天下”则是群体性的完善。个人个别性的“修身”到达安身立命的地步，算是独善其身的君子；个人群体性的“齐家、治国、平天下”，算是兼善天下的圣人。君子和圣人就是“仁者”，是儒家道德学说完美的人。

## 四

因此，人生目的是要完成人性，修成人格，一方面做独善其身的君子，另一方面做兼善天下的圣人，就是“爱己爱人”。

孟子的学说中把人性完成的德目扩充得最为完备，其“事天”以及“亲亲、仁民、爱物”，完成了人生各个面向的正常关系。在细目上“父子有亲、君臣有义、夫妇有别、长幼有序、朋友有信”，从家庭中的人际亲情开始，由亲及疏，设计了各种人际关系的规范。

孟子“知性”的设计也相当周延，“尽心、知性、知天”；其“德性”的实践也相当配合，是“存心、养性、事天”。

## 五

事实上，从道德到宗教，就由今生今世的关怀走向来生来世的寄望，天堂和地狱的教义也好，轮回报应的劝谕也好，亦都是希望在此世建立天国和人间净土，同时寄望来世的福祉。

（邬昆如）

# 第一章　早期形而上学家

人们面对宇宙人生万象的繁复多变，始终是感到好奇与惊怖的，产生探求宇宙奥秘的欲望与努力。在希腊，基于其特有的抽象思辨能力，泰勒斯提出第一个哲学问题——“宇宙万物所据以存在的第一原理为何”，从而打开了特有的探索之门，进入形而上学世界。早期西方形而上学的发展分为三个时期：第一为宇宙论时期，致力于说明自然存在的本原及其性质或即宇宙论问题；第二为人性论时期，主要以探讨人本身的理性思维为基础，全面性地说明真实存在的特性及其与各领域的存在关系，发展出体系性的哲学理论；第三为神性论时期，从伦理学繁复讨论以寻求人生出路的努力中脱颖而出，致力于说明宇宙的第一原理就是神，以期探讨人如何提升自我内在灵魂，超越世俗的限制，与神合一。

哲学是以抽象的观念、合理的推论和体系性的论证来说明世界，而这必须等人类思维发展到具有一定的抽象和推理等理性能力之后才会产生；但早在这些能力成熟之前，人类就已经针对宇宙的生成、世界的起源、日月风雨雷电等自然力量的展现以及权力争夺、善恶消长、秩序与混沌交错、表象与真实的模糊难辨等展开种种解说的尝试，只是这种尝试主要是以想象及猜测的方式表现，而这就是神话阶段。

哲学性思维出现以后，对神话及基于神话的宗教产生了极大的破坏作用，神话中虽然包含了许多对宇宙及世界的想象与解释，也有许多对人生的反省与智慧的隽语，但这些解释缺乏科学的依据以及理性的检视；逐渐成熟的哲学思辨则逐步区分出人的感觉活动与理性活动，并将对宇宙世界的解释置放在理性的普遍原理之下，于是传统中对神灵的崇拜转而变为对 Logos（逻各斯，即原理、道或神）的探索。

在历史上，使哲学与神话区别开来的是在公元前 6 世纪的一个重要的问题意识："宇宙万物所据以存在的第一原理是什么?"回答这个问题的方式不再是神话式的臆想，而是渴望真理的理性思辨。希腊哲学自此发展，粗略可分为三个时期。

## 第一节　宇宙论时期

### 一、米利都学派

希腊最早时期的哲学是在爱奥尼亚地区发展的米利都学派。此一时期的哲学家把自然看作是一个持续在形成和变化中的对象。他们倾向将这个本源看为一种物质性的根基，称作"太始"(arche，始基)，宇宙万物自此生成，并在历经变化之后复归于它。有三个代表人物：泰勒斯、阿那克西曼德（Anaximeder，公元前 611—前 546)、阿那克西米尼（Anaximenes，公元前 588—前 524)。

泰勒斯为当时"七贤"之一，长于数学和天文学。传说他是第一个研究星象学的，预言了日蚀和冬至、夏至的日期。这些表现预示着一种不依赖神话去说明事物终极原理的新兴趋势正在展开。

泰勒斯把水解释成是一切事物的太始，认为万物都由它构成，最初从水中产生，最终又复归于它。他似乎把一切物质都看成是活的，具有生命性质(灵魂)。这种类型的看法往往也被称作"物活论"(Hylozoism)。

泰勒斯被称作是最早的哲学家，他是第一个尝试基于现象的观察，用理性思辨的抽象方法而非神话方法提出宇宙起源的问题并给予解答的人。尽管他的答案在现代人看来显得粗糙，但是"宇宙现象变化万千，必有一个单纯而不变的本质可予说明那是什么"的哲学探索是由他开启的。

阿那克西曼德以天文学和地理学见长。他发明了日晷用来测定冬至和夏至的平分点，造了计时器和地球仪，绘制了第一幅陆地和海洋的轮廓。

在思考万物本源的问题时，他认为万物的太始是"无限"(to apeiron)，万物由此而生，又消失复归于它。“无限”是一种超越经验概念的宇宙物质，不会在永恒的创世运动中消耗殆尽。宇宙的形成就是这个“无限”的永恒运动的结果。

阿那克西曼德的哲学有进于泰勒斯，主要是其思想的抽象性较高，他在经验性太始中区分出非经验性太始的概念，也尝试对宇宙及万物的生发程序进行初步的解说。

阿那克西米尼指出万物的太始是“气”（pneoma），具有无限性和永恒运动的属性。他认为“气”处在不断的运动和变化之中，并由此产生出宇宙万物。气的变化产生两种主要作用，一是稀化，一是凝聚，前者是一个热化的过程，后者是一个冷却的过程。

阿那克西米尼在理论的创造力上明显地不及阿那克西曼德，而其哲学若有进于前者，则主要是指他对太始如何生成宇宙万物的原理性说明，也就是他明确地使用稀化和凝聚两种作用解释宇宙发展程序，其中包含有对万物的演化与其构成物质的量性变化的初步探索。这为后世原子论的哲学家们打开了一个解释的空间。

## 二、毕达哥拉斯学派

毕达哥拉斯（Pythagoras，公元前580—前496）宣称灵魂依照命运的规定会从一个生物体转移到另一个生物体中；要解脱生死轮回，以便再度进入神的极乐世界。

毕氏学派充满了某种神秘的色彩，但他们对科学知识的追求、对宇宙万物在终极知识上的领悟，以及对伦理生活的严格要求，也是主要特色。其主要哲学理论为：一切事物的太始是数。在现实生活中各种现实物是可数的，两件事物间的相互关系也可用数的比例来说明。音律的特性和比例也可以用数来表现。由于在数目中见到了各种和谐的特性与比例，一切不定事物的明确呈现也都可以用数目来规范与说明。所以他们就推出数为一切存在物的基本范型，而且整个宇宙就是一个和谐、一个数目。

毕氏学派的这些主张使他们在抽象思维的路途上又大迈一步。他们得到了一个不包含在物质之内且可以超越感觉经验的原理——数，是一种限定物质并给予物质形式的原理，同时还能兼及对抽象的事理和法则等的解释。其次，毕氏学派主张整个宇宙万有的存在包含着某种规律，并由此规律可以说明其存在的秩序和变化的法则；这对日后科学或哲学的研究都产生了重要的影响，即理性思维所面对的不再局限于探求具体的经验事物的本原依据，而更进一步须发觉一切存在事理的内在律则。

## 三、赫拉克利特

赫拉克利特主张：宇宙世界是一团永恒的活火，火是万物的太始，一切物质不过是火的变形，火产生了一切而最后也都将复归于火。“一团永恒的活火”正可以表现宇宙万有变化不居的现实特性。

他认为宇宙万有不断在变化，是按照一定的尺度和规律来进行的。这个秩序的表现为“按一定的尺度燃烧，一定的尺度熄灭”。赫氏所以选择火，更重要的原因是可以表达出对变化的规律或原理的掌握。赫氏指出这个规律或原理就是“道”（logos），万物都依据“道”生成变化，互相转化；人人都应遵循“道”来理智地说话。因此，理解有关“道”的知识与人通过感觉经验来认识万物是不同的，承认万物的流变统一于一个共同的法则才是智慧的。这个主张就使得赫氏不只是承认感官世界千变万化的现实，而且强调理性的思维的重要性，必须要通过它才能掌握变化现象内在的原理。

## 四、爱利亚学派

爱利亚学派（The Eleatics）发源于意大利南部的爱利亚，主要代表人物为色诺芬尼（Xenophanes，公元前570—前475）、巴门尼德和芝诺（Zeno，公元前490—前425）。这个学派的基本主张：以繁多与变动为特征的感觉世界虽然是现实的存在，但绝非实在的“存在”。

色诺芬尼将宇宙自然的存在看作是唯一的，它不是产生出来的，而是永恒的、不可毁灭的，这个唯一的宇宙就是“神”。这个整体唯一的宇宙“神”保持自身不动，而用心灵力量毫不费力地晃动一切事物，左右一切，统御万有。

色诺芬尼的这个新思维是将万物归于一个整体的概念，即归于“一”；他的学生巴门尼德则进一步发展这个想法，要在万物流转变迁中找出常住不变的恒定，以得到真理。这个真理就是有关“存在”的学说。他提出“存在”与“非存在”的对立，认为“存在”才是对宇宙万有真实本性的恰当说明。“存在”不生不灭，不分过去、现在与未来，为单一、完整而不可分的连续整体；不动不变，没有运动变化的现象。只有“存在”存在，可以被思想被表述，而不是被感觉的对象；“非存在”并不存在，且不能被思考。

巴门尼德的学生芝诺用纯粹的逻辑论证来捍卫“存在”学说。他驳斥多与运动的实在性，认为如果承认了多与运动是实在的必然会在思想上产生矛盾的结论，所以不如肯定存在是一，是不动的。

希腊早期哲学发展到了巴门尼德可说是达到了一个新的阶段，日后的哲学问题将进一步转向：若说我们所感觉的宇宙世界是变动不居，以致没有明确与固定的内容，那么是不是在此一世界背后有一个更真实的、本质不变的世界存在？这个世界是不是可以依靠一种理性的逻辑的方法来掌握？这两个世界之间的关系又是如何？凡此都将成为长期探讨的哲学课题。而这与巴门尼德提出“存在”学说有密不可分的关联。

## 五、恩培多克勒

恩培多克勒（Empedocles，公元前495—前435）出身西西里亚的显贵之家，曾是一个杰出的政治家，更是当时负有盛名的自然科学家、宗教预言家和神秘术士。

恩氏的哲学具有调和折衷的表现。他举出四种不能互相转化的“原素”（rizomata）作为“万物之根”——火、气、水、土，四根之外别无其他。四根本身不生不灭，永存不变，它们结合生成万物，它们分离则个物消亡——他把这种结合的力称作“爱”，把分离的力称作“恨”。

于是他保存了巴门尼德对“存在”的永恒不变性的主张，认为原素就是这些不变的太始。他也兼顾了米利都学派及赫拉克利特的立场，主张所谓事物的生灭及运动的现象其实是这些永恒不变的原素的结合和分离的结果。值得注意的是，恩氏是早期希腊哲学中第一个在物质始基之外寻找运动力量的哲学家，即在四根之外另立“爱”“恨”作为运动的原因。这种将动力与物质始基分离的想法已预藏其后原子论发展的理论基础。

## 六、阿那克萨戈拉

阿那克萨戈拉（Anaxagoras，公元前500—前428）自小即好学深思，醉心于科学与哲学，年轻时迁居雅典，将小亚细亚所流行的爱奥尼亚哲学和天文气象知识传入迷信保守的雅典，为日后以雅典为中心的希腊哲学带来了启蒙之风。

阿那克萨戈拉深受巴门尼德哲学中对“存在”思考的影响，认为无中不能生有，组成万物的元素是自然常存的。但他质疑：我们所吃的食物里没有头发，为什么却能使人长出头发来？如果不是我们所吃的东西中包含有一切已存在事物的物质成分，而只是单纯的水或气，这些复杂的现象是如何也解释不通的。所以阿氏发明了独特的种子说。

阿那克萨戈拉主张宇宙最初是一些微小粒子的绝对混合，这些粒子在数目上无限多，在体积上无限小。这种极微粒子就是万物的种子（spermate，seeds），它是一种复合物，具有各种性状、颜色和气味，不生不灭，永恒存在。具体事物的种种生灭变化，其实就是这些种子的分合现象。

他还提出：“睿智”（Nous，精神、心智）是单一的、独立自存的，能掌握一切事物的知识，具有支配一切有灵魂事物的力量；“睿智”推动并支配宇宙最初的运动，在运动中“睿智”推动到什么程度，万物就分别到什么程度。

这使得阿那克萨戈拉的哲学表现出明显的目的论色彩。自他以后，不只是宇宙的物质性始基和动力会成为人们探讨的主题，究竟是由谁安排宇宙万有能有（在人们看来是充满美善秩序的合理安排）更是重要的探讨主题。

## 七、原子论学派

原子论的建立者是德谟克利特（Democlitus，公元前460—前370），他学识渊博，又富有资财，周游列国，广求知识，足迹遍及埃及、巴比伦、波斯和雅典。他的哲学受到亚里士多德的极大赞赏，称他为“五项全能选手”（指他在伦理学、物理学、数学、音乐和工艺学方面具有杰出成就）。

德氏承认绝对的生灭是不可能存在的，但个别事物存在的多样和变化也是真实的。他宣称充实（pleon，plenum）和虚空（kenos，empty）是万物存在的基本要素，前者叫作“存在”，是充满空间的、是坚固的，后者叫作“非存在”，两者一样是实在的。

原子（atomos，atom）其数无限，其小至极，无法为人所感知；其自身是不可再分割的，因为它们充满了自己的空间，只有形状上的大小和排列上的差异，而不可能有任何质变。

虚空，也即虚无一物的空间，为原子的聚合和分散提供运动场所。原子之所以有分合的运动，并不是有什么外来的推动力量，而是原子自己的力量。而一切运动是机械的、偶然的与无目的性的。

由此，原子论走到了机械论的方向，认为一切万物存在变化都是由其构成物质依其自身功能机械分合的结果，并不需要任何外在的力量或目标去引导，纯是偶然的。原子论的这种哲学主张对日后纯粹依据物质原理去说明现象世界的思维（特别是文艺复兴时期以后的自然科学家与哲学家们）产生了极为重要的影响。

## 第二节　人性论时期

### 一、智者学派

人性论时期开始探讨人在宇宙中的存在地位如何、人性自身具有哪些能力、人类社会制度应依据何种原则建立等课题。这种问题意识的转向，当然与宇宙论时期各派哲学的对立而无法和解有关，人们开始怀疑是否真能获知有关宇宙最终的本源。其次，多元文化互动的结果，人们发现各国生活方式、伦理规范和宗教信仰都不相同。难道这些只是约定俗成的结果吗？人们开始对更具体而切近的人类社会与文化产生兴趣。复次，在希腊城邦的平民政体中，具有政治野心的人整日思考如何才能雄辩无碍、操纵民众情感以赢得执政选举，从而表现出很严重的人性贪婪与自私。这也使人们去思索什么是人间的正义和美善。宇宙论的关怀便逐渐地被人性论的课题所取代，而探索真理与知识也必须能与生活技术相结合并能驾驭生活才称得上是有价值的。

智者学派应时而生，他们多以教授数学、天文学、修辞学为业，索取巨额学费。他们的学生以政治人物为主，求学并非是为了真理，而是为说服大众去相信他们所要传达的想法。这就使得智者学派的教育产生了极大的危机，他们所教导的修辞学与辩论术可以把坏的讲成好的，不论什么问题不必具备丰富的知识便可以信口开河，几近诡辩，便得了一个“诡辩学派”的称谓。

开智者学派先河的是普罗塔哥拉，他有一句名言：“人为万物的尺度，是存在事物存在的尺度，也是不存在事物的不存在的尺度。”这也就是说，根本没有客观的真理，所有的认识都是主观的，也因此是相对的。他主张智者应采取有效的行为而放弃无效的行为，产生了一种特殊而现实的观点：知识与道德是为了特定的人为目的而成立，只分有效、无效，并无真与假的差别。

高尔吉亚则根本断绝了知识建立的可能性，也断绝了沟通和学习的桥梁，走上彻底的怀疑论。

正是在这种充满怀疑论调以及破坏道德与真理的混乱氛围中，苏格拉底带来了清明的理性与秩序，正式开启了人性论的大门。苏格拉底早年曾困惑于哲学的众说纷纭而无所适从，当他读到阿那克萨戈拉的“睿智是一切自然法则与秩序的原因”时便豁然开朗，发现了思维法则的独特性，其后放弃宇宙论的探讨，转而关心人的问题，并集中于伦理问题的讨论。他认为个别事物的感觉认知会因万物的变化而随时改变，定义却是以普遍而不变的万物特性而成立；道德的判断也是以通过普遍概念而得来的知识为基础所成立，如善与不善、公正与不义，而不能依照个人的经验及主观去任意论断。苏格拉底的这种概念说本来是一种思想的范畴，却成为后来柏拉图建立理念论的重要启蒙。

## 二、柏拉图

柏拉图的理念（eidos，idea，观念、相）不只是一个思想的范畴，还是一种形上实体，独立于心智之外。他认为，当我们给众多个别事物以一个共同的名称时，它们就有一个相应的理念存在，而这就是所谓的“共相”，即借由概念来表达众物的共同性质。

生活上许多引发美感经验的事物都具有一个“美”的理念，凉爽的月夜、芬芳的玫瑰都有可能被我们赞叹为美。它们是不同的个别事物，都可被称为美，必须存在有一个“美”的理念被我们的思维所掌握，去称谓这些事物。所以，理念不仅仅是主观的思维对象，还具有客观的实在性。这个“美”的理念是更真实的实在，因为个别美感事物经常容易变化——月夜不凉爽、玫瑰枯萎，不会再被我们赞叹，但这并不妨碍我们在峻朗的高山或婉转的鸟语中再度发现美——“美”的理念是不受限于这些个别事物之中而存在的，它独立自存，甚至是更为客观的存在。柏拉图从而主张：理念才是最真实的实在，而现象界中一切个别事物的存在只是理念界的摹本。

柏拉图这个理念论的结果便是将世界区分为二：一个是感觉经验所对的感官界，一个是思想所对的理念界。理念恒存不变，自成一个超越世界；感官界的可觉事物受制于生灭变化，并不具有永恒的存在性；感官界的一切存在都是由于理念流注其中的结果。感官界和理念界的关系是“分享”，万物各以不同的程度分享、体现、复制理念而存在，就好像美的事物之所以存在，是因为参与了美的理念。所以理念既超越又内在，既独立自存又参与于感官事物之中。最高的理念就是善。

为了说明理念的实在性，柏拉图还用灵魂回忆说来予以加强。譬如当我们第一次看到美的事物而能作美的判断时，发现它们不是绝对的美。我们在感官经验的世界上并没有机会认识到绝对的美的事物，那么这个绝对美的理念必然是在我们出生前便拥有的，在灵魂与肉体结合之前就先认识了，只是在出生之后忘记了，必须等到我们经由感觉到一些相等事物的经验刺激后才又回忆起了这些理念。所以，这些永恒的理念的存在，是早在我们出生之前就存在的。从这样的学说发展，柏拉图很明显地提出灵魂不灭说。人在理念界掌握各种理念，并在感官世界中回忆理念的，也正是灵魂的理性部分。这样，柏拉图对传统的哲学既继承又扬弃，发展成一个完整的形而上学体系，清楚说明实在界的性质与人在实在界中的关系。

## 三、亚里士多德

亚里士多德认为哲学是一门追求智慧之学，哲学家就是爱智之人。最高智慧不是经验，不是技术，亦即不是产生或保障效果的工具，与实用或功利无关，而是在探求事物的第一原理。形而上学便是探讨最高智慧的学问。其他的科学都是研究存在的某一个领域，并在该领域中讨论事物的存在属性，但形而上学则是讨论存在者自身及存在者自身所具有的属性的课题。

“存在者”一词意义很多，但都与一个核心点相关，即一种确定种类的事物。在众多存在者之中，讨论的核心点或是起点是实体（ousia，substance），而其他则是实体的属性，例如质、量、关系、处所等。换言之，任何我们所讨论的存在者都必须与实在的个物相关。存在者的概念既是普遍的，又具体存在于个别事物中，不能与之分离。显然，亚里士多德并不赞成柏拉图的理念说，以为普遍实在的理念可以脱离个别事物而独立自存。

对亚里士多德来说，原因是决定事物之所以存在、变化与认知的起点，包含四种：质料因、形式因、动力因、目的因。质料因是指事物所由构成的物质材料，例如此座肖像的材料是铜。形式因是针对质料而言的，也可以说是事物的本质或根本规定。例如这一堆铜矿可以用雕像的形式规定它的存在，而雕像就是事物存在的形式因。动力因是指赖以引起运动变化的原因。例如铜像需要一个艺术家去创作。而目的因则是指运动变化所趋向的目的。例如艺术家去造一雕像，是为了欢庆的目的或者是为了赚钱的目的。在这四个原因之中，除了质料因，其余三个原因都是立基于形式，所以亚里士多德对于形式和质料的关系有更为精彩的说明，即形质说（Hylemorphism）。

他认为自然界中一切事物的实体变动包含两种：一是实体的由有到无或由无到有；一是实体的位置、性质和量的变动，为偶有属性的变动。可以说，一切万有的变动就是在形式与质料中的变动。

亚里士多德进一步以“潜能”和“实现”来解释变动。质料在获得形式之前具有获得形式而成为实现的“潜能”。换言之，质料之所以能接受形式的规定而实现为形式的可能性，便是潜能；而使实体出现或使之有新的形式规定的完成，便为实现。这个从潜能到实现的变动历程就是宇宙万物变动的历程。就如一粒种子具有发芽成为树苗的潜能，一棵树苗具有长成一棵大树的潜能；而树苗就成为这粒种子新形式的实现，大树成为树苗的新形式的实现。宇宙万有的变化与发展依此可以得到一个完整的理论。

依上述脉络，可知亚里士多德的形而上学从探索存在者之所以为存在者的存在学角度，转为专门针对实体的研究，而实体的一切变化都是向着最后的形式或是最后的实现去进行。神是最完美形式，也即是绝对实现、绝对的善，其本身不能再变动，却是推动一切运动变化的原因，也就是第一不动的推动者。研究这个最高实体的学问便是最高的科学，又称作神学。于是亚里士多德的形而上学便由存在学转为实体学，再由实体学转为神学。

在亚里士多德的这套形而上学系统中，万物的存在就依其实现形式的程度差异而有不同的阶层之别，而这也同时表现为一个高低不同的价值层级。在存在的层级中，人可以通过理性去超越自身动物性的存在限制，去理解并追求更高存在的形式以实现生命中的美善，这便是使人成为最特殊与尊贵的一种存在本质。

## 第三节　神性论时期

### 一、早期特征

亚里士多德之后，随着亚历山大大帝的崛起，希腊城邦独立自主的形态逐渐消失，进入到一个大帝国形态的生活方式之中。新的国际性的、社会性的和教育性的中心出现，旧有的信仰已无法为人们提供良好的生活指标，道德陷入个人主观的享乐追逐之中，纯粹为知识而知识的学问不再具有吸引力，代之而起的是指导人实际生活秩序的伦理性学说，形而上学与自然哲学的存在变成了伦理学的基础与前提。

值得一提的是，虽然他们在伦理学上所强调的是精神的自主与自足，但论其形而上学的理论依据时则是将上帝视为最高的原理。如斯多亚学派主张，人生的目的是追求幸福，而幸福在于人的品格，即人的行为符合自然法则，人的意志符合神的意旨。上帝，或即内在的理性，被描述成实在界的主动原理，是自然界的美好及其目的性的原因，足以显示宇宙中思想原理的存在，也就是世界的最高意识。他们也明确地将上帝视为是宇宙的原因或生成的根源，这便逐渐发展成为这一个时期的哲学走向神性论的共同道路。

希腊哲学走上神性论时期大约可以分为三个阶段：第一个阶段，以斯多亚学派和伊壁鸠鲁学派为代表，主要特征为重视人的行为以及如何获得个人幸福。第二个阶段，大体延续了上一个阶段与两派哲学针锋相对的怀疑论思潮以及某些折衷派的主张，而对古代各大学派哲学创始人的生平及其学说的研究与宗教上神秘主义倾向的出现则是这个阶段的两大重要特色。第三个阶段，以新柏拉图学派为代表，想要把古代哲学理论与宗教思想中一切有价值的东西全都结合起来，形成一个完整的神性论体系。

### 二、中期发展

怀疑论学者对于人类认识能力的怀疑也是刺激神性论哲学出现的原因之一。如第一个阶段的皮朗主张人的理性无法看透事物的内在本质，我们只能掌握事物所显现的外表。因此，智者必须保留自己的看法，中止任何善恶、对错或美丑的判断，而保持灵魂的平静。

但另外一个思想系统不能满足于只是怀疑的态度，转而思索如何将人的思维与宇宙最高的原理结合为一。这是斯多亚学派、折衷学派、新毕达哥拉斯学派及中期柏拉图主义等不约而同追寻的目标。中期的斯多亚学派发现整个存在世界具有一种内在的统一性，像潮水的涨落与月亮有关等，自然世界的每一个细节都展现了宇宙的普遍和谐与统一的结构秩序，也就是都有神意的安排，上帝便是遍在宇宙万有的理性活动。新毕达哥拉斯学派代表人物之一纽曼内斯（Numenius）主张神性层级论，主张上帝（也就是存在原理或称大父）是纯粹思维的活动自体，是至善者，与世界的形成没有任何直接关系。这使得上帝的绝对超越性被特别地凸显出来，使上帝具有“超越存在”的地位。

### 三、晚期代表——普罗提诺

新柏拉图主义的主要代表人物是普罗提诺，他主张上帝是绝对的“太一”（The One），超越一切的思维与存在，是万有的始源，也是至高的善（The Good）。太一创造万物，但并不是万物之一，所以它既不是一个实体，也不是性质，不是数量，不是心智，不是灵魂，不动不止，不在空间中，也不在时间中，而且它先于一切的运动与时空，先于形式与心智，它不是个别事物的总和，因为它是创造者，而不是被造者。

太一与万物的关系是一种类似“流出”的关系。普罗提诺认为太一并不是通过意志或任何其他活动去创造出万有，而是像太阳辐射一样发散，从它自身的力量、本质中产生出次一级的存在，而其自身仍永保不变。于是从太一流出了心智，从心智流出世界魂，从世界魂再流出个人灵魂，最后则是流出物质。太一的辐射如光芒一般，到达物质之后就完全黑暗；物质也是太一所流衍出来的存在者，是光的消失、光的阙如，普罗提诺把它视作恶的根源。人生的目的是要逃出物质世界，使灵魂上升到心智的直观，而最后在“神魂超拔”（ekstasis）中进入绝对的一，也就是与上帝合一。

在普罗提诺的太一流出说发展后，神性论的思想发展到了极致，开启了中世纪神学建立的契机，理性的尊贵地位已为上帝的神性所取代，而成为证明上帝存在及其美善的存在特性的重要工具，无疑地便宣告希腊早期的形而上学发展到了尾声，思想要进入另外一个新的阶段了。

（谢仁真）

## 参考文献

邬昆如:《哲学概论》，台湾五南图书出版公司，1990 年。

《古希腊罗马哲学资料选辑》，台湾仰哲出版社，1981 年。

Fredrick Copleston，傅佩荣译:《西洋哲学史 I》，台湾黎明文化出版公司，1986 年。

沈清松:《物理之后（形而上学）的发展》，台湾牛顿出版公司，1987 年。

W. T. Stace:《希腊哲学史》，双叶翻印版，1986 年。

策勒尔著，翁绍军译:《古希腊哲学史纲》，山东人民出版社，1996 年。

汪子嵩等:《希腊哲学史》，人民出版社，1997 年。

# 第二章　天学（本体论）

形而上学可以分为一般形而上学及特殊形而上学两种：特殊形而上学是讨论宇宙论的问题，如世界的生灭变化、人性的结构、上帝的存在等；一般形而上学是讨论存在的学问，又称为本体论，其内容为从整体的眼光去看宇宙万有，讨论存在之所以为存在的原因、特性及其属性，也要讨论最高存在的终极形式。作为万物存在根据的第一原理，就其量来说，有的哲学家主张是一元的，也有主张多元的或不可化约的对立二元。就其质来说，有的哲学立场是强调宇宙万有的存在根据是精神的原理，但也有坚持物质原理的立场。就宇宙万物变化自身来看，这种种的变化似乎内存一种生之“潜能”向“实现”的发展历程。

## 一

本体论（Ontology，又译“存在学”）一词源自拉丁词 ontologia，是由 onta（实在的存在物，真正的实在）与 logos（对……的研究，对……的解说）所组成，为一门针对存在者自身本质特性的研究，而不同于对个别事物或专门领域的研究，如医学、天文学、法律等等。本体论主要询问的问题为“什么是存在自身”“什么是存在者之为存在者的本性”，是一门讨论存在的学问，要用整体的眼光去看整体的存在，探讨所有存在最终实在的本质及其属性等课题。

## 二

宇宙自然的世界包罗万象，我们很容易依据个人的感官经验来认识生活周遭个别的事物，对个别事物产生具体的经验。例如我们在看过一朵玫瑰之后，不仅会对它的形状、颜色和香味留下深刻印象，也会发现它的整体与先前所看到的百合不太相同。为什么我们会拿百合与玫瑰相比，而不是拿青蛙与玫瑰相提并论呢？是因为在百合和玫瑰之间有一些共同性质，即共同具有的存在特性，使得它们可以并列讨论；这个在百合与玫瑰之间共同的存在性质，就是在形而上学中所称的“共相”。

通过类比法，我们会发现百合、玫瑰、牡丹各有姿态，展现不同的“殊相”，但它们有一种“共相”被我们把握，我们使用一个能够涵盖它们的概念来称呼此“共相”——花。依此，在现实世界中我们便有“人”“狗”“鱼”“鸟”等动物，与“花”“树”“草”等植物，以及“生物”“无生物”等物等概念；若将这些占有空间的具体个物称作“物”，那么如思想、情感、意志或像三角形、相等、美、正义，乃至上帝、精灵、灵魂等，与物的共同性，使他们俱可以被称作“存在者”或“存在”。这种抽绎个物存在的普遍性而形成的一种类金字塔般的结构，便成为我们思想中的理念世界的结构。

这个理念的世界与感官世界都是真实存在的吗？它们是两个不同的实在界，还是同一个？如果它们都是真实的，能不能比较哪一个是更真实的呢？如果我们要说明这个存在世界的存在依据，它是一元同质的、二元异质的，还是多元的呢？若要问宇宙万有的第一原理或终极原理时，那么它是精神性的还是物质性的？此外，这个宇宙世界是业已完成的作品，而其自身只是依已有规律变动而不再发展了呢，还是它处于一个不断变动发展、继续更新或趋向完满的历程之中？如果它还在变化发展，那么其能动性表现为何呢？以上这些都是在本体论中重要的探讨议题。

## 第一节　从“量”的角度看

### 一、一元论

一元论认为整体实在界有一种，而且只有一种真实存在的实体、本质或原理。通过这唯一的实体、本质或原理，我们得以说明杂多事物的存在本源及其特性。

一元论并不否认宇宙存在事物的多样性，只是我们通过一般性感官认知活动只能触及这个多元世界存在的表象，并无法说明其实在性或本质及其何以存在的理由。持一元论的哲学家们主张宇宙万有皆源于一个单一的终极依据或原理而得以存在，万物表象上的殊异并不是真实的，而只是变化中的幻象。

在哲学发展的历史上有许多一元论的主张。例如在西方，希腊时期有所谓的“物活观”和“精灵说”，认为有一种神明控制着宇宙。另有以为水是一切万有的存在依据的学说，主要是希望在物质世界中找寻一种最基础的、最原初的物质，作为一切具体的物理事物的基础；而这个基础，不仅是在物质结构中最基本的构成因素，也是宇宙中最早出现的原始物质，它是同时带有构作性及始源性的物质。至于以“数”“存在”“睿智”或“太一”作为万物存在依据的学说，则是反省到物质性事物的存在是我们感官经验最容易接触到的对象，能认识它们的存在、特性及其运动变化的现象是理所当然的事情。但这种认识仅仅局限于物质解释便足够了吗？我们对现象世界及其万有的存在的认识难道不是受限于吾人有限经验所产生的一连串自圆其说的意见吗？更进一步，我们能从物质本原中看出宇宙如此和谐美善、井然有序的原因吗？不断深入反省的结果，使哲学家们对宇宙万有存在所依据的最终本体的思考转而向原理性、理性或精神性的方向去说明。至于这种原理性的、理性的或精神性的本体，便是一切事物所以会如此或如彼存在的规定性原理，而不再是物质性或材料性的构成因素。

一个值得注意的现象，形而上学中一元论主张常常会和一神论或泛神论交互影响。如在中世纪时希伯来文化的一神论信仰和希腊罗马哲学的理性思辨结合产生教父哲学和经院哲学，将这个作为宇宙万有的终极原理同时理解为一种存在起源，这个起源就是上帝，于是宇宙万有都是上帝创造出来的，其根源是同一的。斯宾诺莎也就从这种体系的启发下提出“神即实体，即自然”的实体一元论主张，认为整体的宇宙其实只是一个实体的展现：在永恒形相的直观下，看到的是神，是太一；而在现实形相的经验下，是宇宙，是自然。这种把神与自然视作同一实体的不同展现的主张是泛神论的想法。

近代西方哲学中带有一元论色彩的哲学，以德国观念论的三大哲学家的学说最具代表性：不论是费希特的“绝对自我”、谢林（Schelling，1775—1854）的“绝对（同一）”或黑格尔的“绝对精神”等，都被认为是世界唯一的实在。而在当代，海德格尔将存在视作为我们探讨形而上学问题的最初起点与最终极实在。

这种一元论的思想在东方哲学中亦有相类的型态。在印度奥义书哲学时期，认为宇宙的本源、生命的根据、一切事物存在的原因是“梵”，是“梵”创造了万物。在中国，老子提出作为天地之始的“道”、《易传》所提出作为宇宙现象存在变化依据的“太极”、张载所提“太虚气化”的“气本体论”等，内在于万物，为万物所以存在的终极原理，也都是这种一元论形态下的学说。

## 二、多元论

多元论与一元论相对立，认为宇宙万有的现象世界不能被化约为一个单一实体、单一本质或单一原理来说明，而必须要以多数的本体或实在依据才能恰当地说明实在世界。多元论一般主张这些多数的本体是分离的、独立自存的，而且不可再被还原的；但也有些多元论说明宇宙世界被划分为多种存在领域，各有所主且各自独立，而且这些领域并不具备基本的和谐的整合性或连续性，也谈不上有共同而合理的秩序可予掌握。

希腊哲学的原子论者们倾向多元论的主张。如恩培多克勒提出火、气、水、土作为宇宙构成的四种基本元素，宇宙万物的基本构成实体，不仅量是多元的，质也是多元的。德谟克利特主张，宇宙的基本构成元素或即太始是原始的原子，在性质上是同一的，在数量上是无限的；个别事物的差异，就是由于原子在偶然的、机械性的碰撞中产生数量上的多寡与排列上的次序之不同所出现的。阿那克萨戈拉不满意这类主张而提出种子论：种子在性质上是多元混沌的，在数量上是无限的，是宇宙万有的物质构成基质；万物之存在样态的不同及其变化，是由一种外在于种子的精神力量“睿智”来引导发展。

莱布尼茨也有一种单子论的学说。他主张有无限多元的单纯实体，即“单子”（monads），为宇宙万有复杂组织的构成单元。单子与单子是各自独立的小宇宙，有其自身的内在构造与作用法则，且具不同程度的“知觉”（perception）或“表象”的生机活力，得以依不同程度表象出整个宇宙。

多元论的模式展现也常常跨越限于说明物质构成的宇宙论，在存在学上也有多元划分的学说，如赫尔巴特（J. F. Herbart）区分世界为存在的范围和价值的范围，以为在知识上感官是多元的，因此认知的客体存在也是多元的；在价值上，人的主体观念也是多元的，分为五层（赏善罚恶、正义、慈善、完美、内心的自由）。

在社会哲学上多元论的色彩更为明显：社会是由许多独立团体或组织所组成，这些团体或组织各自代表不同的利益需求与价值观念，社会整体即表现为它们的多元活动，与之对立的一元论是国家主义。于是，社会整体便可能表现为多元的团体因为利害的竞争与冲突而使国家分裂，或国家沦于这些多元团体中少数强势团体的玩物而压迫其他的团体。

## 三、二元论

二元论承认实在界存在有许多的二元对立，如在形上实体性质上的，有物质与精神、偶然存在与绝对存在、物质与生命的对立；在宇宙论上的，有理念和感官、理与气的对立；在伦理学上的，有善与恶的对立；在人类学上的，有灵与肉、天理与人欲的对立。二元论基本主张这些二元对立不能被化约，同时并存且各自独立，与一元论适成对反的立场。

西方哲学最早有系统地表现出二元论的，是把世界分为感官界和理念界的柏拉图。爱利亚学派巴门尼德的“存在”与“非存在”、赫拉克利特的“火”与“道”、毕达哥拉斯学派的“灵”与“肉”、苏格拉底的“概念”与“感官经验”等，都是柏拉图理念界与感官界对立学说的前导。

此外，亚里士多德的形质论、中世纪哲学的“此世”与“来生”、近代笛卡儿的“心”与“物”等也都是典型的二元论。其中笛卡儿是通过“方法论的怀疑”（methodical doubt）确立了自我意识的存在，并直观地将此自我意识等同于意识主体，肯定了意识主体的实在性。而相对于“神”，心与物为“有限实体”（finite substance），分别具有思维性与扩延性，两种实体绝然不同，不可再被化约。至于神的存在，在笛卡儿论证完物质世界的实在性后便被放置一旁。所以严格地说，笛卡儿在论理的层次上有神、心、物的三元，但讨论实在界具体的问题时仍是心物二元论的模式。

在中国，二元论的思考也是不可忽略的哲学形式。例如有孟子所说的具有四端之心的大体与具有欲望的耳目四肢之小体的对立、荀子有自然之天与伦理之人、情欲之情性与大清明心之理性的对立、佛教有娑婆世界与无余涅槃、佛与凡夫的对立、宋明理学有理与气、理与事、天理与人欲的对立等，也都是二元论的基本模式。

二元论是哲学上一个主要的思维模式，更重要的是哲学思辨欲融合此对立二元的努力。也就是说，既然哲学想要从整体的角度来看宇宙存在，那么从殊多中探寻同一便是一种必然的方向，从二元中寻求统一的解释也是必然的趋势。在西方，柏拉图在理念界与感官界中置放“人”的存在，人的灵魂属于理念界，肉体属于感官界，为的是人能把理想完满的理念实践在多变的感官世界之中，塑造一个理想国；中世纪的神学也以人作为媒介，认为人的灵魂是上帝的肖像，肉体是属世的，而人的存在是为说明此世和彼岸的合一关系与美善秩序。在中国，孟子所说人的小体要受到大体的扩充与推展，成为一个君子，甚至大人；荀子要谈人能“制天而用”，并能用大清明心的理性能力，展开“礼义积伪”的人为努力，成为“大儒”，都是极为重要的创造。

从以上的努力可以看出，二元论是我们在哲学思想中很容易出现的二分模式，其目标是欲化繁为简，以简御繁，用核心原理来说明复杂现象的必然表现；二元对立的原理最终仍会因为带有理想的统一性需求而尝试寻找解消之道，不论是在生命上或是在生活上，在认识论上或是在道德实践上，二元论都不会是究极的答案，一中有多，多中有一，对立调和，层层上达，直趋理想与圆融，即整体合一的和谐一元，是一种“形上倾向”，在人类的历史上一直都是努力的方向。

## 第二节　从“质”的角度看

从量的二元论的形而上学探索中我们得到一种初步的结论，即认为这个宇宙世界包含了物质的构成元素而显现为物理性质的或化学性质的特色与变化。但当询问“这些物质元素究竟是依据何种动力而产生结合或分离的运动，产生万物的构成活动”时，回答的方向就必然区别为二：一是动力内在于物质元素自身；二是动力外在于物质元素。

回答的方向不同，所形成的哲学立场就不同；前者倾向于主张宇宙存在本质上是物质的，后者则多是强调精神的特质。我们究竟仅需掌握感官经验所呈现的现象界，还是需要主张现象界的呈现其实是精神思维所形成的观念实现的结果？或者是认为所谓物质与精神其实是一而二、二而一的，二者协调作用，而并非截然独立？依此便形成两种基本不同的哲学模式——唯心论和唯物论。

## 一、唯心论

唯心论（Idealism，观念论）断言宇宙是精神或心灵的体现，认为宇宙世界根本的实在是精神的或观念的世界，一切存在依赖于精神或心灵的活动，而且也都是精神的或心灵的活动结果。在哲学史上，唯心论大致朝两种方向发展：一是主张只有精神的或观念的世界是真实的，感官的现象世界并不真实而是虚幻的，如爱利亚学派、柏拉图、毕达哥拉斯学派或佛学等；一是主张所有个别现象背后都有一个不变的本体，而且本体比现象更真实，如贝克莱、王阳明等。

从第一个意义看，柏拉图是一个典型的唯心论者。他以理性所能达到的理念界为真实的实在，而感官界只是理念界摹本，其实在性不及理念界。理念界不仅是理性认识的对象，而且也是真实的实在，因为我们的灵魂在与肉体结合之前曾在理念界住过。在感官界，是由灵魂中的理性能力逐渐回忆起了理念界的种种理念，这样才可以解释为什么我们在现实感官界看不到绝对而圆满之物，在我们的心灵中却存在着要找寻完满与绝对的对象。

于是从柏拉图的哲学开始，唯心论便建立在这样的一条途径下：即从我们欲掌握真正知识的进路起步，然后在思维与存在的一致性的原则下，论证存在的真实与思想的理念是一致的，也就是从知识论到本体论，是一脉相通的，或至少是相互符应（Correspondent）的。而这种思维模式的确也是哲学史上的一大系统。贝克莱以其经验主义的立场，主张“存在就是被知觉”，认为一切被我们称之为物质的东西如桌子、大理石等是依赖于心灵的观念的有序的集合。物质事物如果不被知觉就无存在可言，而离开“被知觉”或“知觉的心灵”来谈物质是没有意义的。

贝克莱的这种经验主义的观念论并不被大多数的观念论者所接受。康德区分认识主体和认识客体，认为认识对象的“物自身”是不可知的，而我们所认识的对象是经由我们主体的特殊结构所安排、理解的感觉印象。这个认识主体并非经验世界中的个别的、偶然的主体，而是一个先验的主体，具有普遍的思想结构与形式，先于变化无常的感觉。

康德之后，德国古典唯心主义哲学的三大家——费希特、谢林、黑格尔继续深化这一个思想架构，把康德作为认识论基础的先验主体转变成为宇宙万物存在活动的始源依据。心灵、自我、精神或灵魂的“绝对”，被视作为万物基本的和形式未定的原初实在，万物之存在皆依赖于它，它却独立自存；整体实在界，甚至包含人的主体多样性，都是此一始源流溢发展出来的必然结果。

在中国，唯心论也是一个主要的形而上学模式。带有人格神意涵的天在董仲舒天人感应的哲学中具有明确的主宰地位。汉魏之际传入中国的佛教思想中，解说宇宙世界本体及现象的缘起论，成为中国大乘佛学中重要的理论建构。力图复兴先秦儒学精神的宋明哲学，也不免受到魏晋玄学及大乘佛学重视并发展本体论相关问题的影响，在论及儒家哲学的本体论时也发展出像陆九渊与王阳明等心学体系，强调精神与意识的存在地位与作用，具有先在性及超越性，并为解说一切世间存在的根本基础。

整体而言，唯心论（或称观念论）所呈现出来的形而上学特性，带有一定的目的论色彩，必然影响其伦理学或社会哲学的建立。例如康德认为通过先验主体的认知结构，我们所认识的对象不及于物自身，而仅为关于物的统觉内容，与作为认知的理论理性并立的是实践理性，是人道德实践的重要依据，以严肃的道德精神凛然超越于一般浮面的意见及现实经验感受之上。佛学中的各种缘起论，其解说的目的是要发现人如何才能摆除妄识与妄念的束缚，避免永无止尽的烦恼轮回，得到清澈真实的人生洞见，成为一个觉者。

## 二、唯物论

唯物论（Materialism）主张宇宙万物都是物质性存在，并且其存在变化完全从属于物质力量。心灵、精神、意识、灵魂等活动也都是运动中的物质现象，或甚至以为心灵只是由物质变化所引起的副现象，其本身不能离开物质活动而存在。万物的生灭变化、成住坏空都在物质之中发生。

唯物论形态的哲学体系最早出现于希腊时期的原子论学派。从恩培多克勒提出火、气、水、土开始，到德谟克利特提出具有不可分性的原子，作为宇宙原始的构成元素（即太初），这个学派主张宇宙万物都是以物质的形式存在，并且可见物体所以形成及其运动变化，并不是来自什么外在的推动力量，而是来自内在于这些物质性元素或原子的力量。一切过程都是机械的、盲目而必然的，目的性原理并不具有任何意义。只要用物质的原理就可以说明宇宙的一切。

其后的哲学发展，唯物论大约可以分两大方向，一是机械唯物论，一是辩证唯物论。前者是主张宇宙及其万有就仿佛是一部机器，所有的存在万物及其变化皆可以从数、量的角度加以测量及说明，所有的事物及现象都是物质机械运动的结果。许多自然科学哲学家循此途径，主张一切现象都可以归结于物质的或能量的因素来解释，完全不必肯定还存在着任何超物质的因素。如达尔文的进化论，以为一切生物的存在皆源于一个原始而单一的细胞，人类也不能例外；或者某些人类学家以为人类的灵魂现象只是物质上物理的及化学的变化结果，灵魂或心灵现象并无独立实在性。

辩证唯物论则是费尔巴哈、马克思、恩格斯等人发展黑格尔辩证法的结果，其后又受到列宁的发展，使其逐渐从对资本社会的反省批判的社会哲学变成了世界革命理论。他们在本体论上的基本立场，是主张物质世界的客观实在性是自明的，不容置疑。一方面，物质是为人的知觉所摄受的对象，并不限于物质性元素及由其所构成之物，也可以是指具有物质性的事物的组织或结构，例如社会阶级、经济结构或生产劳动力；另一方面，物质的存在并不依赖于知觉，思想和物质一样是实在的，只是思想的实在性必须依存于物质解释。物质的变化发展不是外来力量的推动，而是物质本性内具的变化张力，即矛盾——它不是机械的，而是辩证的。而这些发展的实质是在物质性的“量变为质”与“质再变为量”的变化规律中进行的。物质世界如此，人类社会亦复如是，物质世界中的矛盾到了人类社会就成为斗争，阶级的矛盾性及斗争促进政治社会的变迁。唯物辩证法在哲学上存在的重要性及影响性，不及它在现实政治上及社会上的影响性，依此而立的阶级斗争论产生了实际的国际社会与国际政治的动荡。

在中国，唯物论的形态在某些强调气一元论的思想中也曾出现。如唐代柳宗元（773—819）反对韩愈的天命观，主张宇宙万有的基本构成是气，一切万物的生成及变化都是源自于物质性的气自然地运动而成，绝无他因。更积极主张气本论的是明代的王廷相（1474—1544）。王廷相称天地的本原是元气，元气是“天地万物之宗统”，在元气之外并无一个高于元气的主宰或规范力量存在；而所谓的“理”只是万物形成后所表现出来的性质与生成变化的法则，必须依于气而存在，而且各有差别，表现出极其鲜明的唯物论色彩。

## 第三节　从“能”的角度看

不论从量的角度看宇宙或是从质的角度看宇宙，我们所表现出的形而上学态度是把宇宙本体看作一个静态的整体。虽然整体宇宙的运动变化也会被讨论，尤其是在唯心论或唯物论的形态中都未曾忽略过，但是其重点并不是运动变化的自身及其所呈显的特性，而是将它置放在精神的或物质的概念下第二序的地位。从“能”的角度看宇宙，就是希望将宇宙万物的变化自身看作一个研究主题，从而发现宇宙万物的变化并非只是单纯的生成变化，而是表现为一个特殊的历程。这个历程不仅是数量上、形态上及位置上的变化，而且是从出生到死，从混沌而到其存在特性的完满实现与最高美善为止。这个具有走向完满与最高实现的变化特性，在亚里士多德的形质说里表达得很完整，在中国儒家强调“生生之德”的形而上学也发展得极其精彩。

### 一、亚里士多德的模式

亚里士多德思考宇宙万物变化的原理时，发现在万有的动静变化之间有一种引发变动的力量未曾被清楚说明。他考察物质事物的存在时提出了四因说。但用在生命体上是否也适合呢？物质的纤维组织或血肉骨骼，是植物或动物存在的质料因；一棵树、一朵花、一匹马、一条鱼，是这个生命体的形式因；动力因是该物自然内具的形式（生命魂），是生命的动力带动生物的变化，朝向最高的生命形式去发展；目的因即是生物的最完满的保存、发展与实现。生命（魂）带动了生命体的新陈代谢，更表现为生育活动，使族类得以延续。这样，生物体的生成变化与物质体的运动变化便有本质上的差异，不能一概而论。

为了清楚地说明这些现象，亚里士多德对形式与质料作了更仔细的分析，认为一切事物，不论是物质体或是生命体，都是基于现有的材料将现有的形式朝向更完满的形式去发展。形式的完满若被称为完整形式的“有”，则未完成的形式可被称为“无”。就一棵树苗而言，种子是“无”，树苗是“有”；就一棵大树而言，树苗是“无”，大树是“有”。于是从无到有，有无相生，形式的完满带动质料的变化，事物之所以会变化是要朝向它最完满的形式去实现自我。

一朵玫瑰的最高形式即其丰满绽放的样态，一只狮子的最高形式就是将其自身的奔行的速度及猎兽的能力发挥到极致的状态。而人的最完满形式，绝对不是年纪长大、胡须变长、头发苍苍，因为那只是生命中物理特性的变化，谈不上完满。按亚里士多德的理论，理性能力是人类的本质特性，也许可以推断：若充分发挥理性能力，表现在知识追求而产生的智慧的长成，与价值实践而产生的德性的圆满，才是人最高形式的实现。

## 二、《易》《庸》的模式

在中国，儒家哲学发展到秦汉之际便已十分清楚地建立起一套生生化育、天人合德的形而上学系统，具体表现在《易传》与《中庸》的思想中。这个系统主张宇宙万物的存在绝非仅是物质性的存在，其生成变化也绝非机械式的偶合与分离。宇宙万物的变化就像一个有机生命的生成发展，日新月异，生生不息，各种层次的存在皆趋向其最丰美的形式去发展。

从肯定"天地之大德曰生"开始，儒家学者主张：全体自然万物都被一种盎然澎湃的宇宙生机力量所充盈而开展；万物既已存在之后，便以其内在蕴蓄的生命力奋力朝向最完美的样态持续去创造与成就。在《中庸》中这个道理表现得十分精彩：天地之道是一个朝向极致发展之道。天体之高明，所以能覆荫万物；大地之博厚，所以能承载万物；生机之悠久，所以能成就万物。这也就是宇宙天地间一种内在于万物的潜存力量，得以推动万物"尽性"发展。善，指此圆满的实现，所以《中庸》与《易传》皆强调万物存在变化的历程，就是一种"继善成性"的历程。

表现在物质世界如此，表现在生物界也无例外，人类生命的存在及其发展更是具体而形微地彰显生命创造与价值实现的道理。人类生命的活动是以承继宇宙天地间的这种创生化育的内在动力而将其发展到极致。这个极致，不只是成就自我的生命完满与价值理想，对人类社会的和谐互动与良善秩序的形成亦责无旁贷，甚至对其所生存的宇宙世界及其万有都怀抱一种尽力使其完满成就的企盼与努力。

在这套形而上学的观点下，生命的自然秩序与价值的秩序是同一的，宇宙万有的变化是一个趋向完满存在的发展历程；生命的本身并不仅以其构成的物质变化而存在，而是在一个提升物质结构进入完满形式的历程中发展成就。儒家的这种体系与亚里士多德的学说互相参照，真有异曲同工之妙。

（谢仁真）

## 参考文献

邬昆如:《哲学概论》，台湾五南图书出版公司，1990年。

Fredrick Copleston，傅佩荣译:《西洋哲学史Ⅰ》，台湾黎明文化出版公司，1986年。

沈清松:《物理之后（形而上学）的发展》，台湾牛顿出版公司，1987年。

W. T. Stace:《希腊哲学史》，双叶翻印版，1986年。

汪子嵩等:《希腊哲学史》，人民出版社，1997年。

侯外庐:《中国思想史纲》，台湾五南图书出版公司，1993年。

张岂之:《中国思想史》，台湾水牛图书出版公司，1992年。

# 第三章　地学（宇宙论）

本章分成两部分，即宇宙的起源以及宇宙的（生成）变化。为了对这两大论题有所解说，本章是以列举的方式，分别从宗教（含神话）以及哲学与科学的角度来作说明，目的是让读者有一清楚的认知，并可对不同的学理或观点作比较。

论到地学（Cosmology），它是从中国《易经》的天、地、人三才中的地才之学而说的；如按西方哲学思想中的分类或类型，就可称它为宇宙论。

什么是宇宙论（地学）？显然，它是关联到先前所提的天学（本体论，又作存在论），而作为哲学中的形而上学的主干之一。这里的地学、宇宙论，其本意当是一门探究万有的存在本因（如天、道、神或梵等终极实在）与万有的存在究竟有何内在关系的学科。这内在关系委实包括了万有（万物、世界、宇宙）的生成变化、内在结构、因果法则，以及事物的存在目的等诸般相关事项的探究。为作简要的理解及说明，则用存在（Being）与生成变化（Becoming）这两大范畴分别来指涉天学与地学（即本体论与宇宙论）各自论究的事项。

## 第一节　宇宙的起源

说到宇宙的起源，神话学，重视理性思维的哲学、科学，乃至探讨超越界事物的宗教，都会把它当成一个重要课题来处理。

## 一、神话（学）的观点

在神话学方面，以中国、希腊和印度为例。

**在中国地区**

古老的中国曾出现不少有关宇宙起源或开天辟地的传说。在先秦时代道家《庄子·应帝王》中里便有浑沌被儵、忽二帝凿开七窍因而身亡的故事。这被凿开的七窍代表着什么呢？就是整个宇宙或整个世界的诞生。

汉代《淮南子·精神训》中也有关于开天辟地的神话：天地形成之前，一切都只是窈冥。之后，在窈冥中便生出了两位大神，分别是阴神与阳神；他们努力地经营天地，判分了阴阳，置定了八方，形成这大千世界。

古代中国也有巨灵“造山川，出江河”那种类似西方或中东地区所流传的创世神话（见《路史》《太平御览》《三五历记》）。

**在希腊地区**

古希腊神话最早当是流传在小亚细亚、埃及和爱琴海等地的传说或历史故事，在公元前10世纪左右形成体系。而后经过荷马（Homer）和赫西奥德（Hesiod）等人的整编，加上随后的剧作家、小说家、史学家乃至哲学家的征引，终而被大量又有系统地保存至今。

荷马撰有《伊利亚特》和《奥德赛》两部作品，赫西奥德则著有《神谱》。赫西奥德的《神谱》属宗教神话那一类的题材，它提及：最早的宇宙原是一片空无，不知经过多久便出现了浑沌（Chaos）。浑沌接着生出大地（地母，Mother Earth；Gaea）和爱（生命力，Eros）。而后又生出深渊（地狱，Tartarus）与黑夜。深渊与黑夜相配便产生了白昼。此时地母也生出天父（Father Heaven；Ouranos），以及山川湖海和人类等。宇宙因而形成。

**在印度地区**

印度有关宇宙起源的神话传说，最早当可溯及古吠陀（Veda）文学，即作为一种赞颂自然神祇的赞歌所富涵的创世神话，时间约在公元前1500年至前500年这近千年期间。

印度古老的创世神话提及天、地、空三界有众神的存在：在天界有太阳神（Sūrya）、世界维持神（Visnu）和律法神（Vāruna）等；在地界有酒神（Soma）和火神（Agni）等；在空界有风神（Vāyu）和雷神（Indra）等。由于众神的神格、性质多未严予区分，这一阶段出现了被视为系具有交替神信仰的倾向。

古印度吠陀宗教神话神学思想的发展到了一定的时期便出现了杂音，有企图将多神教信仰导向一神教信仰的趋势。这时，有关宇宙的起源或创世神话便渐次拥有它在哲学上的位阶及意涵。

阶段一：宇宙的太初即“彼一”，原是有与无尚未分化时的境界。而后，“彼一”便开展出欲爱（意识的缘起）和现象界。

阶段二：视“彼一”为具有位格神的“生主神”。生主神（化为金胎）则造生万有，即现象界。

阶段三：将“生主神”的创造力予以位格神化，视之为“造一切的神”。这“造一切的神”则以自体造化万有。

阶段四：以“祈祷主神”的神格，统合前述的“彼一”“生主神”与“造一切神”的神性；并且认定“祈祷主神”在太初就是由无生出了有（物质），有又生出地、空间与力等。

阶段五：视宇宙即是“巨人”的进化或生化：“巨人”生“遍照者”，“遍照者”生“原人”（神我 Purusa；又作自我 atman 或命 jiva），“原人”则生万有。这一时期可以说是兼具有一神教与多神教信仰的特质。

## 二、宗教的观点

在宗教方面，以犹太教、基督教与伊斯兰教为例。

### 犹太教的认知

论到犹太教有关宇宙起源的看法，主要根据当是出自公元前 15 世纪其先知摩西（Moses）笔下的《创世记》和《出埃及记》。据传，摩西是受到启示而提到天地万物是由他们的神耶和华所创造。之后有一位名叫以赛亚（Isaiah）的先知也得到类似的启示。从其内容可知，他们所信奉的神是那位能造光，造暗，施平安，又降灾祸，令人闻之生畏的真神。

### 基督教的认知

论到基督教对宇宙起源的看法，从其《新约圣经》中的记载就可得知。

他们认为：万有都是本于神，依靠于神，归返于神。这位神当即是犹太教信仰中的耶和华真神，他凭借自己的能力、智慧而创造天地万物。若从基督教的角度来说，他们却认定这位创造天地万物的造物主是基督耶稣，也是在太初和（真）神就已同在又同一的“道”。基督耶稣本就是神的能力、神的智慧；更是神的奥秘之所系，因它本身具足“神本性一切的丰盛”。

无怪乎《希伯来书》会这么称述基督耶稣之与父神的一种独特关系：“神……早已立他为承受万有的，也曾借着他创造诸世界。他是神荣耀所发出的光辉，是神本体的真像，常用他全能的命令托住万有，他……就坐在高天至大者的右边。”

*伊斯兰教的认知*

“伊斯兰”语义就是：服从和降服于真主（阿拉）的意志。

发源自中东，跟前述的犹太教与基督教教义极其相关，而有其独特教理的伊斯兰教，主张宇宙中只有一位真神存在的一神论。对伊斯兰教的信徒而言，真主阿拉是宇宙中唯一、至高、至大、至尊、正义的真神。

谈到真主阿拉之与宇宙万物的关系，其主要经典《古兰经》清楚记载：阿拉真神是独一的主，是万物所仰赖的；他没有生产，也没有被生产；没有任何物可以与他相匹敌。就此，便有学者指称：这里的真主概念显然包含了他是万物的创造者，是一全知、全能和无始无终的真神。

## 三、科学的观点

论到科学之对宇宙起源的观点或看法，大众所熟知的可能就是大爆炸（the Big Bang）理论。

英国理论物理学家史蒂芬·霍金（Stephen W. Hawking，1942—2018）是大爆炸理论的力倡者，而促发他力持这种观点的就是美国天文学家哈勃（Edwin P. Hubble，1889—1953）在1929年对星空所作的天文观测之结果。

哈勃观测星空所获致的结果就是：地球上的人，不管他站在哪个地方，只要他径往星空望去都将发现，星球、星系或星团正急速远离我们。哈勃据而即力倡宇宙有膨胀现象。

霍金便是依据哈勃观测星空所获致的宇宙膨胀现象，提出宇宙膨胀的动力理论：原初的一次大爆炸是促使今日所见的宇宙继续膨胀的主因。霍金在《时间简史：从大爆炸到黑洞》（*A Brief History of Time*：*From the Big Bang to Black Holes*）记载："哈勃的发现，暗示存在一个叫作大爆炸的时刻。"

霍金进一步推估：我们所知的这个宇宙，在诞生之际，其密度无限大，而尺度却无限的小。太初最早的一次大爆炸，时间约在距今100亿到200亿年之前的某一时刻。就因为那次的大爆炸，才产生了时间、空间、能量、物质，乃至尔后有生命物质的出现。

为了顺利建构宇宙起源的大爆炸模型理论，身为无神论者的霍金，发出惊人之语："人们可以想象：上帝（神）在过去的任何时刻创造宇宙……人们仍然可以想象：上帝是在大爆炸的瞬间创造了宇宙，或者甚至在更晚的时刻，以使它看起来就像发生过大爆炸似的方式创造。但是，设想在爆炸之前创造宇宙是没有意义的……大爆炸模型并没有排斥造物主，只不过对它何时从事这工作加上时间限制而已！"

霍金这种"科学"论述宇宙的起源，产生了什么样的后遗症呢？第一，他获得若干有神论者如犹太教徒、基督教徒等的欢迎。因为霍金至少尊重了传统宗教的认知，即"神"（上帝、真神、真主）才是万有存在的根始原因。第二，他的预设有造物主的大爆炸说已使科学思维夹带了宗教神学的尾巴，而使立基于纯理性活动的科学工作难以摆脱宗教因素的干扰。第三，在严格分析及批评下有人甚至认定霍金有逾越宗教经典的记载之嫌，即径自主张所谓的造物主便是倚借他所认知的大爆炸之方式来创造宇宙。

总之，此间所谈的科学的宇宙起源观和前述的神话（学）和宗教观一般，都同样认定：宇宙是有它的开始，有它的起源。

## 四、哲学的观点

在哲学的宇宙起源观方面，我们想从西方与中国所出现的论点作一简单的引介。

### 在西方

公元前7世纪米利都学派（主要代表人物有泰勒斯、阿那克西曼德和阿那克西米尼）便有关于万有起源或宇宙太初的构思及探讨。

据载，泰勒斯深受万有起源问题的吸引，也受到传统神话的影响，因而主张：宇宙的起源（太初）就是水，水中有神性（the Divine）力量的临在。

阿那克西曼德精通天文、数学和地理，同样对宇宙的起源问题产生兴趣。他主张：不可规定的“无限”（the infinite）才是宇宙的起源。和泰勒斯一样，阿那克西曼德深信在“无限”中也有神性力量的临在，才使之得以衍生繁复多元的万事万物。

阿那克西米尼则认为：无边无界的“气”才是宇宙的起源，在气之中自也有神性力量的临在。

古希腊米利都学派三哲人建构了所谓的物活论（Hylozoism）的哲学宇宙观，是混杂有神话（宗教）、哲学与科学的思想，而标志出古希腊哲学起源的一大特色：作为“爱智”的哲学思想的产生，不是来自纯哲学的思维，而是混杂有宗教神话的因素。由此肇始了尔后西方哲学的发展总是脱离不了宗教因素的介入和牵引。

**在中国**

这里要谈的是儒家之祖孔子（公元前551—前479），以及道家之祖老子（公元前580—前480或公元前571—前476）这两位哲人之对万有起源的看法。

1. 老子的认知

论到老子之对万有起源的看法，就是在《道德经》一书中提到的“道”的思想。“道”是什么呢？老子以他那近似辩证的语气，也就是以“正言若反”在论述：“道”是一种混成者、三一者。

> 有物混成，先天地生，寂兮寥兮，独立而不改，周行而不殆，可以为天下母。吾不知其名，字之曰道，强为之名曰大。大曰逝，逝曰远，远曰反。（二十五章）

“道”对老子而言，可说是他对那“先天地生”、本身是“独立而不改，周行而不殆”的“混成（者）”一种勉强的称谓。

> 视之不见，名曰夷；听之不闻，名曰希；搏之不得，名曰微。此三者，不可致诘，故混而为一……（十四章）

老子是以人类的视觉、听觉与触觉的极限认知，反托出“道”的不可视见、听闻以及搏得的特性。尽管“道”的特性是如此，它对老子而言可是一种永在者，而且是以“无状之状，无物之象”的“恍惚”情态径作自我呈现。

“道”的“先天地生”，以及“道”的独立不改、周行不殆，这些足以显示，“道”不仅是先于天地的永在者、自主者、恒动者，它更是万有生成的本源。老子曾作这样的明示：

> 道生一，一生二，二生三，三生万物，万物负阴而抱阳，冲气以为和。（四十二章）

这里所论及的“道”，如从整本《道德经》的角度来衡酌，很难看出它有所谓的“位格性”；如说它可拥有无限的生机、无穷的活力和极深邃的奥蕴及费解的特质，却非一种过甚之辞。老子自己即曾这样品述“道”的奥蕴难懂性：“道者，万物之奥。”

2. 孔子的认知

在《论语》中，孔子曾就天地间时序的运行和百物的生成叙及他个人的认知及心志：效法“天”的无语之美德，以身教代替言教。

孔子所认知的“天”，这作为至高、独一、伟大、完美、人可效法（“巍巍乎，唯天为大，唯尧则之”）、人可仰望、向之祈求医治、久祷、永存（“丘之祷久矣”）、真诚、圣洁（“吾谁欺？欺天乎！”“获罪于天，无所祷也”）、鉴知一切（“莫我知也夫！……知我者其天乎”），以及主宰一切（“予所否者，天厌之！天厌之！”“天之将丧斯文也……天之未丧斯文也，匡人其如予何?”）的“天”，是一富涵无限生机、无穷活力与至大权能的“天”。他曾这样描述：

> 天何言哉？四时行焉，百物生焉，天何言哉？（阳货第十七）

“天”在主导天地间四时（春夏秋冬）的运行和百物的生成，“天”对孔子而言自是天地万有生化的本源。

也因为孔子言谈中的这个“天”具有上述所列示那样多的性质及美德，就此指称“天”为一具有相当位格性的至高神或唯一神也不为忤。这位神可不是孔子所不语的神鬼的“神”，而是他一向虔诚相信、敬畏和肯向之久祷的

“真神”。

从孔子在《论语》中所呈现的言语内容来揣度：孔子并未反对有涉入人间事物的“造物主”观念。不然，他为何会有“天……（使）四时行焉，百物生焉”“唯天为大”“天生德于予”“获罪于天，无所祷也”以及“丘之祷久矣”等这类言辞的出现呢？

如果能从时空的角度来揣测，孔子所认知这秉持权能又有生机活力的“天”当是一非物质性的“天”。孔子在其平日的生活中即体验到了“天”的随时临在。

## 第二节　宇宙的（生成）变化

如果能把宇宙的起源当成一个“因”来看，那么，宇宙的（生成）变化就是一个“果”。原因是能够来决定或主导着结果的。就因为果对着因有它的依存性，本单元有关宇宙的（生成）变化之讨论便不时会涉及宇宙的起源此一本因性的析述及演绎。以下拟想由宗教、哲学与科学三方面来作论述。

### 一、宗教的认知

不管是哪一种的宗教思想，它总会认定宇宙中有它所认知的“终极实在”（the Ultimate Reality）的存在，它们自会依循这种认知及设定，来阐示它们所信奉的神之与万有或宇宙万物（生成）变化的关系。

**以希腊为例**

前述古希腊的神话作品《神谱》，就提到宇宙中有众神的存在，他们是万物的主宰，能统制一切，左右一切。

**以中国为例**

中国古代的《诗经》和《尚书》富含有宗教义的“天”观。

> 天生烝民，有物有则。民之秉彝，好是懿德。（诗经·大雅·荡之什·烝民）
>
> 维天之命，于穆不已。（诗经·周颂·清庙之什·维天之命）

这两段引文虽未明述万有系直接由“天”造生而来，却明显指出“天”有它的律令、法则和方向。“天”把法则或律令赐给了万物，好借此以统理一切，律定一切。

> 天聪明，自我民聪明；天明畏，自我民明威。（尚书·虞书·皋陶谟）
>
> 天视自我民视，天听自我民听。（尚书·周书·泰誓）

《尚书》呈示了：“天”的一切行动总是通过民意来呈现或表达。虽未能明确看出所谓宇宙万有的变化全是由“天”来操控，但是它之扣紧“人”的角度，涉谈“天”之似有它的思维、意图，甚至行事规则，则教后人应予高度的瞩目及思忖“天”之与万有的关系——就算是“天”要变革人世的社会制度或结构，也会视人类意志的表现而调整及呈现。

**以犹太教为例**

犹太教就宇宙的起源这一课题而有所涉论。

> 创造诸天的耶和华（耶威），制造成全大地的神，他创造坚定大地，并非使地荒凉，是要给人居住。（以赛亚书四十五:18）
>
> 神……将水包在密云中，云却不破裂……在水面的周围划出界限……天的柱子因他的斥责震动惊奇。他以能力搅动（或：平静）大海……借他的灵使天有妆饰。他的手刺杀快蛇。看哪，这不过是神工作的些微……（约伯记二十六：8、10—14）

在犹太教徒的心目中，他们的神自可说是造就一切、影响一切，甚至是主宰一切。所谓宇宙的（生成）变化，即远自起初的宇宙的开始受造，及至受造之后天各种气象的变迁，也都是在神的掌理和左右中。

**以基督教为例**

之后兴起的（原始）基督教同样抱持神之权能观：

> 从太古凭神的命有了天，并从水而出借水而成的地……当时的世界被水淹没就消灭了。但现在的天地，还是凭着那命存留，直留到不敬虔之人受审判遭沉沦的日子，用大火焚烧。

主……不愿有一人沉沦，乃愿人人都悔改……那日天必大有响声废去，有形质的都要被烈火销化，地和其上的物都要烧尽了……（彼得后书三：5—7、9—12）

基督教之对宇宙（生成）变化的观点则不讳言地指明："现在的天地"（可涉指我们所理解的宇宙万物），在不知多久的将来将因为世人作孽（有不敬虔者或不悔改之人）而遭受烈火焚毁的噩运。这时宇宙的变化将是一种天旋地转的彻底改变——旷古以来宇宙将自有而至无被销化殆尽，所剩下的是非物质性之灵界（新天新地和"义"）的永存。

## 二、哲学的认知

谈到哲学有关宇宙的（生成）变化之认知，我们拟以中国的《易经》思想以及希腊的哲学思想为例来作说明。

### 中国的《易经》思想

《易经》最早是出自上古天道思想时代伏羲氏的画卦；在中古神道时代有周文王的演易；在下古人道时代有孔子的赞述，才使得《易经》思想经纬灿然大备。

有学者认为：《易经》就其内容看来，纳含了上经（以象天道的乾、坤两卦开始）、下经（以象人道的咸、恒两卦起始），以及释经的《易传》这一部分，从而对宇宙、人生（人事）这两大领域有它诠解的理路；由于在其六十四卦的演绎上，被视为将可解读出所谓万事万物生成变化的端倪，以及开示世人在时空移位上应有的举措（即以达到趋吉避凶的生存目的）；为此，自历世历代以来被当成一部人生智慧的宝库，以及攸关时人安身立命之道的命理书籍。

单就此间所专注的宇宙的（生成）变化来考虑，《易经》诚然是因它深富绝妙的数理（符号）系统——在其六十四重卦中，它系以乾卦、坤卦分别代表发生与发生所需之资料作起始，而以既济卦、未济卦分别代表完成与未完成之二卦象，来阐示万有（生成）变化的动力过程——有关时空的概念思维，以及人世间诸生活事例的推估及应用等，而可视为人类生存史上一项重要的生命资产。

也因为《易经》对宇宙、人生有它独树一帜的诠解机制，让后世的学界看出：古代中国人的智慧生命，体现在它对所谓宇宙生成变化的进程之与世人行动历程的相应关联性，有它特殊的体悟及认证上。

### 希腊的哲学思想

说到希腊哲学思想中有关宇宙的（生成）变化的认知，想必是以苏格拉底的出现为界而区分出先苏格拉底期与后苏格拉底期诸哲学思想家在此一方面的观点。在他之前古希腊哲学的流衍，多是以宇宙论的思维为主；之后因为有他开启人事思考这一新的哲学路向，而后世的西方学界改而以人事为重心或以人性、人心、人生为哲学探究的主要方向。

1. 先苏格拉底期

（1）泰勒斯

泰勒斯主张“水”是宇宙的太初。他由传统神话吸取了神性力量这个灵感，从而认定：水中掺有神性力量，这就足以使万物生生不息、变化万千。

（2）阿那克西曼德

阿那克西曼德主张不可界定的“无限”才是宇宙的太初。无边无界的“无限”，因为有神性力量的介入（尤其从荷马与赫西奥德神话吸取爱神作为一切生成变化的原动力的灵感），所以就有能力可以把单一事物变成多样事物，甚至还把许多不同的东西改变成单一种相同的东西。

（3）阿那克西米尼

阿那克西米尼主张“气”是宇宙的太初。因为“气”中有神明力量，使得万物可以生起，以及有其不断的生成和变化。

阿那克西米尼表示：有神性介入的“气”，本身因有凝聚与分散的作用，终而使得宇宙就有火、风、云、水、土和石这六种现象的产生。随后，这六种现象想必也因为有神明的介入，而能变化出万有。

（4）毕达哥拉斯

毕达哥拉斯在有关万有的生成变化观上，力倡“数”此一可附加于个别事物上并作为万有变化之法则的东西（形式）才是主导事物变迁的动力，因它有如神明之介入水、无限或气中而可使万物生生不息、变化万千。

（5）赫拉克利特

赫拉克利特是一位力主一切都在流变（辩证）的哲学家。由于重视内心的体证，他主张火这具有动态象征之物即是宇宙的起源，并认定 Logos（宇宙理性）这作为万有动中的静态象征之物是统括一切（变化、运动）的最终原理或法则。赫拉克利特明示：这两者分别代表一动一静、一变化一原理。有学者就此论评：赫拉克利特确然是西方诡辩（paradox）思想的首倡者，对后世学界之从事辩证的哲思有不少启发。

（6）恩培多克勒

恩培多克勒是一位缓性机械论者兼多元主义的哲学家，他主张水、气、火、土四元素是宇宙的根原或原质（Rhizomata）。而论到宇宙的生成及变化问题，恩培多克勒提出爱与恨以作为万有或合或分的原动力。这里的爱与恨的作用须遵循一定的法则：宇宙本身存在着一种周期，爱先是统理着诸元素，一切事物因爱而结合而呈现出一团和谐；之后，诸事物彼此之间出现摩擦，终而产生出恨而使彼此相分离；到了宇宙周期的最末阶段，爱则反败为胜，重新占了上风。这时，就在爱的主导下，一切终归和好，而呈现一团和谐和大一统的局面。

（7）阿那克萨戈拉

阿那克萨戈拉是一位和恩培多克勒唱反调的哲人。他不满意当时的机械论者把万有的起源归诸给能控制一切事物之生成变化的机械法则，力主带有目的性的精神力量（Nous）或思想之物（thought-stuff）才是主导万有生成变化的原动力。

想来，所谓“不是头发的东西怎会变成头发”“不是肉的东西怎会变成了肉”这种平日的观察显然提供了阿那克萨戈拉的灵感，而敢于以非物质的思想动力去对抗他那时代的机械因果论。也因为阿那克萨戈拉有这种异见，尤其凸显“精神”之在宇宙哲思上的重要地位，终而使他名留青史，后世的学界称誉他是一种新的因果关系（即目的因）的首要发现者。

2. 后苏格拉底期

（1）柏拉图

在有关宇宙的起源、生成变化的观点上，柏拉图有一套涵容神话神学的宇宙起源论：

第一，在宇宙出现之前，本就有善与造化神（Demiurgos）的存在。这里的善可以说就是身为永在的善理念（善自体，auto to Agathon；the Good Itself），它统理着一切。而造化神是理念世界中的善神之一，因深受至高善理念的委托，便把所谓的永恒物质加以整理，使之有秩序而形成了这个宇宙。其方法就是：创造一个宇宙灵魂，使它和（诸）永恒物质相联结，维持住宇宙秩序的存在。

第二，受整饬的宇宙其实就是善理念的影像，而没有它真正的实体。

第三，论到宇宙与善自体的关系，如从依存的角度来看，宇宙就是分受自善自体的存在而得其存在。这被分受才存在的宇宙，本身充斥了变动与不完美性。宇宙的存在目的，就是应往完美又不变动的高级存在去推进。其方法就是：要以爱（Eros）的动力去追求善、美、真。这善、美、真本就是理念界或善自体世界的永恒存在物。

第四，论到人的存在，他是造化神从理念界借来人的灵魂（Psyche），而和物质联结一起才造成的。灵魂不同于物质，是具有非物质性的不朽之物。人有和物质联结于一起的灵魂，这个灵魂就像是已被拘禁在有若监狱般人的躯体中（反映毕达哥拉斯的“身体即监狱”的主张）。人一生的努力，或者说人在世间的存在目的，第一就是要善待自己，追求幸福；第二就当尽力回忆，效法神明，好使灵魂能回到它所从出的永恒世界——理念界。

（2）亚里士多德

身为柏拉图的大弟子，也是古希腊思想体系极为庞杂的哲学家，亚里士多德的哲学起点可以说是以经验观察，并辅以理性的推估、类比和思辨，而批判地在处理柏拉图哲学未臻周延的地方。而关于万有的（生成）变化问题，亚里士多德就有他别异于柏拉图的地方。他是以关系（relation）和发展（development）概念去思考，掌握变动又多样的现象世界背后的终极原因——有一能统合万物的永恒存在之存在。

亚里士多德是以实体联结发展概念所构成的形质关系（relation of Form and Matter）之层化作用，以建构具体宇宙中诸般事物的存在模式：视每一具体的事物即是由形式与质料所混合而成。最高的存在等级是一种纯形式的存在，也就是无质料的形式，可以用“第一形式”“纯粹最后因”“至高存在”“完美存在”“至善的神”或“第一因”来称述。至于最低阶的存在则是一种纯质料的存在，也就是无形式的质料，可以“第一质料”或“虚无”来称述之。

论到万有中存在物的形质关系，亚里士多德又有他另一角度的解说：以实现（Actuality，Energeia）和潜能（Potentiality，Dynamis）分别来代表形式与质料；形式本身就是一种实现，质料就是一种潜能。由质料往形式阶层的发展，或者说从潜能往实现的推进，那就是一种变化、一种运动，或一种往自身完美境界的追求及实现。

在这里隐约可看到：亚里士多德所谈述的宇宙下层的事物界与其上层的事物界的关系，几乎反映了柏拉图所涉论的宇宙万物与最高善理念界的依存关系。亚里士多德提出了所谓的内在目的性（Entelecheia）的观念，即指万有的存在本身就带有径往自身最高的、完美的状态去追求的一个目的；并明确标举出，能够阐明一切事物之所以会有生成变化的主因，那就是质料因、形式因、动力因和目的因。

亚里士多德所提出的万有存在的四因说，不仅可诠解前述所涉论的事物之具有潜能而径往实现作运动的根本缘由，而且也能够解消历来有关宇宙的太初理论与原质学说间的论争。当然，如果说它也一举化除了力主动态即为宇宙真相的赫拉克利特的生成说与力倡一切均为静而否定有任何运动之可能的爱利亚学派的存在思想间的矛盾，那也毫不为过。

亚里士多德的这种宇宙生成变化观，是糅合其先前所有哲学论思的精华，而造就他那富含有自然神学观的哲学形而上学及宇宙生成论。此中所论及宇宙中最高等级的存在，则可以用“神”或带有纯形式、纯实现的精神体，甚至所谓的“第一不动原动者”（the First Unmoved Mover）这种称号来指谓。

## 三、科学的认知

谈到科学或科学界有关宇宙的（生成）变化之认知，我们拟以两个事例来作介引。

### 夏尔丹的物质进化论

夏尔丹是法国一位有名的古生物学家，也是罗马天主教的神父。他曾参与早年中国北京猿人的考古挖掘工作，出版有《人的现象》一书，力倡宇宙进化的思想。

论到宇宙的起源及其生成变化，夏尔丹则持有其爆炸理论及演化观点：宇宙最早的情态即是由一大堆颗粒物的爆炸所散发开来的，此中就包括有质子、中子与介子等颗粒物的东西，之后这些粒状物则形成了各式各样的原子与同位素。

夏尔丹表示：原子具有复杂性、统一性与活动力。原子能依循总体（totum）律则（依一定的程序进展，其间容或有各式各样的组合，但却永不重复，而且只以一种形式构作自己），并且通过异质原子间的收敛（集合，convergence）和浮显（emergence）作用，终而可散发（辐射，divergence）成各种不同的分子与同分异构物。极其复杂的新分子也能通过上述这三种作用而形成，是为一种可繁殖与新陈代谢的东西，叫作“细胞”。生命便是始自于细胞，细胞则能演化并且发展成神经系统，而后又演化成人——这具有心意创生现象（Psychogenesis）的生物。

在夏尔丹这种物质进化论的顶层，他把基督教中的基督现象——称之为基督的发生（Christogenesis）——当成精神创生（Noegenesis）延展，也就是宇宙创生的结果。用他自己的话语便是：“基督当是吸摄宇宙的爱的本源，以及它最终极的‘奥米加（Ω）点’。”

总括而言，夏尔丹的宇宙进化观系强调：生物与无生物，甚至整个宇宙的历史，都是在作一种逐渐衍变的演化；它是按照三种作用，即发散、收敛和浮显三程序，在作一种集中的、进步的以及不可逆转的定向进化。它最高的目标，就是达到精神创生、基督的发生之“奥米加点”。

**科学的真空能量观**

科学的真空能量（vacuum engergy）观，攸关前述的宇宙大爆炸说，是衍生自宇宙膨胀论的一种新兴学说。

科学的真空能量观主要是说明：能推动宇宙最早先的大爆炸，并且使大爆炸之后所散发开来的宇宙物质（包括各种质子、中子、电子、分子、粒状物等）仍能继续进射而导生所谓的宇宙膨胀现象，其幕后的主要推动力应该就是在万有中早就存在着的真空能量。

在现存的宇宙世界里，真空能量之能够“推动”某一物质的运动，确然已得到科学实验的证明。

（陈俊辉）

## 参考文献

邬昆如:《西洋哲学史》，台湾正中书局，1971 年。

黄忏华:《印度哲学史纲》，台湾真善美出版社，1966 年。

# 第四章　人学（人性论）

本章分成三部分，即人的结构、天人之际以及万物之灵长。本章在第一部分系由希腊、希伯来、印度与西方近代哲学期所出现有关人的思想作引介的重点，第二、第三部分则以析理的方式作说明。总之，是让读者借着对上述这三大论题有所认知，进而对一个人（尤其对自己）之出现在此世界能有一学理性的反思及体察。

论到人学，它是自中国古代《易经》的天、地、人三才之学中的“人”才之学的角度来说的。根据西方哲学思想的分类可称它人性论或人类学，即一种有关于整个人、其人性和其一切特质之研究的学问。

## 第一节　人的结构

人是什么，人是怎么来的，人的存在真相是如何，以及人生的目的何在等，都是值得我们予以关切的问题。所提述的这类问题，一和“人的结构”课题相挂勾，它们互为表里和相互关联便显得清晰可见。

### 一、希腊的哲学文化

毕达哥拉斯，这位深受当时东方奥尔菲主行派思想所影响的哲人兼一宗教团体的负责人，在外来轮回思想的启迪下，相信人的灵魂（存在于前世）是被肉体所拘禁，因而主张“肉体即监狱”（Soma-Sema）这种学说。

毕达哥拉斯的这种人观或人的结构理论对后来的柏拉图影响至深。在现存柏拉图的《对话录》，尤其《理想国》（*Politeia*）、《斐多》（*Phaidros*）、《提迈奥斯》（*Timaeus*）、《法律》（*Nomoi*）诸篇章中，多能看到柏拉图在毕达哥拉斯影响下对"人的结构"的分析和讨论。

对柏拉图而言，人的结构之要素为灵魂，它是一个人存在的核心部分。至于人的肉体，只不过是理念世界的一种影像。最真实的则是灵魂，它是造化神向理念世界借下来而和肉体联结的不死之物。当一个人死了之后，灵魂便回返到它所从出的理念世界；而人的肉体和人在世上的生命（生命魂）与感觉（感觉魂）都将一并消灭。

柏拉图有这种灵魂观或人的结构理论所蕴涵的宗教哲学思想：人生在世最切需的就是幸福，只是幸福的终极实现却在永恒的理念世界。为此，人就必须努力思想，或借着追忆或戮力效法神明的一切，好让自己的灵魂将来能回返到神明所居住的永恒理念世界。

德谟克利特是当时阿布德拉（Abdera）哲学学派的灵魂人物之一，主张原子即物质最基本、不可再分割的单位，是宇宙的构成要素；它也是人的存在，尤其人的灵魂的构成要素。

而对亚里士多德而言，人的存在就是一种结合形式与质料，而且拥有潜能与实现的活生生的存在。亚里士多德也有自己的人观：人是由灵魂与躯体所结合而成的。人的躯体与灵魂的关系，俨然就呈现出质料之与形式或潜能之与实现的关系。灵魂对于躯体而言，就是一种形式或一种实现；而躯体对于灵魂来说，则是一种质料或一种潜能。人的灵魂是人类所拥有的生命力源。

人的灵魂，就其内在能力而论，可说是富含有主动理性与被动理性这两种能力。后者有如白板一般，能吸纳感觉世界中的一切表象；而前者则能够统整被动理性所吸纳的表象，使之得以实现。在人灵魂中的主动理性并不会随着人躯体的朽灭而消失。

## 二、希伯来的宗教文化

论到希伯来的宗教文化之对人的结构的看法，应该就是犹太教及基督教文化的见解：人是灵（spirit）、魂（soul 或 life）、体（body，肉体）三元素的构成者。

犹太教及基督教的教义主张人类就是指那悖逆神（耶和华）之亚当、夏娃的后代。亚当、夏娃二人有罪，因而其后代所有的人类也都跟着有罪。

关于罪之对一个人的戕害，古希伯来的国君兼诗人大卫这样说道：

> 我们的本体……不过是尘土。（诗篇一〇三：14）

在早期基督教时代，耶稣基督的使徒保罗则这样表示：

> 因为世人都犯了罪，亏缺了神的荣耀。（罗马书三：23）
>
> 这就如罪是从一人入了世界，死又是从罪来的，于是死就临到众人；因为众人都犯了罪。没有律法之先，罪已经在世上；但没有律法，罪也不算罪。然而，从亚当到摩西，死就做了王，连那些不与亚当犯一样罪过的，也在他的权下。（罗马书五：12—14）

在希伯来人的宗教文化中，人具有灵、魂、体三元结构，人类始祖亚当、夏娃违抗神命，径自摘食禁果，因而当场即“丧失”其灵命（灵，是指在人被造时，神向其鼻孔吹进一口气之谓），其肉体仍可存活一段时日。这对其后的人类所涵示的训义就是：活在世上的任何一个人，其实就是一个“活死人”（因为他早已“死在过犯罪恶之中”）；肉身的死，对他而言，是迟早会发生的事。不仅如此，人在死后还要接受神的审问和审判。

对希伯来人的宗教文化而言，人在今世与来世这两个世界应有不同的命运：在今世，人虽有灵、魂、体这三元结构，但是其灵命已死；连带的，因为人有罪，亏缺了神的荣耀，他的魂（生命、思想、意志、言行能力等）与体（身体或肉体）便将一直处在神的震怒中。通过神的末日审判（人在就审中必须招供其生前所有的言思与行径，因而可推知，当时的“人”即已改变成灵体的人，应该拥有魂的存在），所有的人将被区分成两类，即义人与恶人，而以灵体的存在形式分别进入“永生”与“永刑”（永火）的世界。

## 三、印度的宗教及哲学文化

论到印度的宗教及哲学文化对人或人的结构的看法，我们则想谈谈古婆罗门哲学时期《奥义书》的自我哲学以及原始佛教哲学在这方面的见解。

### 《奥义书》的人观

《奥义书》（*Upanisad*）是古印度吠陀献，《奥义书》的原意是侍坐或近侍，意指师徒对坐之间的秘传。当时的四大种姓之刹帝利阶层有鉴于世风日下，欲唤起人们走入心灵世界以作个人静心探索。

当时歌颂《奥义书》哲学及其精神的思想家就曾针对人（或对自我的观感）而提出了“我的四位五藏说”，可以被视为论到人的结构，即是由食味所成（肉身）、生气所成（呼吸）、意识所成（心意，或现象界的精神）、认识所成（现识内那不可思议的绝对实在），以及欢喜所成（自照体，或纯净无垢、无父无母、无神无吠陀的欢喜情状）这五藏所构成。

这五藏说中的“欢喜所成（我）”，对此间努力宣扬《奥义书》自我哲学的思想家而言，是一个人的真性实我；也就是能和梵（婆罗贺摩，Brahma；万有中最高的存在，可视作造物主）合而为一的自我。

#### 原始佛教哲学的人观

公元前6世纪出现在古印度的原始佛教，系由释迦牟尼所创立。

相传，释迦牟尼成道之前曾向当时的婆罗门教六派哲学之首数论派的学者讨教成佛（觉者）之道。之后则自行前往伽耶山严修苦行；又至尼连禅河沐浴，又赴一菩提树下打坐；由而悟得了十二因缘（无明、行、识、名色、六入、触、受、爱、取、有、生、老死）的佛理。

由于重视个人的智慧与实践并修，释迦牟尼所创立的佛教，当是建立在一种力阐彻底无神论（非有神论）的基础上；也就是企图凭靠个人对万有无常的体认，想借着出离人世间生老病死的苦海，以进入所谓的常住安乐的涅槃世界。

原始佛教主张：人是由色、受、想、行、识这五蕴的因缘和合所成。色是物质，受是感情，想是表象，行是意志，识则是意识或悟性。

凡是执着这生的五蕴的，便是苦。而人生一切的悲苦，追根究底，就是缘自于人的渴爱无明。所以佛教说：无明之外无五蕴，五蕴之外无无明。

无明可以指人的业身尚未活动、也尚未开展出来的一种原始状态。无明一旦开展出来便成为五取蕴，而呈现为现实世界中有情组织的真相。

### 四、西方近代哲学期的人观

#### 理性主义学派的观点

西方近代哲学的人观，当是指自16世纪以来在西欧所出现的理性主义

(Rationalism) 与经验主义 (Empiricism), 若干哲学思想家所抱持的人观或有关人的组织之见解。

笛卡儿主张人是心与物的构成者。这里的物是指那占有空间、可在空间中展延的事物 (Res extensa), 也就是身体或躯体。而心则是指正在思想的主体 (Res cogitans), 也就是精神我、理性我、意识我, 它是能判知一切的根本。

莱布尼茨从理性的思辨角度认定单子 (精神性) 就是万有的构成要素。他是从单子的观点以看待人的存在结构: 人就是单子的构成之产物, 就连人的灵魂也是由单子所组成。

**经验主义学派的观点**

论到人或对人的结构之看法, 洛克本于经验的角度, 认为人是心与物的构成者, 但是这里的心则有如白板一般, 全无任何所谓先天的观念, 有的也只是一些后天的、有关外在事物的些许印象或诸般印象的模本。

贝克莱, 这位英国第二号的经验主义代表人物, 对于人或人的结构之看法: 人仅是由精神 (心或心灵) 所组成; 精神是唯一的真实, 而物 (身体) 并不实在。物或身体基于 "存在就是被感知" (Esse est percipi) 的经验原则, 只是人所知觉出的观念的复合, 是人的精神实体的附属物。

## 第二节　天人之际

谈到天人之际, 首先必须厘清: 什么是 "天"? 它是和属物质性的地相对立的那高高在上的天, 还是指那可供太空科学家日夜亟思冥想去探勘和搜秘的无垠的天际? ……显然, 所需要的答案并不在这里。它应该是形而上学家所喻指那可作为形上实体 (the metaphysical reality), 即人的理性思维所企想探求和掌握的终极对象; 也更应是宗教神学家亟想一探究竟并可作为虔信者膜拜祈祷的永恒存在者。就此, 或可以用一个人心目中的神或他的灵魂的救 (赎) 主来指谓。

"天" 如果可以用 "神" (真神) 来取代, 那么此间所谈论的 "天人之际" 应该就可定位成: 它是关涉到人类与他的生命之救星、灵魂的救 (赎) 主, 或某一个人可为之生、为之死的终极关切之所对——套用德国宗教哲学家田立克（Paul Tillich，1886—1965）的话来说，这作为一个人的终极关切之所对，又可称之为“新实在”（the New Reality）、“无制约者”（the Unconditioned）、“绝对者”（the Absolute）、“存在者的根基”（the Ground of beings）或“新存在”（the New Being）等——的一件生命中的大事件。用今人可以理解的观念来说，它便是哲学形而上学论究的终极对象，也更是宗教、神学或信仰或探究的“终极实在”。

在上述这种思考的文脉下，我们则想谈谈东西方有关“天人之际”的一些事例，俾能从中了解：人类确实在他的天性上或潜意识中有切求与这“终极实在”或作为其生命之本源者相契合或相灵交的根本渴盼。

## 一、在西方

在西方，除了其传统神话和宗教本身多充斥有这类的思想之外，我们来看看它的哲学思想在兴起、演进和发展上，是否也多隐含有这种潜在的思维或追求。

先前曾就宇宙的起源和宇宙的（生成）变化这两大课题，而谈论到古希腊哲学产生的特质，它是带有一种物活论色彩的哲学思想。或者也可以说，它是混杂有宗教（神话）、哲学与科学这三元要素的独特哲学之思维。

此外，可从毕达哥拉斯之对哲学的定义上看到这方面的顾虑：哲学就是爱好、追求神明的智慧，以便能肖似神明。哲学在西方的兴起，即可能带有这种一探幽冥世界或一般宗教理论所论及的灵性世界的企图。这不得不让人怀疑：难道哲学在古希腊的兴起，在其潜在的意动情结上可就富含人之企想与“天”（除了单指宇宙中至高又唯一的真神，亦可涵指天上众神）相契合、相交往的根本思维？

古希腊影响西方哲学思想甚深的三大哲人苏格拉底、柏拉图与亚里士多德，他们各人都有自己的形上思维，甚至是宗教性的关怀。像“未识之神”之于苏格拉底、“善自体”之于柏拉图，以及“第一不动原动者”之于亚里士多德，这不同的形而上指涉或宗教上的终极实在之思想之所以会在古希腊这三位哲学大师的身上出现，显然可见，此间所关切的“天人之际”的人生大论题或我们曾涵指的“在其潜在的意动情结上”，确实言中了哲学在古希腊兴起的可能动因。

哲学在希腊地区的演进达到一定的程度之后即碰到了瓶颈。在其东方犹太地区崛起的一种宗教性极强的新兴文化或新兴思想——基督教，弥补了希腊哲学在实质上可能的不足。特别是在有关世界的出现（宇宙的起源）这项论题上，基督教则提供了希腊哲学思维另一种想象的空间及选择：世界的存在是“神”（真神、造物主、宇宙中至高的主宰）有意的创造，而非其自身遵循永恒程序，或者径以物理或逻辑的必然方式而出现。

基督教思想文化的即时现世，也提供曾受希腊古典文化影响下的西方人士在攸关其自己安身立命之道的追寻上一种颇富意义性和价值取向的抉择契机。在这方面，中世纪所兴起的教父哲学与经院哲学思想，乃至在当代西欧所崛起的存在（主义）哲学思想，也多能见证上述所言的真相。一种安身立命之道的获得，除了富含有某种形而上思维之要求，更重要的是它无不关涉到宗教意识的提升。在根本上它就是想一探“天人之际”的境界，或想要证得“天人合一”乃至“肖似神明”这种可称得上是人在其天性上（或在其潜意识中）的愿望。

## 二、在中国

大致而言，中国哲学思想的兴起，是脱离不了上古的《诗经》《易经》和《尚书》中的宇宙人生之思想。有学者就指出：《诗经》富含有所谓形上天的思维。在对《尚书》的展读上，类似有形上天，甚至是宗教天（即富含宗教性颇强的人格神、位格神）的论思涵藏于其中。根据《易传》的讲法，《易经》是伏羲氏仰观天象，俯察地理，观鸟兽之文与地之宜而作出的八卦所衍化而成，目的就是“以通神明之德，以类万物之情”。

在中国后来哲学思想的产生上，也多能看到儒家的孔子和道家的老子在此一方面的关注及思维。

孔子称述“天”、赞颂“天”，以及涉论“天”之与其个人的关联，可说是孔子勉力于下学而上达于天的一种反映。这难道不也在涵指：孔子有穷究“天人之际”的潜在意向？他曾提及“巍巍乎，唯天为大，唯尧则之”，难道不是怀有人可“肖似天”（只要他肯努力效法、遵循天意或天命）的潜在思虑？

至于老子，他之推崇“道”，即“常道”，是人的感官经验和理性推估，乃至人世语言所难以表述究竟的终极所对，这从哲学形而上学乃至从宗教神学的角度自可被阐明作：它（道、常道）当是使万有之得以存在、演化的终极根基，更是一充满无限生机、无穷活力及至大权能的永在者、绝对者兼“无可制约者”。

老子要人能遵道、秉道而行，庄子亦复如此，都有穷究“天人之际”（这里的“天”当是涵指老、庄心目中所认知的万有的最高存在或一切存在物的基源）的基础性的思维。

自先秦有儒、道思想的出现，之后历经秦、汉、隋、唐、宋、元、明、清，及至当今的世代，我们能看到中国哲学历来的演进和发展；尤其在其论究宇宙、人生的至理真谛上，也多富含天、天理、天道等可作为“终极实在”或攸关时人追寻其安身立命之道的事物的基始性的探求。

## 第三节　万物之灵长

在谈到人的结构部分，我们曾指出：东西方有不少学者、宗教或学派曾认定，人的存在可能隐含有极细、极难令人理解的成分；这个成分，或可称之为灵魂、灵我或灵体等。在谈到天人之际的部分，我们曾涉指：古今中外哲人辈出，他们多把自己一生的终极关怀或如何求取其个人的安身立命之道，付托在对“超越界”或所谓“终极实在”的探求及证得上。

到现今为止，我们在这宇宙中，在这太阳系里，在这地球上，仍未见到有如我们人类之拥有其对宇宙、人生的关怀，并带有其对自己理想未来深切的期许，甚至肯用思虑去筑建他个人的生命王国的生物。这已然显示：人类确实是宇宙中的宠儿、天之骄子、万物之灵长。

特别是“万物之灵长”一语，差能道尽人在这自然世界中的独特处境：他动用其与生俱来的知能，探求人生在世的命运与真谛；他建造文化、开拓文明，并以文学、绘画、建筑、雕刻、音乐，乃至哲学、科学与宗教等来彩绘这个世界而人文化成了他生命的未来。

人有上述这方面的觉察，也有对这方面努力的成果出现。从某个角度来说，人是愈来愈远离动物性的世界，而挺进到灵性或神性的世界。人之有其哲学思虑、宗教上的追寻，这则更加显示：人确实是努力要把他的生命终极地安顿在一个几近是精神性或灵性的永恒的未来。这个永恒的未来差可用“超越界”“神性世界”来形容。

（陈俊辉）

## 参考文献

中村元主编，叶阿月译:《印度思想》，台湾幼狮文化事业公司，1984 年。

爱德华 · J. 贾吉编，刘鹏辉译:《世界十大宗教》，吉林文史出版社，1991 年。

劳思光:《新编中国哲学史》，台湾三民书局，1984 年。

陈俊辉编:《新哲学概论》，台湾水牛图书出版公司，1991 年。

# 第三部　价值哲学

苏格拉底曾经说“一个未经省察的生活是不值得生活的”，但要如何省察呢？就用“真、善、美”来加以检视，检视我们生活的事实面，检视生活中的现象是否符合事实本身，省察生活行为是否符合“善”的要求。对西方人来说，柏拉图在希腊哲学思想中强调神人之间存有轮回关系，天堂里人的灵魂是高贵的，但神体也会有失言行为，当犯错之后便会降至肉体来受罪，等待修行完毕再回到神的地位。这给人一种启发，即人身上有成为神的可能，只是在人性的弱点上无法使自己发展出所属的神体精神。

# 价值哲学引言

在我们的生活当中，任何一件事情都是有价值的，但这并不代表会永远成为一种有价值的东西。所以我们所要叙述的价值的哲学，乃是说明怎样使用一个固定的或者有效的方式帮助我们厘定一生价值的标准。

## 第一节　价值的定义及特征

### 一、词义

从中文的“价值”这两个字来看，它指的是有人在交易。有人在交易是说明当在交换的过程中彼此之间以自己认为有价值的或者觉得值得可以和别人交换的东西作为交易的对象。因此，所谓的价值就是指明有意义的、可以交换的、值得与他人交易的。在英文里面我们使用 value 这个单词，乃是说明是一种可欲的东西。所谓可欲的就是指出这个东西是值得我们去追求的。所以，不论是在中文的词义或是在英文的词义里面，都是指明白它是一种值得交易的或者是值得我们去追求的。

### 二、实义

亚里士多德说：“凡是可欲的皆是值得追求的，凡是值得追求的皆是有价值的。”所谓价值乃是指人的渴望、值得人去追求的东西。

## 三、特征

每一种值得追求的东西都是有价值的，价值所显示出值得追求有下列几种特征。

**等级性**

所谓等级性是指在价值比较过程中具有的价值，或者可以这样说，甲价值比乙价值具有更高的等级性、更高的位阶性。例如赚钱，赚3000元和赚5000元，5000元的等级性就会比3000元的等级性要来得高，这种等级性在相似等级性的范畴内才可能作比较，在不同的范畴内是不容易去作比较的。按中国人的传统，读书是一个非常高的等级性，“万般皆下品，唯有读书高”就是说读书这个位阶是比其他的位阶要来得高。从另一方面来说，等级性也是指明每一个人在人生追求的价值过程中，他需要有一个更高的品性。古代把读书作为唯一追求的目标，因为书读好了以后，去参加各种考试，他会因着这个成就而被国家任命为官，做更多的事情。而现在是多元化的社会，不太可能以唯一的价值作为唯一的等级性。不同的价值领域里，在我们追求的过程中，如果都有比较高的等级性，这样的人生就是幸福的人生。现代社会里面，我们要追求的东西如社会的成就、学业的发展、内涵的充实以及个人需求，每一个不同的需求需要互相搭配，有的等级性是互相矛盾的，不可能互相包容。在这样的一个状况之下，我们就了解了，所谓的等级性必须建构在同一个范畴内所能产生的一个意义。

**超越性**

当我们说一个价值是真的有价值，它一定要有一种超越性。所谓的超越性，我们可以简单地说，从时间的观念中它都是有效的。在过去的时代这个价值被我们所奉行，到了今天这个价值仍然被我们所奉行，到了未来这个价值也可以是仍被我们所奉行的。也只有它超越了时间的限制，它才拥有了这种超越性的意义。那么从时间的意义上来说，一个价值能够在每一个不同的时代都显示出它仍然是有价值，就表示这个价值是值得我们去追求的；有的价值在某一个时间内是非常的盛行，但是过了那一个时间以后，它可能就不再盛行，因此这样的价值的等级性可能就没有那个可以在时间上流传更久的价值观来得有效。

**普遍性**

普遍性乃是指明在一个空间的有效性。这个价值在此地有效，而在他地仍然有效，我们称之为普遍性。因为地域的不同而产生社会价值或者环境上的差异，而它仍然能够拥有它的一致性或价值性，我们就称它为拥有其普遍性；普遍性不但是让我们感受到它在放诸四海而皆准的一种原则，也能够让我们感受到它这样的价值可以让人安身立命。

综上所述，所谓价值就是说，在追求一个事物的时候，能不能把它当成生活里面或者生命中唯一的或者非常高的准绳。这个时候就看我们所拥有的价值是一个什么样的内涵。我们不可能认为所有的价值都必须是这个样子，因为有的价值是一种实用性的价值，用完了之后它的功能就结束。例如我中午饿了，要去吃午餐。当我饿的时候，午餐对我来说是有价值的东西；当我吃饱了以后，它的价值就不再存在了；要等到下一次饿的时候我才会再去考虑到那个价值，所以它有一个时间性的范畴，只有在那个时间有效。我们不可能因为饥饿而去吃饭，以至于把吃饭这个价值作为普遍性的或者超越性的价值。同样地，在生活中我们常常使用金钱，但是金钱不是在任何地方都是有效的，它只有在你购买东西的时候才是有效的；而在购买东西的过程中，又因为货品的不同价格而对金钱的使用和量的要求有不同，以至于我们不可能把它们作为一种普遍性或超越性的意义。所以我们就可以理解：当我们用价值的时候，不要以为生活中的每一个细节都必须把它定为我们人生中要去追求的唯一价值。在人生中为个人安身立命，或是为了社会能够安身立命的时候，它所拥有的价值观才具有等级性、超越性及普遍性的意义。

## 第二节　价值的种类

价值的种类大概有五种，而这五种的排列事实上也是按照价值的等级性来排列；也就是我们基于一个信心——一个人在追求价值的过程中，应该是以精神的条件为先，而物质的条件为后。

1. 物理价值就是基本生理反应的价值。

2. 次人性价值是由人所发明却从属于人，是人的工具。

3. 人性价值是由人所创造发明且能提升人的意义的。

4. 道德价值是规范人的意义和价值，可以增添人的意义和价值。

5. 宗教价值是说明以神设道，是以超然的、超越人类事物的对象作为我们崇拜的对象并以此作为意义和价值。

凡是注重物质条件的物理价值或者次人性价值，都低于追求精神的人性价值、道德价值和宗教价值，而在精神价值里面是以只满足于人自己需要的价值低于那种对人类整体的关爱、对人类整体的照顾所能够看到的价值观。对于今世的价值只满足于对今世的一种要求，而道德价值基本上都是规定在今世所可能达到的这种价值性。今世的价值能不能帮助我们达到来世的可能性，道德的价值很难回答，只有宗教的价值可以答复这个可能性。

## 第三节　价值的内涵

价值不只是有它外在的定义，也有它内在的意义。外在的意义是在说明这种价值所表现出来给予人们的直接利益，而内在意义指富有能够提升人性、能够使人性有发展的一种可能性。所谓价值的内涵乃是指明我们怎么样能够用价值所具有的一种内在的蕴涵，帮助我们达成一个人之所以成为人的一种意义和目标。一般来说，价值内涵可以表现在三个层次：第一个层次是所谓追求事实的层次；第二个层次是一个人的修为、行为和模式的层次；第三个层次是境界的层次。那么在第一个层次里面我们称之为“真”或者“科学的精神”，也就是说在追求事实的过程里面我们要有一种什么样的态度，要有一种什么样的方法。而在第二种层次中，我们表现在行为上怎么样使自己的行为正确，或者使自己的行为有更高层次的一种表达。这种对于行为或者行为方法的要求，我们称之为“善”，也就是一种伦理。第三种境界就是如何将人生修为的一种能量能够提到更高，能够更具体地表达出来。这样的一种精神，我们称之为艺术精神，也称之为“美”的精神。这三种层次是彼此独立的，也可以彼此相关，这种相关性有没有可能达到一致性呢？所以我们就会有第四种的模式，那就是所谓的“圣”，“圣”就是达到一种最高的境界。当我们说“真”，在事实的追求上来讲，要达到最高的境界，那就是完全的真。我们在叙述事实的过程，事实都是属于一种个别事物性的模式，如何使我们这样一个个别的模式能够达到一种整体性的真呢？因此在“圣”的过程就是在说明怎么样使我们“真”“善”“美”能够融合为一个完美的价值。

## 一、真——科学精神

在传统的解释里面，我们都以为真就是面对事实。事实在一般的呈现上来说可以分成两种模式，一种是“外在的事实”，一种是所谓“内在的事实”。所谓“外在的事实”乃是说明这个整个现象的发展、现象的呈现。例如我今天看到下雨了，下雨是一个事实，也是一个现象，我的眼睛看到了，就呈现出一个述说句，那我说“下雨了”，我们就说这个论述是真的。因为你所看到的事实和外在所显现出来的东西是一致的，我们说这个叫作“真”。这不是唯一可以去检验你这样讲是不是正确的方法，还有别种模式。譬如说有一个木匠，他想要造一张桌子，他在脑海里面设计一个桌子的样子，当他把内在的想法实践，这个桌子呈现出来的是木匠内在的一种观念，我们也称它为“真”。当我们说“真”的时候，它不只是包含了外在事实的观察，它也包含了内在观念的呈现。我们不可否认内在的观念也是一种表达事实的模式，就是“我真的有这样的一种想法”“我真的有这样的一种感觉”“我真的体会到这样的一种事实”。

“真”如何和人的价值结合？一般的哲学家，特别是经验主义的哲学家，认为你只有去接受事实，看到事实，你才能说它是什么或者不是什么。所以，事实以外的东西，你经验不到的、你感觉不到的就不能够被称为事实或者真。因此当我们述说这样的一种目标或特征，它都落在一种对事实执意的追求上。在当代的现象主义里面，他们认为现象就是本质，一切的现象就是本质。大部分的现象所呈现出来的只是本质的某一部分。内心有很多的情感，当我把它表达出来的时候，所有的情感都说得清清楚楚，是不大可能的。我们以“真”为一种价值观，它乃是具有一种“追求”的精神，不只是去追求所谓的事实或者现象，也要去追求、去认识事物内在的因素。这样的精神在当代来说是属于一种科学的精神，而事实上“science”（科学）是来自拉丁文 scientia，scientia 表明的是一种学问，学问从希腊时代到罗马时代一直显示一种追求的精神——追求要用方法，要使用一种有效的方法，帮助达到你想要追求的目标和结果。因此，以“真”为一种价值的内涵，这种精神是一种科学的精神，是要帮助我们认清自我、改进自我、认清他人、促进人际关系和接触万物、参与天地化育。科学精神希望从我出发，所谓认清自我就是知道自己是一个什么样的人——我的个性、我的特征，我可能会有一种什么样的情绪或者我可能会有一种什么样的表达模式。了解这样的一个模式之后，当我和他人接触的时候，可以和他人相处得非常融洽。从另一方面来说，也可能我和他人会有一些意见不同的地方，这时候我就知道为了追求真和其内涵，要和他人有一个良好的关系，就要认清改进自我的模式（即我的表达、行为的一种状况）。

认清楚自己，能够和别人相处，并不表示这样的关系就结束了，我们要借着这样一种能量和万物接触。所谓和万物接触，也就是我们用这样一种追求的精神，来面对事物，来做研究探讨，了解事物的本质或者事物内在的意义，达成我们和事物合二为一。当我们理解到每一个事物的真正意义的时候，发现我们去做这种科学研究或者现象研究，不只是去揭露现象的真相，也要去揭露现象里面的本质、它所显露的意义和价值。当我们要去处理这种科学精神或者“真”的时候，我们忠于事实和事实本身所蕴涵的本质，才能帮我们建构科学的意义、科学的价值和科学的精神。

## 二、善——伦理精神

在价值的层面中，“善”所述说的是一种人行为的模式，人怎么样借由他的行为或者对行为的理解或者对行为的开展能够表现出他生命的意义与价值。当了解自己，能善尽自己，能够把自己需要的做到完美、做正确、够好，我们称之为“善”。单单个人之善不足以表达这个完整性人和自己、人和他人、人和社会、人和宇宙，这几个层面都是属于善的范畴。所以我们说善，首先就是要考虑到怎么样让自己成为一个具有善精神意义的人。

让自己变得有能力，可以处理自己的问题，能够把自己的行为变得好，以至于慢慢能够与他人相处，能够与社会团体相处，这样的一个过程在中国人来说就是“修身、齐家、治国、平天下”。每一个阶段都能够让我们建构我们自己对善的精神或者伦理的要求。首先从修身的观点来看，中外的哲学家们都着重怎么样去忠于自己，怎么样能够将自己的问题澄清或者做一个妥适的安排，所以自我的修养是整个价值内涵里面最重要的一个部分。中国人的传统观点认为一个人要修身必须要兼顾两个部分，一个“内”，一个“外”。“内”就是怎么样让自己的心意变得纯正，怎么样让自己的思虑变得完善，怎么样让自己的观念能够正确，中国人称此为“内圣”；怎么样让自己和外在的事物具有一致的精神和状况，能够让我的思虑、我的观念和外在我所接触的人事有一致的精神，中国人称此为“外王”。一个人要达到内圣，“心”（即他的观念）一定要是一个正确的观念，叫做“心正”或者“正心”。一个人心正，观念正确了，所表达的意念自然就会诚恳且清晰；若心不正，则他的观念表达常常显得模糊不清。因此，“正心、诚意”也就是内在地让我的观念能够变得完善、良善的一种重要的方法。“外王”就是在帮助我们达成对外在事物的理解。首先对每一件事物都要能够完整地看到，“物有本末，事有终始，知所先后，则近道矣”。所谓“物有本末”就指明任何一个事物有它的开始，也有它的结束，这是从它的现象来看。从本质的层面来看，任何一个事物都有它的重点以及它非重点的部分。因此，“物有本末”，我抓到这个物的本质，我掌握到处理这个事情的时候要从哪里开始。所以“物有本末，事有终始”，我抓到它的终始，“知所先后”，我能够掌握到要怎么样去处理，我就能澄清出这个事情的方法。在“外王”的意义来看，就是当你认真努力地把每一件事情去处理得好、去澄清，你自然就可以从里面获得一种知识，这也就是在《大学》里所说的“格物致知”。

中国的一些哲学家们过去的观念认为只要用脑力和身体的力量就可以把我们的对象作一个彻底的理解，而事实上并不然。你拥有了一个主观的成分以后，你就不可能对事物作一个理解。只有面对事物和事物一致，你才能够对事物有所理解。在“修身”里把“内圣”和“外王”两者作一个澄清以后，能够有一个完善的修炼，就能够建构一些基本的概念。这种概念就是说跟别人的相处过程，我们有没有一个一致的方法和态度——中国人称为“达德”，而西方人称为“枢德”（carbinal virtue）。“枢德”或“达德”指表达行为最基本的、最重要的、最核心的一种模式，使用这最基本的德行可以帮助我们建构和其他人事物的一种关系。在先秦的时候，孔子看重的是“智、仁、勇”，孟子是以“仁、义、礼、智”作为达德的表现；到了两汉，又加上“信”，变成“仁、义、礼、智、信”作为达德的表现。有了“达德”，德性就完备了，就可以“齐家”。“齐家”就是建构一个最基本的社会团体，这种“齐家”就是伦理精神的具体实现。家庭里面有各种不同的关系，有父母子女，有兄弟姐妹，构成了一个初步的社会，在这个社会里彼此有互动，互动中有规则，规则就是如何保证表达这种关系的顺畅，所以伦理精神具体地实践出关系的方法和发展。在近代的观点来看，把家庭的关系处理得好就是一件了不起的事。一般人最大的人际困扰常来自家庭，若不是和父母有不同的意见，就是和兄弟姐妹有不同的观念，所以“齐家”就是在家庭中不同的角色安置。这个角色是靠时间的因素来作决定的，如兄长比我先出生，所以我必须对他有所尊敬。中国传统伦理和西方伦理中家庭的观念是差不多的，后来社会的模式、社会的发展对于家庭的角色有一些挑战，造成对某些家庭关系的不确定。尽管有这种不确定性，不足以去说明家庭关系就结束了或者家庭中的伦理就消失了，仍然是存在的。即使最尖端破坏这社会秩序的理论者，在家庭中仍然遵守着这种伦理关系。因此，当你能够认清“家”这个最小的社会结构关系，找到一个能够相处的模式，在积极面来说你善于处理这样的人际关系，在消极面来说你不要让人际关系中的冲突爆发出来，也就是忍耐、妥协。这是我们在人生的发展过程中常常会看到的两个层面。你不可能常常用积极的层面，你可以去实践、发展，达到这样一个模式。我们就有能力到社会上去参与其制度，成为这个社会的一员，跟别人共同努力、共同生存。

从上所述各方面的层面来看，所谓“善”主要是表现出一种伦理的精神，一般的解释就是“好”，就是人对自己好、人和人之间好、人和社会团体要好。所谓“好”，当然不是滥好。它也不是一个消极面地说只要不犯错、只要不引起冲突那就是好；而在积极面上是我如何建构这种精神、关系，我如何经营人和人的意义和价值。有这种体会，就可以在人际关系中或者在伦理精神中建构出生命的意义和价值。

## 三、美——艺术精神

一般的观念都认为美是一种主观的，美是你只要喜欢就好、能够赏心悦目就好、可以看得顺眼就好。可以说这些都是一种美的表达，美的意义却不只是这样的一种说法。孟子在《尽心篇》里说：“充实之谓美，充实而有光辉之谓大，大而化之之谓圣，圣而不可知之之谓神。”孟子所谓的“充实之谓美”意义是任何一个实物必须具有完整的条件，当它的条件充足了我们就可以称它为美。但是孟子很快地又发觉，这样地充实它是不是足以构成美的条件是颇为令人怀疑的。所以孟子就补充说："单单充实是不够的，它需要具有一种光辉的特质。"所谓"光辉的特质"就是可以吸引他人，单单以一个事物的充实仍然不足以去述说美的意义，而必须要能吸引人。当代的一些美学家们常常使用"充实而有光辉，能够令人欣赏的事物"作为美的一种定义。"美"是人生内在的一种渴望，希望达到美的一种境界。美给人的感觉是具有和谐、融洽及圆满的精神。美是让人舒服的，在一般的社会或事物中人们常常喜欢讨论"美"的一种呈现或表达。"美"可以是自然的美，也可以是一种人工的美。看到大地山川所展现出的和谐性或让人向往的精神，此称为自然之美；而人工之美就是人为创造出一种状况、境界让人有欣赏大自然那样美的同样感觉。"美"可以有不同的层面，当我们把美描绘、呈现出来，可能就会把美的精神浓缩在所欲表达的对象身上。当我们使用这样的模式时可能就建构了一种技术，能够使用技术把我们察觉到的大自然的美呈现出来，此称为人工之美。人工之美造成了艺术，艺术在希腊文里主要是说一种技术，也就是你使用什么样的方法能够把外在的美呈现出来、表达出来。艺术的精神就是把美具体地描绘出来、呈现出来。

如何把美具体地呈现出来，中西方有不同的模式及说法。西方人在追求美的时候会靠很多的运动表现出他们的状况：从希腊时代我们就可以感受到他们借着奥林匹克运动会展现出人体之美；借着宗教展现出与大自然、超自然事物的一种接触；借着艺术的表达，例如绘画、雕刻来表达出他们的精神。而中国的"六艺"即是用六种不同的艺术或者艺能性的东西来展现出对美的一种呈现。六艺有三种不同的面向：第一种是六种经典，第二种是六种能力，第三种是六种艺术。这三种面向都称为"六艺"。所谓六种经典即是《诗经》《尚书》《易经》《礼记》《乐经》和《春秋》；而六种能力即是礼、乐、射、御、书、数；六种对象即是琴、棋、书、画、诗、茶。儒家一直强调这六种经典是作为文人必须具备的基本能力，当这六种经典都熟读了以后便有能力从事于社会的工作，而六种能力都具备的话就是作为一个谦谦君子所拥有的内涵。而作为一个文人，六种对象你都要会，琴棋书画要样样精通，在社会上便可以受到极高的尊重。从以上各种说明便可以体会到：不论在中国或西方，不论是在观念上或身体力行上都试图追求让自己身体内的能量能够具体展现到外在的社会和世界，乃至跟整个宇宙有所沟通。在追求的精神里面，我们可以看到美的特征，美的第一个特征就是要求一种和谐，和谐就是我跟对象的一致性，我和对象表达的模式是完整的。这种和谐是指在观念上和具体行为上的一致性，观念和行为的一致，造成了主观事物和客观事物彼此间有一种沟通的能量。第二种特征是要去建构一种体系，一种内外完整的体系，包括由近即远、由远即近、由亲即疏、由疏即亲等沟通表达的方式。第三种特征是所有的艺术都在表现出主体性的价值，即艺术家企图经由自己的理念而将观赏者带到一种境界，或者是艺术家所想要造就的一种气氛能够表达出自己的内在精神和世界。艺术要让艺术工作者走向绝对性（即所有艺术工作者共同一致的观念）。从以上特征来看，艺术真正的目的是要去追求美，但是艺术家努力追求美并不代表一定追求得到，甚至许多有名的艺术工作者所表达出来的只符合艺术工作者自身的要求。因此在追求价值模式中，必须使自己的训练可以达到某一个层次，因为要建构艺术者能随心所欲表达出自己的一种状况，如果训练不足那便不足以去表达的，只有在训练完整的时候艺术工作者才能自由运用他的思维来表达。美是一种境界，艺术工作者就是要带领他的作品跟观众一起走向这个美，走向和谐、匀称的绝对性，才能建构这种美的意义与价值。

## 四、圣——人生的完美境界

如果我们只有真而没有善会让人感受到个性的坚持而没有润滑；如果只有美而没有善也会让人感觉到它是一种自傲；如果有美而没有真那就变成一种浮华的美。真、善、美三者要融合在一起，最终的目标是要达到整体性的融合，即是“圣”。“圣”不只是一个单面发展的完成，而是整体的一种状况。所以，在人生发展的或人生追求的一种意义来说，“圣”是一种目标。假如我们把人类的发展或对哲学的追求分成两个层次来说明：“圣”就是上面的那个层次，它是一个总和的、统合的层次，是一种目的；而下面就有“真、善、美”，此三者是方法。用知识的“真”、道德的“善”跟艺术的“美”，分门别类去发展整合达到“圣”的目标及境界。“真、善、美”在各自的领域中是自我体系完整性的要求，是可以达成的。譬如说要达成“真”这个层面，若没有最终的目标，只有事实而没有终局，只有现象而没有本质，这样的“真”就没有办法达到生命的意义及境界。“善”也是一样。“善”可以沦落成为一种滥好人，可以沦落到为“善”而善，没有思考到善具有一种扩充的意义和价值。

"美"亦是一样。"美"若沦落，那就变成一种匠气，往上发展则会构成一种美的光辉及价值。因此把"真、善、美"的积极面整合起来向上发展就构成"圣"的目标。在整个人生哲学或者哲学的追求中，首先要面对自我。苏格拉底曾经说"一个未经省察的生活是不值得生活的"，但要如何省察呢？就用"真、善、美"来加以检视，检视我们生活的事实面，检视生活中的现象是否符合事实本身，省察生活行为是否符合"善"的要求。中国人和西方人皆想追求一种完美的境界。对中国人而言，此即能"参天地之化育"，即与大化流行一致，亦是在整个世界的发展过程中能够与其一同呼吸、一同运作。此种参与天地之化育随着大地的变化而自身有同样的作为，在中国人来说是人生最高的完美境界。对西方人来说，柏拉图在希腊哲学思想中强调神人之间存有轮回关系，天堂里人的灵魂是高贵的，但神体也会有失言行为，当犯错之后便会降至肉体来受罪，等待修行完毕再回到神的地位。这给人一种启发，即人身上有成为神的可能，只是在人性的弱点上无法使自己发展出所属的神体精神。譬如懒惰、贪念这些因素让自己无法进步而造成渴望发展自我精神完美性的阻碍。所以"圣"的目标是帮助自己发展出这样的状况。

在本节中我们发现，当在追求价值或陈述价值哲学时必须包含四个面向，即"真、善、美、圣"。"真"是一种求知的精神，即在知识的层面要尽自身的能力去追求清楚的、明白的、正确的知识。如同笛卡儿所说"我思故我在"，因为他要追求一个清晰且明了的观念。要如何寻求这样的观念呢？笛卡儿归纳出来说"不管我想的对、想的错，但是有一件事是我无法否认的，就是我的存在"。也就是说，即使我思想错了，我仍然在思想。我思想这件事是存在的，即是说我存在，存在的理由是我思想，思想的原因是我存在，因此"我思故我在"。这是一种求知的精神，而求知是要有系统的，系统性的发展达到人性的目标。第二个"善"是一种行为的好，即是求行，让行为愈来愈完善，愈来愈美好，让行为符合自身的需要，亦要符合社会的规范和整个人类的目标。在人类社会中还有其他人和我们共同存在，如何使自身跟社会一致，在行为上要有共同的想法和态度。第三个"美"是求和谐、求匀称、求绝对性，让我们人生的意境能够永远不停的发展，达到生命的一种境界。最后"圣"是一种希望人生境界完美提升的早日到达，借着"真、善、美"各方的努力结合之后，达到这个层面的跃升，达到生命中的意义和价值；如此我们发觉可以参天地之化育，达到天人合一。

## 第四节　价值的目的

到底我们追求价值的目的为何？为何要去求“真”“善”“美”“圣”呢？人生总是要有目标，念哲学也要有一个目标，思考也要有一个目的，即使胡思乱想也是有目的。有几种目的可以叙述：第一种是碰到困境，希望跳脱困境。此方式是消极的。第二种是已经有清楚的目的，但此目的无法完全满足自我需要，因此希望寻找更高的目的。这种目的称为积极的目的。消极的目的也有其功能，能帮助自我解决问题、面对问题，清楚困难所在，因此想到一些方法解决问题。譬如我认为我的行为不好，我碰到困境是我的人际关系不好，因此我借由改善我的行为而改善人际关系，以至于我的善行能够受到他人尊重。由此，消极性是有意义的，但是这只能往人的内在去发展，对外发挥自我能量时便无法说明。从积极的层面来说，不但帮助自我完成、解决目前的困难，甚至帮助自我超越目前的问题。

而在价值的目的上来说，不只是讲述消极的目的，也讲述积极的目的。价值的目的，其一是人生需要跃升，必须不断地扩张、发展自我，让自我愈来愈有求真的精神、善的行为、美的境界、圣的状况，此种跃升即是把人性加以扩充、加以发扬，如同中国俚语上说“鲤鱼跃龙门”，生命的张力逼使它往更好的状况。

其二是跃升的层次，在人生境界上逐步的往上发展。孙中山先生曾说“整个人类世界有一种进化性的发展”，“进化”并不是生物上的进化，而是内在意义上的进化，也就是从兽性进化成人性，由人性进化到神性。所谓“兽性”即是互相斗争，只为自身利益、想法或目标，不在乎他人。人会有互相合作、彼此帮忙的情况。因为自己发觉在大自然界中并非是最强的动物，若不借由互助很难去抵抗其他动物的侵袭。凭借互助，产生人类的文明、社会、世界和历史。而“神性”即是仁爱的状况，放下彼此斗争的可能性，借由互助进入仁爱的境界，用爱促使人类加强合作，造就整个自然界的和谐。

其三是跃升最终的目的，即是达到神性的境界。神性即是一种精神性的生活，因此可以了解哲学整个追求的目标、整个价值理论最后的建构不是强调兽性的发展、人类思欲偏歧的发展或者欲望的发展，而是强调人类仁爱的精神，促进整个世界人类和谐且和平的发展，以至于我们不但能够在人类世界中发展，还可以扩充到整个万物、整个宇宙间，由彼此的互助、友爱的精神使人类理想世界、大同世界早日呈现。孔子在《礼记·礼运大同篇》中强调大同世界，当什么都满足之后人类世界自然就得到一种和平、快乐。在整个追求价值过程中，价值哲学可以提供我们作这样的一个思考和反省。下面开始，每一章分别叙述“真、善、美、圣”不同的模式、不同的状况，提供人类作为发展的原则。

（黎建球）

# 第一章　认识价值——真

在价值哲学的范围中可以分为四种：一为“真”，二为“善”，三为“美”，四为“圣”。“真、善、美、圣”构成了整个价值体系。本章中将介绍知识的价值。我们追求知识的目的乃在寻求事实的真相，能够找到我们欲求知的内容及其特征。知识能提供我们判断的准距及方式。第一节简单地叙述在西方历史上对于“真”追求的意义和方法。第二节将介绍“真”的定义和内涵。第三节将叙述“真”的种类。第四节说明“真”与“假”的关系。

## 第一节　西方哲学求真简史

在本节中介绍在西方哲学中如何追求真的意义和价值。这里没有介绍关于中国哲学家对于真的意义和说法，所基于的理由是在哲学系统发展的过程中西方在这个部分的追求及研究更胜于中国。有一些哲学家以为中西哲学最大的不同在于：西方哲学看重知识的价值，在真理道路上的追求比较迫切，而中国人在行为上的修炼或善做得比较独特。

### 一、古希腊哲学家

古希腊哲学家们在仰观天文、俯瞰地理的过程中一直渴望将自己定位，也就是在这宇宙范畴中找到一个宇宙不变的规则。泰勒斯在观察宇宙现象时就以“水”作为宇宙不变的因素或万物发生的因素，一切事物都是以水而生，水是一切事物发展的状况。其他哲学家的研究发觉“火”才是宇宙的因素，也有认为“气”是发展的因素。到了希腊三哲（苏格拉底、柏拉图、亚里士多德）时，他们一反前人对宇宙的观察，而走入哲学思考的过程。苏格拉底在观察人世间和宇宙的关系时，认为忠于自己、过正直的生活才是一个哲学家真正要去努力的。他从对万物的观察中看到了德（aretē），即一致性，以人生的一致性、思想行为的一致性作为生活的准则。到了柏拉图，认为真即是最高的观念，只有在那里才有意义和价值。善的至善性、观念的最高的观念是真的渊源。到了亚里士多德时，设定了“不动的动者”作为真的根源，认为只有借由逻辑的推论让我们看清楚人生的目标，建构出价值时才可能追求“不动的动者”。对于古希腊哲学家来说，从宇宙的观察而回到内心的模拟，再建构起外在世界的想法，由外而内、由内而外发展时，已经建构了不同的层次。所以从宇宙最早的观察进入了内在世界，发觉这两者皆无法作为“真”的标准时，便开始走向超越性的意义及目标。

## 二、基督徒的哲学家

从公元313年君士坦丁大帝宣布基督教合法化以后到1585年长达1000多年的历史中，可以说是基督教的时代。虽然哲学史家们对基督教有许多的批评，但是基督教对西方文化的奠基是非常深厚的，特别是把神学跟哲学加以分离而奠定了哲学的研究。托马斯·阿奎那曾说“哲学是神学的婢女”，反之，神学如果没有以哲学为基础将无以去发展。所以托马斯·阿奎那这样的说明更加深了哲学的意义和价值。在追求“真”的历程中，他们的方式和古希腊哲学家是相似的。基督教的哲学基本上承袭了三个传统：第一是希腊哲学，第二是罗马的法律思想，第三是犹太人神学的观念。把这三者综合之后所产生出来的哲学，基本上是从理性的观念来思考，但从中渴望寻找出理性的统一性是不变的。在追求真的时候希腊哲学家没有找到那至上神，借由犹太教的神学来补充希腊哲学的不足，以至于在基督教哲学家中认为真理即是上帝。从赫拉克利特所发展出的logos即是道，到了基督教哲学家们将其定为上帝——只有上帝是永恒的，是一切的超越，一切人生终向的目标。

## 三、理性时代的哲学家

西方哲学经过基督教哲学1000多年的发展之后，进入理性时代。理性时代的哲学家认为应该重新思考人的意义和价值，因此产生了文艺复兴运动。文艺复兴运动是希望回到人的精神、人的意义和价值。在神的福佑之下，人的能力到底如何去展现呢？因此在这时代有两种对立的思想，其一是理性主义，其二是经验主义。理性主义者认为“概念”可分先天性的概念和内容，对事物的认识不但是有先天的概念，还有其内容。所谓先天的知识是指对世界一切的认识与了解，理性时代的哲学家皆相信人有先天概念，而这种先天概念是不会改变的，即是“真”。如何证明先天概念的存在？借由理性的推论及判断帮助我们达到目标。

## 四、经验主义的哲学家

经验主义者和理性主义者最大的不同点在于对概念的发生有不同的意见。理性主义者认为人有先天的概念，而经验主义者承袭了亚里士多德的思想不认为人有先天的概念。若人有先天概念，就容易产生命定主义的说法，所以经验主义者否认了有先天概念的说法。经验主义者认为只有一样东西是先天的，即是能力，但所谓的能力仍然依靠感官经验的发生。经验主义和理性主义最大的不同在于：后者认为不需要依赖感官经验就可以获得概念及知识，但前者认为所有知识的来源及判断皆来自于经验，而经验的产生是借由感官。如同一个盲人，若是天生的，则他不会有颜色的经验，自然对色彩就无法作判断、理解。经验主义者不同意有先天概念的说法，只接受人有先天的能力；人有能力去认识，但人能认识什么，依赖于感官经验的敏感度及人的能力，每一种感官所呈现出的程度来达到人认识的内涵。

## 五、批判主义的哲学家

在文艺复兴之后，由于理性主义和经验主义不断地争执，造成对“认识”问题的模糊，以至于到了18世纪康德认为此两者可作不同的修正——“我从独断的迷梦中惊醒，我对怀疑主义要加以批判”。所谓“独断”指的是理性时代的哲学家，因为没有任何的证据去证明知识的内容，这显然是武断性的说法；而经验主义的说法也是一种怀疑主义的说法。感官经验是否能帮助人达到认识的效果及目的以及达到知识的价值，是值得怀疑的。每个人不同的感官会经验到不同的事物，如何去保证个人所感官所经验到的必然是真的呢？所以批判主义者康德就认为这不可能作为一种模式，他试图找出一个先天综合命题的模式来解决问题。所谓先天综合即是同意人有一种综合的能力，而此种能力必须是不被怀疑亦不会产生任何疑惑的状况。知识的真，借由数学、物理学的模式，康德认为其中一定有先天综合的命题，由此判断哲学的意义和价值为何，并借由先天综合的方式达到批判的结果。

## 六、德意志观念论者

康德是否解决了理性主义和经验主义的问题呢？从德国古典唯心主义哲学（德意志观念论者）的观念来说，可能部分地解答了，但是程度上显然是不足的。因此，德国古典唯心主义哲学试图从康德结论的部分作为理论的起点，试图往上去看到底在先天综合中有没有观念发展的可能性。从费希特、谢林到黑格尔，逐渐地把观念从一种批判性的观念发展成绝对性的观念，最后达到最高精神的层次——也只有在那种层次才具有普遍性、价值性和意义性——如果任何一个价值是举一漏万或举万漏一都不足以构成普遍性的原则。所谓普遍性的意义是没有任何的遗漏及缺憾，要达到此境界，感官经验是不足的，只有进入绝对性的精神才有可能发展。

## 七、20 世纪的哲学家

从黑格尔之后西方哲学呈现分歧，有各种不同的学说。首先有实证主义者。实证主义的建构来自于经验主义的模式，必须要有实际的事物才能说明它是什么。实证主义者认为真正的“真”是有什么，而此“有什么”能够被证明。其次就是功利主义者或实用主义者。实用主义者即是将用处或效果作为判断的模式，即使有什么而不能成为一种效果那么也不能成为“真”。功利主义者认为有用就是要有利，“利”可以是个人的或者大众的利益。功利主义者真正的目标不但要满足个人的利益，也要去满足大众的利益。20 世纪的哲学家们还有更多不同的学派，譬如存在主义者认为存在先于本质，存在才是真实的。即使拥有了本质而没有存在性，也没有办法述说本质；只有把存在显示出来，本质才会有意义。存在主义的结构仍然是建构在经验主义的模式上。至于唯物论者则认为：一切事物都是由物质反应的结果，若没有物质，一切事情都无法反应或结构出来。只有物质才是真实的来源。

### 八、新时代的哲学家

到了 21 世纪之后，面对近三四百年以来哲学界的混乱，哲学家们企图找到一个综合性的说法，即能否拥有一种层次性的说明，经验主义者跟理性主义者并非两个极端，而只是过程的前后程序。譬如进化论，开始时是一种假设，经由科学的发展之后，认为一切事物都是由进化而来，以至于和创造说有一个很大的争执。到了 20 世纪时，发觉创造论和进化论并非两个极端的学说，而只是一个过程。一个事物若没有开始怎么可能会有进化、演变呢？任何事物必定要有一个开始，有两种方式，一种是自有，一种是他有。他有不能被他有者称为第一个开始，因为它是借由他有而开始的。他有应该是比自我更前面的思想，所以他有应该是第一原因。若是自有，自己是自己的原因，当然不需要靠其他的结构、其他的创造。我们发觉在自然界中没有所谓的自有，都是他有，都是借由别的产生、生产、制造而来的，因此在进化论之前要说明时就是有一个创造论的说法。创造出来之后，才有进化的过程。创造加上进化可以简称为“创化论”。从以上简易的叙述来说，西方哲学史上对于“真”的追求是非常执着，试图要解开任何事实的真相、真的内涵以及真的目的。

## 第二节　真的定义及内涵

在定义“真”的时候，可以从字义跟实义两者来作分析。

### 一、字义

古代中文从来没有将“真”和“理”结合在一起，只对“真”下定义。譬如《淮南子·俶真训》注“真，实也”；《荀子·劝学》注“真，识也”；《淮南子·本经训》注“真，不变也”。中文“真”的字义，指的是一个实在的、不变的内涵。

西文“真”来自于希腊文 Aletheia，Aletheia 来自 Letho（为 Lanthano 的古体），加以 Alethia 有否定之意，即从不可见的消极意义成为实在界之光明或为理性寻获此种实在之光明。在拉丁文 Veritas 则有选择或信仰之意，引申为真理是理性的选择或理性的信仰。

从以上中文和外文的字义上来看，真理可以解释为认识的实在性，包含两种意思：其一是一种实在物与人类认识能力间相互符合的确定性；其二是一种具有理智的心灵在寻找、发现、分别选择的行为。真理是可以实际去认识的事物。

## 二、实义

"真"的实义一般有两个意思：第一是名实相符，是从存在的特征中发现的。存在第一个意义是它为它自己，也就是它的内在和外在是一致的，要彼此相合；在第二个意义上，"名"指的是观念，"实"指的是实在事物，观念和实在事物要彼此相合。第二是主观的理智与客观的事物具有一致性，所以我们主观的想法和外在的事物是一致的。

## 三、测量真的方法

在测量真的内涵中，是以确实性及明显性作为方法。

### 确实性

确实性是由确实而来的。第一，确实是一种固有的状态。从逻辑的必然性而言，由前提根据推论的过程所达到结论的目的是一种固有性。固有性是事物或对象特性完全的显露。第二，确实是一种认同。所谓认同是主体接受客体的必然性，即是说同意客体拥有的状况被主体所接受。另一方面来说，认同是主体在理性上对客体的肯定，也就是说，客体所显示出是什么样的状况，主体都接受它成为这样的模式。第三，确定、认识、合理的怀疑及有根据的意见之间的差异：合理的怀疑是指目前没有这种存在的现实，但是有明显性的情况使我们怀疑或者相信它的可能性。例如地上湿了，合理怀疑可能下过雨或者有人泼过水。再就是有根据的意见，根据自然学科的发现及证据使我接受自然学科者的意见。由于人无法对事物有全部的认知，只能接受各种不同学科在其专业上的发现，根据那些学科成果作为确实认同的参考或意见，此称为有根据的意见。而确实的认识则是理性的直接认识，即是我肯定、同意这个事物和那个客体彼此之间的关联性。由确实就产生了确实性，确实性指一种心灵的状态，因着有效的理由使人的心灵对一个判断深信不已。心灵的状态就是一种心理的状况，我接受这种确实，我肯定、同意这种判断，我相信科学家们根据其专业所作出来的推论，我就接受他们的推论为真。这样的确实性所产生的理由可以是主观的，也可以是客观的。

主观确实性是一种心理的状态，亦即是在主观上我接受或同意有这样一种态度或看法。也是个人对自己信以为真之事的坚定态度。若是一个科学主义者即坚决相信科学家们所发现的事实都是其具以论述的意见，若是一个怀疑论者则会对科学家们所发现的事实加以怀疑，因此构成了理智对一事理的坚定态度。这种态度可能是因为有客观事实作为根据，更重要的是它是主观意志的一种决定。这种主观来自意志，因此由意志去相信的结果，我们无法保证这样判断不会犯错。它的好处是可以排除个人对可能发生错误的畏惧感。一个科学主义者相信科学家所发现的一些原理，因此坚信而不会怀疑。

所谓客观确实性是由于客体的充分理由或证据所造成的确实性。一个客体充分地显示自己，将身上所有的特征呈现在主观者的面前，而造成了不能不承认这个客体事物的实在状况，因此我们对它有一个确实的认识。这种确实性使人的理智能表示赞同。例如太阳所显露出的光芒产生热，身上感受到这样的热，我们承认太阳有热能。这种客观确实性一般来说比主观确实性要来得确实。因此我们在测量真的时候就采用客观确实性。客观确实性一般来说有下列几种确实性：第一种称之为伦理确实性，是关于人事或人际关系方面的确实性。从人事关系的确实性而言，具有相对关系或权利义务的关系，这种关系常常是一种相对性的真。例如在公司中我和我上司的关系，我是我上司的属下，我要接受上司的指挥、监督；过了几年，我勤奋努力逐步攀上高峰，过去的上司可能因为竞争力不如我而变成了我的属下。这种人事关系就是一种相对性的关系。从人际关系上来说，会有主从先后关系，如父母子女、兄弟姐妹的关系基于血缘，是无法改变的，所以具有一种绝对的真。除了血缘关系具有绝对真，其他的人际关系都出现在所谓相对关系上。

第二种称为物理确实性，建立在自然律或者物理定律上。物理学不断发展与进步，取得了对于某些事物的一种规律性认识，就是物理学上的定律。例如地球上的重物往上抛必定会掉落地面上，理由是有地心引力；这地心引力就是一种自然律，物理发现的定律。这样的确实性具有一种绝对性。

第三种是数学确实性，是使用数学定律来规范确实性。这种确实性基本上建筑在超越经验值之上，譬如 1 + 1 = 2，这“1”“ + ”“ = ”“2”四个名词都是抽象的，是我们的经验无法得到的，但是借由数学的运算规则，我们对这些抽象性的观念具象化了。被问到“1”在哪里，我们最多举出一只手指，而无法说出“1”是什么。“ = ”“ + ”“2”同理。所以我们了解这个数学题是超越了经验，而这样的确实性，它的绝对性只适用于“量”的测量。在“质”的测量上，数学的确实性就不能达成这样的目的。

第四种是形而上确实性，又称为存在的确实性。此种确实性是建立在一种自明的原理上，也就是不需靠其他的证明以及其他事物的证据就可以自我明了、自我证明的方式，是绝对正确的。形而上学原理或存在学原理中所述的同一律就是这样。

**明显性**

所谓明显性是指客体事实清楚显示自己及其明朗化的东西，也就是说客体足以证明自己的模式。这种明显性一般来说有两种，一种是主观明显性，另一种是客观明显性。主观明显性是指一个人对于一件事所能够理解的程度。例如对于太空、其他动物、其他学科的理解程度只能根据自身知识背景或者社会背景，这样的程度是否能够符合对象的内涵是值得怀疑的。因此这种理解的程度就有主观性的可能，也会有错误的可能，它不足以作为测量真的方法。客观明显性是指事物自身或客观的事态能够清楚地显示自己，即是指理智形成或信以为真的判断基础是认识客体即物自身的明显性，而非认识主体。客体自身能够明白地显示自己，不需要依赖主体而能够加以认知，不是以主体来决定客体的模式，而是客体决定自己的模式。这就如同一个人可以清楚地向他人述说自己如何，而不需要借由他人来指出自己如何。这种客观明显性和判断的真实性、确实性之间的关系是因果关系。也就是说，判断的真实性是一种因，确实性则是一种果。有真实的判断才会有确实的产生，若没有确实的判断，那确实性就无法呈现。这就是客观明显性的原则。也就是说，当我看到一个客体，能对这个客体有一个确实性的态度，是因为客体所给予我判断的证据足以造成我对客体确实性的肯定。

客观明显性有两种，第一种是内在客观明显性，第二种是外在客观明显性。外在客观明显性是不存在于判断所肯定的实体内的明显性。它是基于实体以外的明显性，是经由对事实的判断而获得的知识。也就是说，它所能得到的明显性不在于实体或事物本身所产生的明显性，而是由于实体外在的元素所产生出来的。例如看到一个人，觉得她很漂亮，常常不是因为她身体的结构或者身体的曲线，而是因为她所穿着的衣服或者她外在的打扮让我感受到她的一种状况。

外在客观明显性有两种，一种是基于权威的外在客观明显性，一种是基于不明智的怀疑的外在客观明显性。前者是指权威者本身具有极高的信赖度，或者具有极大的公证性，或能作为某一个学业界的代表，而能力显示出他的明显性，当他述说其专业上的意见时他能显示出的可靠性愈大。因此证人的可靠性愈大，其明显性愈大。例如参加过战争的人所描述战争的状况要比没有参加过的人描述较具明显性。而后者是指事物本身的明显性无法使我们相信其为真，却足够排除所有不合理或不明智的怀疑。对于非专业科目的相信即是基于此明显性。科学分工愈细，愈无法由个人努力获得，而我们只能相信。例如我们自己不会盖房子，盖房子的知识如此专业，我们只能信任营造商、建筑师，因此营造商、建筑师愈可靠，房子结构愈稳固，愈是值得我们信赖。

内在客观明显性是指存在于由判断所肯定的实体内的明显性，理由是实体本身拥有的特质让我们了解这个客观的实体。也就是说，是一种在客体自身内所含有的明显性，能使理智形成判断。例如我们已经习惯加减乘除的方法，当我们说起 2 + 2 时，由于从小到大的训练，不容怀疑地知道答案为 4；但反之说 4 时，它的构成就不一定是 2 + 2，有其他的可能性，例如 0 + 4、1 + 3，2 + 2 只是成为 4 的一种选项。前提的 2 + 2 造成了等于 4 的必然性，4 成为前提时则 2 + 2 是成为 4 的选项之一。由此可了解内在客观明显性所要显示的客体内自身的明显性。

内在客观明显性可分为内在直接客观明显性和内在间接客观明显性。所谓内在间接客观明显性是指实体不直接呈现于理智或感官，必须经过理智的思考或推论之后才能获得结论。例如早上起床推开窗子看到阳光普照，却发现地上是湿的，因此推论昨夜下过雨。所谓内在直接客观明显性是指由判断所指示的事实直接呈现于理智或感官，它不需要经由媒介或反省或推论的过程就能直接把事实和理智作一个结合。也就是说，实体直接呈现于理智或感官，不须靠其他明显性的证明，又称为自明明显性。

从以上所述的确实性跟明显性可知，是要以内在客观直接明显性作为测量“真”的方法。这种内在客观直接明显性又可以称之为自明原理。

### 四、明显性与自明原理

自明原理是一切原理的基础，是一切原理的出发点。自明原理按照历史发展规则的说法有三个：一、同一律；二、矛盾律；三、排中律。同一律是指前提和结论是一致的，它肯定每一个存在皆有使之成为此存在的限定本质。也就是说每一个存在皆是自己，不是他物。有是有，非有是非有。在数学上来说就是 A 是 A，非 A 就是非 A。因此 A 限定了 A，它只能成为 A；非 A 限定了非 A，它只能成为非 A。所以同一律又称为限定性原理。矛盾律是由同一律演变而来：在同一个观点下，一件事情不可能同时属于又不属于同一主体。如果不同的事物同时属于又不属于，这就产生了所谓的矛盾；若在同一律的原则下，A 是 A，这是不矛盾的，但若 A 是非 A 就产生矛盾了。排中律是由矛盾律而来，认为任何一物只是“有”或“非有”，不可以同时是“有”又是“非有”，当它是“有”的时候就排除了“非有”的可能，因为这也犯了矛盾律，不是此就是彼。

从以上各点的分析来看，要述说“真”的内涵或测量“真”的方法时，只能用内在直接客观明显性来确定“真”的意义；而这种内在直接客观明显性就是一种自明的原理。在上述的三个自明原理中，以同一律为最优先；只有“A 是 A”“非 A 是非 A”，一切的原理或定律才能借着同一律产生，才能作判断，才能构成“真”的状况。

## 第三节　真的种类

要作一个“真”的判断时，必须以内在直接客观明显性的同一性作为判断的标准或基础。在历史上，对于“真”的叙述根据前面实义的说法就是要名实相符。既要内在直接客观明显性，又要名实相符，则此“名”就是观念和实物，它本身的连接性是要建立在必须性的基础上。我们以此作为判断的方式来讨论下列三种在历史上共同认为“真”的种类：第一，逻辑真；第二，伦理真；第三，存在真。

## 一、逻辑真

“逻辑真”在历史上的定义认为任何“名”都要符合“实”，也就是说任何观念必须符合实际的事物。所有的观念要接受物的测量、接受实物的规范；没有实物，没有外在客观的东西，观念也就失去了地位，无法加以测量或判断。逻辑真就是存在于观念内，是在认识的主体内。逻辑真是指明观念与事物的关系，是形成人对物的知识的真假判断，亦是认识主体的观念与认识对象的本质相合。逻辑真理又称为认识真理。借由逻辑推论的方法，我们了解如何使用我们的观念和外在事物结合，或去认识外在的事物。借由这种逻辑的判断或推理所造成认识的结果，称之为逻辑真。

## 二、伦理真

“伦理真”是人的内在思想与其外在表达一致。也就是说，人内在的观念和外在的行为或语言是一致的。这种真理并不涉及人对事物真相的确知性，是否真的了解并不重要。伦理真只是心口合一，并不必须符合客观事实；若要符合客观事实，则必须加上逻辑真。就如同我对一个人的看法：我认为他是好人或者是坏人，那是我主观的认定；我心中也许很讨厌这个人，但是在社会化的条件下有时并不能直接表达，有时反而会对他加以赞扬。这种心中想法和语言不一致就违反了伦理真。

## 三、存在真

“存在真”乃是实与名相符。外在的一切事物都要接受观念的测量，任何事物要在观念的指导下才能够接受或成为它之所以为它的理由，即任何物存在之先必须先有此物之模型、典范或标准。理智、模型、典范或标准是物的存在原因或存在要件。物要接受理智的测量，人的理智并不一定都是存在真理的基础。这里所谓的理智乃是指理智本身。任何一个事物构成前先有构成此物的观念或者想法。盖一栋房子前先要建筑师设计房子的模型或标准，建筑商根据建筑师的模型按图逐步把房子盖起来，建筑师的观念就是先于房子。这和逻辑真正好相反，逻辑真是指明观念要接受客观事物的测量，而存在真则是客观事物需要接受理智的测量，这个理智要先于事物之前的理智，而非存在于这个事物之中的理智。我们在判断事物时很容易把存在真和逻辑真混淆，因为逻辑真是有了事物之后事物内的观念和事物同时并存，感官经验累积，我们只观察到了事物，必须要经由理性的思考才能发觉事物内的观念，因此才有观念要接受事物测量的意义。就事物本身存在先后次序而言，则是先有观念才有实物，存在真要比逻辑真优先。

从以上的分析可知逻辑真和伦理真都具有极大的相对性，不大可能有完全的绝对性。逻辑真所显示的实物作为测量标准的理由是根据感官经验的觉察才能知觉到那个实物，但是在实物内所拥有的理论或观念是必须经由反省跟思想推理过程才会得出。这就如同闪电和雷声，因为光速和音速的不同，我们先看到了光后才听到了声音，而造成误会以为闪电要比雷声早。在当代主义者或者实证论者认为只有逻辑真才是真正的真，就是基于这样的一种判断或者观念。事实上隐藏于实物内的观念是构成此实物观念的内涵，构成此实物的原因却不只是属于此观念的本质，亚里士多德在述说四因说时就曾提到"一个事物本身拥有的形式和质料"。这两个理由并不足以完全构成此事物之所以为此事物的理由，它还有目的因和形成因——有一个形成者能够形成这个事物，若没有形成者，则此事物的形式和质料也就不存在了。所以存在真比逻辑真更为优先，更符合测量"真"的方法；而伦理真从存在的意义来看，是存在真的一种。先要有存在真才有逻辑真或伦理真，存在真称为第一真理，包含了存在真及伦理真中所含有的伦理的本质，此本质决定了伦理的行为。

## 第四节　真与假

违反真就是假，不符合真就是一种错误，错误或假就是违反真理。错误或者假如同真的分类一样也有三种，即存在假、伦理假和逻辑假。

存在假，即观念所肯定的不存在才造成错误的理由。此说法乃是事物本身的原因，事物超越理智，理智无法对这样的原因有任何的观念，以至于造成不存在或错误的可能。第二个理由是感官的原因，人的知识起因于感官，感官有时也会发生错误，造成我们对事物的一种幻象。第三种是理智的原因，人的理智可以认识一切的东西，受到肉体的限制，不但对纯精神的认识不清，就是对外在的事物有时候也会有错误的判断。从形而上学的观点来说，存在假是违反了凡存在皆是善的前提，所以这样的存在假是不存在的。

伦理假是有意或无意地说出与伦理事实不符合的事情，以至于造成别人错误的判断，即使善意的谎言也会造成错误的判断。例如子女对父母所生的病加以隐瞒，以至于造成父母错误的判断，虽然是基于爱护父母的心。这种说出一些与伦理事实不符合的事，以致造成错误的判断，是一种伦理假。

逻辑假所造成的原因相当多。逻辑所要求的肯定是要以实际作为理智判断的测量，而实际事物都是具有个别性的，每一个个别不同的理由或者原则对于理性所作的判断当然会有层次上的差异，以至于造成不同的错误。这种错误是由于人理智能力的有限性，对于事物无法具有真正的真知灼见，再加上外在因素的阻挠无法使我们能够真实的认识。

第二种造成错误的原因可能是实体本身的复杂性及缺乏明显性。一个事物不只是一个因素，可能有好几种因素所累积，造成我们无法作出正确的判断。

第三种是由于意志的缺陷直接影响了理智对于缺乏明显性事物的判断，以至于无法对模糊、暧昧不明的状况表达我们的意见或看法，造成了错误的可能。

第四种是由于偏见造成了错误。偏见是未经研究而遽下的判断或者意见，一般来说有下列四种：一、种族偏见，认为自己的种族比其他种族来得优秀；二、政治的偏见，由于政治的学理或者实务的操作造成了自以为是的看法；三、学术的偏见，在学术上独特的发展，以为此学术发展可以排除其他学术的意见而唯我独尊；四、宗教的偏见，有的宗教基于自身信仰的原因而形成一些对人事物不真实的看法。

第五种是由于诚心和毅力的缺乏而造成的一种判断。因为诚心和毅力的不足使人失去耐心，以至于应该坚持而没有坚持，造成错误的判断。

第六种是由于对权威的崇拜而造成的一种判断。一般来说，对权威合理的崇拜是符合理性的原则和真知灼见的观念；而对于权威的无限崇拜就会产生迷信或妄信，以至于造成了错误的判断。

第七种是由于虚荣心使我们容易在他人面前装成比原来的自己更完美的人，造成和自身实际上的一种差距，而产生了错误。

从以上叙述来说，除了存在假违反了凡存在皆是善的原则而不存在之外，其他两者经常会出现。特别是逻辑假常常会造成我们判断的困难。在了解知识的意义跟价值的时候，我们要学会如何使用正确的知识，如何使用有效的推论，如何使用合理的反省跟理智的思考，帮助我们达到知识的价值——“真”，为了追求真理而发展出自己人生的意义和价值。

（黎建球）

# 第二章　伦理价值——善

本章共分三节，每一节又分五点阐明：

第一节，何谓善，何谓伦理善。首先，介绍伦理、伦理学的字义。其次，说明善、伦理善的意义。接着，依据对善的理解，进一步探讨恶的几种意义。之后，指出道德或道德原则的特征。最后，以苏格拉底为例介绍伦理思考的要点。

第二节，人为什么应该道德，为什么要有伦理善。首先，指出应该蕴涵能够，伦理实践是可能的。其次，区分“人性行为”和“人的行为”之不同，点出伦理学的研究对象是人性行为。接着，分别从后设伦理学和托马斯·阿奎那伦理学二方面探讨“人为什么应该道德”的基本问题。

第三节，如何判断道德、不道德——伦理标准。首先，简介从两种伦理判断到区分两种伦理学到发展出三条伦理学进路。其次，简介目的论伦理学和效益主义伦理学。最后，指出近二十年来伦理学高倡复兴之德行伦理学。

判断通常可以分成两种：一是实然判断，如“今天天气晴朗，温度20℃至25℃之间”；一是价值判断，如“今天的棒球赛真是精彩”。人的日常生活中，除了要理解、明白事物外（实然判断），还常需要评价事物（价值判断）。这说明了价值及其相关事物也是人生不可或缺的因素。哲学是一门“以人类理智的自然本性之光研究宇宙人生诸事万物的第一因或最高原理原则的科学”，其中包括了知识的“真”、伦理的“善”、艺术的“美”以及宗教的“圣”各个领域，而有不同的哲学分支。因此，哲学家也研究价值的问题。

2000 多年来，价值论或价值学作为“企图澄清人的生活价值的理论”，一直是各哲学里相当重要的基础部分。关于价值，我们必须分辨三样东西：第一，有一个实在的事物，它能被赋予价值，不论是正面的或负面的价值；第二，这事物是因为具有一种性质，所以才能够被评价，这个性质就是最严格意义的“价值”一词；第三，当我们领会到价值时，心中扬起某些意志，如想要躬行实践或感到义愤等等。也就是说，我们不要混淆了“具有价值的事物”“价值本身”和“人们对价值的态度”三样不同的东西。“价值本身”又至少包含知识价值、伦理价值、艺术价值以及宗教价值。

本章主要将视角置于伦理价值所呈现的“善”上。于是必须认识第一个“W”——“What”，也就是认识“什么是伦理”“什么是善”及“什么是伦理善”，同时认识“什么是恶”“什么是伦理恶”的问题。其次，必须认识第二个“W”——“Why”，也就是询问“人为什么应该道德”或是“为什么要有伦理善”的伦理基础问题。再者，进一步基于伦理学史尝试找出伦理判断的几种主要标准，解答如何分辨善和不善，善恶或对错，这是第三个“W”——“How”。

## 第一节 何谓善，何谓伦理善

### 一、什么是伦理——伦理、伦理学的词义

在外文中，“道德”与“伦理”有不同的语源。“道德”的语源是拉丁文的 moralis；而“伦理”的语源则是希腊文的 ethikos。二词的原义均为风俗习惯。在中文中道德与伦理两词也并不完全一致。如《大学》所言之“诚意、正心、修身”属于道德，而“齐家、治国、平天下”则属于伦理。至于西方哲学，在康德以后，德国古典唯心主义哲学家便将两词予以区分，如谢林、黑格尔均然。大致说来，如同中国哲学，道德关涉个人，而伦理则是涉及社会群体。二者虽密切相关，然层次有别。

现在通用的“道德哲学”或“伦理哲学”，乃翻译拉丁文中的 philosophia Moralis，英文作 Moral Philosophy，本义为风俗习惯之学。至于“道德哲学”，又可称为“伦理学”（Ethics）。

## 二、什么是善，什么是伦理善

“善”，有时也可说是“好”，英文作为“good”，是“赞赏”（commendation）最普遍的语词。《牛津英文词典》说“善”是“赞赏最普遍的形容词，隐含某些可敬的或有用的特殊性质之大量存在”。

“善”一词的使用是超范畴的，可以指涉事物的美善，如山水风景等自然物的美善，绘画、摄影、电影、建筑、音乐、诗歌、舞蹈等艺术作品的美善；汽车、电脑、家具、文具、玩具、农作物、食物等实用品的美善；也可以指涉观念此抽象物的美善，如“好观念”“好点子”，我们有时也会说“good idea”。“善”一词还可以指涉人——尤其作为“道德主体”或“伦理人”——的美善，如“他的品行良善”“她的动机良善”。也还可以指涉人的行为的美善，如“这位体操选手的鞍马动作漂亮（美善）”“美国第一任总统华盛顿诚实行为很好”。也还可以指涉事件结果的美善，如“大家都诚恳待人的结果是好的”“实施垃圾不落地政策对整体环境的结果是好的”“每个学生都吃早餐对身体是好的”……以上的各种“善”的使用，或许是基于各种标准，我们可以按伦理意义的有无区分为两种善：一是伦理意义的善，如作为道德主体或伦理人的美善，像“好人”“善人”“善良意志”“善念”“良善动机”“美德”等；以及由道德主体发出之人性行为的美善，像“好事”“好行为”等；一是非伦理意义的善，伦理意义以外的其他美善均属之，如“好的作品”“好的工具”“好的动作”“好的建议”“好的结果”等。

善是一种价值。有些人往往将价值当作“善”与“目的”的代名词。价值与目的有时可以互相混用：凡是有价值的事物都可以当作目的来追求，凡是当作目的被追求的事物也都可以称为有价值的事物。但是仔细分析便可以发现，就范围而言，价值不一定与伦理相关，但是伦理一定与价值相关。伦理意义的善可说是一种伦理价值，而非伦理意义的善就是一种非伦理价值。

古今中外哲学家多重视“善”的概念或理念，善往往被视为“价值”的根源。除了在理论哲学中的形而上学或本体论里作为存在的超越属性“一”“真”“善”“美”之一，“善”与“存在”具有可互换性，如经院哲学有所谓“一切存在皆善”的说法。“至善”或“善自身”甚至等同于“第一因”或“上帝”外，“善”也作为实践哲学中的伦理行为或人性行为的价值归趋，中国儒家哲学更将“善”作为人性的代名词或人性的本质或人性的特质或趋向。“善”的意义如何，“善”是否可以被定义（本质定义），如何正确理解“善”，成为中西哲学的重要课题。

“善”字，按照《说文解字》的解释：“吉也，从誩羊，此与义（義）、美同义。”段玉裁注曰：“羊，祥也，故此二字从羊。”善、义（義）、美三字都从羊字。《说文解字》：“义，已之威义也，从我从羊。”“义”指我的美好之威仪表现。“善”指人互相说吉祥美好的话。善、义二字都有美好的意思。

根据亚里士多德的观点，善不属于类概念而是超越范畴的，故不可能有所谓的本质定义。20 世纪初英国哲学家摩尔（G. E. Moore）所著《伦理学原理》一书最终也阐明：“善是什么”这个问题的答案是自明的，但不能被证明。有关“善自身”的命题是直观的知识。善是单纯的、不可分析的概念，“善就是善”，“善不能被定义”。“善”很难有所谓的“（最近）类”加上“种差”的“本质定义”，孔孟也从未对“善”概念有过严格的本质定义，顶多只是描述定义、指物定义或范例定义，像孟子言“可欲之谓善”便是。

于是我们可以说“善”的理解有几个层次：首先，是作为本体论或存在学之善，“善观念”或“善自身”或“至善”，“善”即等同于存在，存在即善；其次，才是伦理道德意义之善（伦理学之善），也就是伦理学和儒家哲学强调之善；再者，才是与伦理道德意义无关之善（非伦理之善），是日常生活经常使用到的善。

## 三、什么是恶

依此，我们也可以谈谈对反于“善”的“恶”应如何理解。首先，就本体论或存在学的角度，根本不存在所谓积极的“恶观念”或“恶自身”或“至恶”，不存在所谓“恶”之本体，“恶”只是被理解为“善的阙如”（privation of good）。伦理道德意义之恶（伦理学之恶），作为“伦理善的阙如”，可能指涉道德主体或伦理人美善的阙如，例如“坏人”“恶人”“邪恶意志”“恶念”“邪恶动机”“恶行”等，也可能指涉人性行为美善的阙如，例如“坏事”“坏行为”等，这些属于不可接受、不被允许的伦理恶（moral evil），也是真正的恶。我们说某某人杀人、放火，罪大恶极，其实指的就是伦理道德意义之恶。至于非伦理意义的恶，属于可接受、可允许的物理恶（physical evil），如眼盲、耳聋、肢残等天生即有或后天导致的缺陷，或一只手有六根手指、两头蛇、鸡有四只脚等异常或突变现象等，也可以包括非自然界的“坏的（不成功的）作品”“坏的工具”“坏的动作”“坏的建议”“坏的结果”等。

## 四、伦理思考的典范，以苏格拉底为例

在柏拉图《对话录 · 克利多篇》里，我们看到伦理学的守护神、人称“伦理学之父”的苏格拉底的亲身经历；以他作为我们伦理思考的典范，来说明一位哲学家如何达到知行合一的境界。苏格拉底经常在雅典街头与人辩论伦理、哲学问题，也曾经通过他那著名的诘问方法令许多雅典的士绅名流感到困窘。后来雅典的政治纷争致使他受到政敌诬陷，被控以“亵渎神明，蛊惑青年”的罪名入狱，由雅典公民大会判处死刑。苏格拉底的弟子买通狱卒意图助他逃狱，但是苏格拉底以坚持维护雅典的政治体制而不愿成为一个逃犯，宁可慷慨就义。克利多说：“他是我们所知同时代一切人之中最善的、最智的、最正直的人。”

伦理学的主要目的是要帮助我们从事伦理思考。在伦理问题上学习做个有理性的人。不是追问自以为是的理由，而是追问在任何有理性的人的考验之下依然会成立的伦理理由。要做到伦理思考，也就是要能有效地、正确地追问伦理理由，并反驳别人的理由以证立自己的理论。

苏格拉底首先提出伦理思考、推论的基本要点：

第一，我们的决定不可受制于情绪，而必须依循正确的推理来考察问题；我们必须直接根据事实，并使理智清晰。诸如此类的问题，能够且应该以理性来解决。

第二，对于问题不能诉诸一般人的看法，他们可能会错；我们必须尝试找出我们能够自以为正确的答案，我们必须为自己思考。

第三，我们绝不能做道德上错的事。我们只要考虑哪种行为才是对的，而不是要考虑行为之后的结果如何，或别人会如何看待我们，或我们会如何看待行为之后的结果，这些都与道德的本质无关。

伦理推理的典型有二：第一，将普遍的原理原则应用到特殊情况。这预设我们知道普遍的原理原则。第二，单单诉诸规则是不够的，因为在一个具体情况中多个规则之间可能发生义务冲突的困境，还必须决定规则的优先顺序。

苏格拉底所思考的不只是他个人的生死问题，而是考虑到更普遍的道德常规的问题。所有关于伦理的思考总应超越个人的利害得失，追求普遍认可的行为法则。

## 第二节　人为什么应该道德，为什么要有伦理善

### 一、“应该”蕴涵“能够”：伦理实践是可能的

当我们说“我们应该孝顺父母”“凡人不应该说谎”“我们应该开车去”等含有“应该”（“should” or “ought to”）字眼的述句时，隐含了我们“能够”（can）孝顺父母、“能够”不说谎、“能够”开车去；也就是说，不论道德上或非道德上所要求的“应该如何”必然预设“能够如何”（“应该”蕴涵“能够”，“should” implies “can”），如此才有意义。本节要谈的问题是“人为什么应该道德”及“为什么要有伦理善”，这是伦理价值必要性、必需性的问题。要使这个问题是可解的话，必须先解决一个更基本的问题，即“我们能够道德吗”或“伦理实践是可能的吗”。

### 二、人性行为和人的行为

只有人才有伦理道德可言，但并非人的一思一言、一举手一投足都关乎道德。这里就必须将“人性行为”和“人的行为”作一区分。

人性行为（human acts）不同于人的行为（acts of man）。人性行为是一种“出于理智的认识与意志同意的活动”或“由人的自由意志自动自觉发出的动作”，又称为自由意志的行为。人性行为乃专属于人，非其他存在者所能行者。人性行为按其实现又可分为内在与外在两种：（1）内在行为——直接发自主宰心及止于主宰心的行为，亦即指主宰心本身所有的意愿意决；（2）外在行为——内在行为的外显或具体实践。

外在行为常以内在行为为基础，人能只有内在行为而无外在行为，但不能只有外在行为而无内在行为。一个与内在主宰心无因果关系的无心之举，仅是一种人的无自觉意识的外在活动，不是外在的人性行为。至于人的行为，则指

人性行为以外之其他有关人的任何活动，如心脏的跳动、血液的循环和手触及高温或冰冷之物马上挪开的反射动作等生理现象，以及肚子饿了想要吃东西、冷了想要多穿件衣服、难过时想哭等情绪或官能反应均属之。这些现象或反应并非人所专有，其他动物也有相同或类似者。人的行为或活动所关涉者乃人之动物性层面，无关乎道德，属于“非道德”的领域，自然无道德价值可言。只有人性行为方有道德可言，也才能产生道德价值。

伦理学以人性行为为研究对象（质料对象），尤其关注人性行为的是非善恶性质（形式对象）。是非即对错，是正确与否的问题；善恶即好坏，利益或益处是一种善，但不可说善即等同于利益或益处。是非问题不同于善恶问题，但都隶属于伦理学课题。一个道德行为所具备的伦理性质是“是”或“善”，若能既“是”且“善”尤佳，也就是说一个真正具备伦理价值的行为它既是正确的又是好的。例如“诚恳待人”的行为既是正确的又是好的。

## 三、人为什么应该有道德——儒家哲学的解答

至于“人为什么应该有道德”（Why should I be moral），这个问题也可以如下的问法：“为什么我们的行为要道德的呢?”“为什么我们应该参与道德的生活法规呢?”或：“为什么我们应该采取道德的观点呢?”这个问题不同于像“为什么应该平等地看待黑人和白人”及“为什么不应该堕胎”等问题。后两个问题乃以某种方式为行为寻求伦理的理由，所以是伦理学内的问题（questions within ethics），它们已预设了伦理观点；而前者则是另一层次的问题，乃“关涉伦理学”（a question about ethics），并且作为比后两个之类问题更为基础的问题。

从字面上，“为何应该……”是歧义的，可能是询问动机，也可能是要求关于“道德的理性证立”。一个道德的人在行动上的理由，乃相当于他证立道德的理由。因此，问题虽然可以分成两方面，事实上所要求的答案是可以重合的。

中国的儒家哲学将“应该道德”的理由归于“人”之哲学理解上，也就是归于人性。人之所以应该道德，不为别的，因为人的本质就是道德的存在，人即是“伦理人”，人不同于其他动物的种差就是伦理道德的有无。于是，理解了人“是”什么，就理解人“应该”如何。人是什么，即儒家的人性论，

是儒家哲学的显性题材，是历代儒者所共同关心的问题。

主张“性善论”的孟子说过：“生，亦我所欲也。义，亦我所欲也。二者不可得兼，舍生而取义者也。生亦我所欲，所欲有甚于生者，故不为苟得也。死亦我所恶，所恶有甚于死者，故患有所不辟也。如使人之所欲莫甚于生，则凡可以得生者，何不用也？使人之所恶莫甚于死者，则凡可以辟患者，何不为也？由是则生而有不用也，由是则可以辟患而有不为也。是故所欲有甚于生者，所恶有甚于死者，非独贤者有是心也。人皆有之，贤者能勿丧耳。”“生”（存在的继续或创造）并不是人最大的欲求，“死”（存在的消灭）也不是人最痛恶的；人最大的欲求在于道德实践，最痛恶的是违反道德。也就是说，道德的考虑凌驾于生命的保有及其他，舍生取义的根由源于人性本然，故言“非独贤者有是心也，人皆有之”。至于实际上哪种人能做到，是每个人吗？当然不是，唯“贤者能勿丧耳”。这指出“应该道德”的理由就在于人性本然，人就是道德的负载者，人就是朝向伦理实践的存在。

## 四、人为什么应该有道德——托马斯·阿奎那哲学的解答

托马斯·阿奎那哲学的解答与儒家哲学有同有异。首先，托马斯·阿奎那也认为“应该道德”的理由是植基于人这一类的存在者正是“伦理人”，是人自然本性的一部分。

托马斯·阿奎那基本上依循波伊提乌定义“位格”是“理性本性的个别实体”，是“整个本性中最完美之物”。据此，位格必须是“理性的”，是“个体”；满足此界说的存在有造物主、天使及人二类受造物，若论及道德实践则仅及于“人的位格”（human person），或可称为“人格”。天使与人之为位格乃分享了神存在的最高级的美善。也因此，天使与人乃有别于无理性的受造物，堪称为“上帝肖像”。人既为人格，则无疑是一个体或自立体，应用于伦理活动则为一伦理或道德主体；又人格必为理性的，故此一伦理或道德主体当为“自主的”。托马斯·阿奎那曾说：“有理性的受造物，乃借理智及意志支配自己。”理智与意志同为人的理性能力，由于理性使得人自主，由于个体或自立体使得人是主体；于是人之为人格使得人可作为自主的伦理或道德主体，足以从事伦理实践，使得人有无可比拟的尊严，以完成人生的目的。

人的自然本性符合理性的首要律则“自然律”（Natural Law）的，而包括

自然律、人为法等之所有律则又都来自于“永恒律”（Eternal Law）。人的自然理性的必然倾向道德，乃源于神的理智。

总之，“为什么应该有道德”在儒家及托马斯·阿奎那哲学看来，是因为人的本性如此，人性善或朝向善故，人之存在必然要求道德。

## 第三节　如何判断道德、不道德——伦理标准

### 一、从两种伦理判断到两种伦理学、三条伦理学进路

如何判断行为或事件之道德或不道德？其伦理标准何在？这主要在于伦理判断上。按照西方规范伦理学，伦理判断有两大类：一是伦理义务判断，一是伦理价值判断。所谓伦理义务判断乃关涉某个行为或某种行为是否在伦理上对或错、应该或不应该等，如“我们应该守承诺”“苏格拉底不应逃狱”等属之。所谓伦理价值判断则关涉人、动机、意向、品格特性等之是否具有伦理善或恶、是否有德行、是否邪恶、是否负责、是否该谴责等，如“孔子是个圣人”“仁爱是种德行”“他的动机邪恶”等判断属之。

伦理学依所关注之道德判断种类之不同，可区分为伦理义务论或义务伦理学（Deontic Ethics）及伦理价值论或德行伦理学（Aretaic/Virtue Ethics）。

义务伦理学的“义务”一词来自希腊文的deon，相当于英文的duty或obligation；且以“行为”作为探讨的要点，注重道德主体（人）“去做”的问题，并按道德判准之不同区分为以“道德行为自身价值”为主的义务论（Deontology），及以“行为效果之非道德价值”为主的目的论（Teleology）。

德行伦理学的“德行”，来自希腊文的arete，相当于英文的virtue，本义是卓越；且以道德主体之人格、动机、意向、品格特性等作为探讨的要点，注重道德主体“成为”或“是”的问题。

由此，我们可以发现，义务伦理学与德行伦理学作为规范伦理学的两大分支，具有某种程度的相对性或对比性。

试以说谎为例来说明这一行为在以上各种伦理学理论中的伦理评价重点。对于义务论者而言，作为一个人，说谎是不应该的，说谎行为的本身就是错误的。对于目的论者而言，说谎行为的结果是不好的，这样做会使大多数人的利

益受损。对于德行论者而言，说谎的行为是不好的或是悖德的，这不符合一个有德者的特质。

于是，我们可从规范伦理学发展史中发现对于伦理思考的三条路径：第一条路是“义务论伦理学”，第二条路是“目的论伦理学”，第三条路是“德行伦理学”。以下就分别说明这三条路。

## 二、目的论伦理学和效益主义伦理学

义务伦理学中的目的论主张：道德对错或道德义务的最终判断标准在于其所产生的非道德价值上，也就是说，将道德意义的善化约为非道德意义的善。目的论者按照“应该促进谁的善”这一问题之不同解答而区分为三种目的论。若主张“凡人应该做促进他自己最大善之事”者，称为“伦理自我主义”；若主张“最大普遍善”（the greatest general good）是应积极致力者，称为“伦理普遍主义”或“效益主义”（Utilitarianism）；若主张“应促进他人的善”者，称之为“伦理利他主义”。

目的论者会采用任何非道德意义的善的观点。目的论者可能是快乐主义者（hedonist），把善等同于快乐，把恶等同于痛苦。目的论者也可能是非快乐主义者（non-hedonist），把善等同于权力、知识、自我实现、完美等等。目的论者对善有各种不同的看法，其决定对与义务的标准同在于它是否导致最大的善余额（good over evil）。

无论是哪一种型态的效益主义，都依循一个共同原则，即“效益原则”（the principle of utility）——人类所有行为的道德目的，就是促进最大善余额（尽可能最大善多于恶），或最小恶余额（尽可能最小恶），以此为人类行为对错或义务的唯一最终标准的原理原则。

这隐含善和恶，不管它们是什么，就是可以被量化，可以用数学的方式相加减。像边沁（Jeremy Bentham，1748—1832）是第一个以“最大多数人的最大幸福”为最高原则、最终目的的哲学家，并且还是第一个试图把此道德原则运用到政治、立法、行政、司法等各个实际领域之中的改革家。边沁是效益主义伦理学的创立者和典型代表。边沁还设法建立一套快乐主义的苦乐计算学，以强度性、持久性、确定性、即刻性、丰富性、纯粹性、广袤性等七个向度作为测量标准。边沁强调“幸福”的数量意义之哲学被当时人戏谑为“猪的哲学”，因为按照边沁的理论，一只猪享有它的生活可能比不满意的苏格拉底拥有更佳的快乐（伦理）状态。

为了修正边沁所遭致的批评，穆勒将幸福分成“较高级的快乐或满意”，如理智上的、美学上的和社会上的享有，与“较低级的快乐或满意”，如肉体上的欢愉；并设法引介“质”和“量”到快乐计算学里。穆勒以为较文雅的快乐高于较低级的快乐，因此说道：“一个不满意的人比一只满意的猪好，而一个不满意的苏格拉底比一个满意的愚人好。”但即使有质的协助，也很难说明效益主义的标准，连穆勒本人也没有说明清楚。

有些学者无法认同效益原则就是基本原则，理由是效益原则显然预设另一个更基本的原则，即应该行善而避免行恶。如果没有这个更基本的义务，就没有实现最大善余额的责任。福兰克纳（W. K. Frankena）将此优先原则称为“仁爱原则”（principle of beneficence）。

## 三、义务论伦理学

义务伦理学中的义务论基本上否定目的论所主张者。他们否定对的、义务的、道德善的完全就是（不论是直接或间接的）非道德意义的善，或者完全是其促使个人、社会或全世界之善多于恶之最大余额。他们主张判定一个行为或行为规则为对或义务的方法，除了依据其结果的善或恶外，至少还有其他的标准，即行为自身的某种特性。例如履行承诺是公正的，因为它是神或国家的命令。目的论者相信对只有一个最终的判断标准，即与其相对应的非道德价值；而义务论者以为只求最大善余额而不管善的分配不能成为道德的标准，或者至少不是最终标准。所谓义务论的基本立场是：反对将道德意义的善化约为非道德意义的善；一个行为或行为规则之所以具有道德意义，其最终判断标准并不在于其所产生的非道德价值，而在于其自身的特性。如为康德而言，伦理道德是出乎义务（act from duty）且恪遵义务（act in accordance with duty）的。

## 四、德行伦理学

在西方，自从苏格拉底和柏拉图的时代，德行（virtue）和恶行（vice）就主宰了道德的哲学讨论。哪些是最重要的德行，哪些恶行最危险，德行的价值何在，我们如何将德行和恶行教导给孩子和学生，这些都是长久以来伦理学者关心的议题。不论宗教或世俗观点都将对德行的正确理解及其反论视为伦理生活及正义社群的核心。这种以德行为基的伦理学实与亚里士多德同样久远，直到 18 世纪有所改变。19 世纪、20 世纪的哲学家普遍忽略德行，取而代之的是讨论普遍律或道德原则、基本权利、直觉善、功利，以之视为理解及追求伦理生活及正义社群的核心，这是以“行为”为基的伦理学。

再后来，哲学界对德行和恶行的重视似乎再兴。学者和哲学家在专业刊物及会议中阐扬德行伦理学，作家和评论家在许多公开讨论会上讨论德行和恶行。这显示许多伦理思考者已经发现以行为为基的伦理学进路的缺失，转而重新讨论德行和恶行以找寻另一条伦理学进路。伊丽莎白 · 安斯库姆（Elizabeth Anscombe）在 1958 年写了一篇题为《现代道德哲学》的文章，她指出德行对反于原则，更适于说明伦理学。她建议我们最好避免称呼行为是“道德上错的”，应该称呼行为是“不正义的”“不仁慈的”或“不公平的”。一个正义的人不会做不义的事，而不义必须视其环境，不是效益论者所宣称的结果，也不是康德学派所主张的普遍律。因此，当结果论与义务论发出失败信号时，仰赖德行成为我们合理的选择。在德行的观点之下，品格的卓越是道德的基本；至于行为的判定端赖它们是否来自于可欲的动机及可欲的品格特性，而不是它们如何符合规则和原则。

迈克尔 · 施特克尔（Michael Stocker）曾经提供一个例子显示规则进路的不恰当来支持德行伦理学：我在生病住院期间，一个朋友来探望了好几次。有一次我谢谢他的探望及仁心善意，他却告诉我他的来访仅仅出于道德义务感，而非出于仁心或对我的情感。这时我的内心若有所失，我并不希望来探访的朋友仅是出于不关心的义务。同样的探望行为，会因为动机不同而给人不同感受：一个是基于爱与关怀的意愿，让人温暖；一个则是基于形式上对道德律的尊重，让人怅然若失。这个例子显示道德需求超过仅仅形式上的义务论或结果论的思考，道德包括人的因素，个人的承诺来自于一个好品格。

品格和动机包含于行为之中，而行为之中也包含个人的关系：我们希望父母的行为是出于爱，而不仅出于义务。德行伦理学的旨意在超越亲密关系而扩至所有伦理抉择。在伦理抉择中，我们不能仅考虑规则或结果，我们需要更多，需要一种实践智慧或明智，从规则的桎梏中解放出来，真正作个好抉择。规则太疏离了，太无关于具体的情境，许多哲学家不满意伦理规则和原则的局限本质，真实的情境太复杂以至于不可能有秩序地统整于规则之下，于是他们转而寻求品格特性的价值。他们相信好的选择和好的伦理判断有赖于好的品格。

亚里士多德正是创建西方德行伦理学的第一人，他认为道德的基本问题不是“我应当做什么”而是“我应当是什么样的人”。于是，“成为”一个有德者远比“去做”一件道德上对的事更重要——“是”比“做”优先。此即德行优于义务。强调道德价值判断，不只会指引我们做什么行为，也会指引我们成为什么样的人。因此，在亚里士多德幸福论的建构下，德行即是幸福人生的核心。

（潘小慧）

# 第三章 艺术价值——美

本章共分五节：

第一节，美作为一种特殊形而上学的对象：首先说明“美”的性质源自形而上学的存在的超越特征，“美”和“一”“真”“善”并列存在的超越特征，彼此相通。其次，整一、完备、明亮是从形而上学出发对“美”所作的规范。接下来说明对于“美”的感性方面的发展，与对于“真”的理性方面的发展，彼此并不矛盾。最后说明近代以来西方对于美学研究的起源。

第二节，美的主观性及客观性：通过西方美学史上主张客观论与主观论的考察，发现主观论者的言论愈来愈强。我们主张真正的“美”存在于主观与客观的调和之间，这才是更符合事实的主张。

第三节，优美和壮美：对于美好的事物不能只以一个毫无区分的“美”来道尽一切，必须有所分别。优雅、柔和、可以一目了然的景物，适合于运用“优美”来形容；而数量庞大、力大无穷、无法估量的景物，适合于运用“壮美”来形容。

第四节，美与丑：乍看之下，美、丑似乎极端对立，但是在艺术作品中不但容许“丑”作为表现的元素，借以衬托主体的美艳，甚至有些较极端的例子也拿“丑”作为艺术表现的主题。借着这个主题的讨论，我们澄清艺术不必然以表现“美”为唯一方向，“丑”的存在有其在艺术表现上的价值。

第五节，艺术品：首先从“艺术”在西方的词源与含义进行历史的考察。然后分辨艺术品与非艺术品，借以分析出艺术品的特殊价值。接着，进入艺术品本身，探究艺术品的构成要素。我们主要根据艺术品的“质料”与“形式”

这两大范畴来分析艺术品的构成要素。接下来，讨论艺术品的创作与鉴赏，借以说明艺术创作者、艺术鉴赏者、艺术对象、艺术作品四者的相互关系。最后，探讨艺术与人生的课题，在此主要引申出“为人生而艺术”或“为艺术而艺术”这两大立场，并思考艺术与道德互动的关系。

## 第一节　美作为一种特殊形而上学的对象

存在学作为哲学研究的核心部分，意味着一切哲学的分支研究部门都会以这门学问作为进一步研究的基础，无论是有关存在之呈现为真、善、美的任何形态的研究都应如此。所以不仅有关概念知识之真理的研究在存在学内得到根源性的解释，连有关人性行为的伦理学，以及有关创作新事物的美学，都应该有针对其特殊面向的存在学来解说它们的首要根源，因而我们可以要求必须存在着一门道德存在学，以及一门美之存在学（或艺术存在学）。

### 一、存在的超越特征

形而上学认为“存在”的超越特性有“一”“真”“善”“美”。古希腊时代的柏拉图把美善视为同一；中世纪有些哲学家们不把美视为超越特性；当代的哲学家们将真、善、美三者都视为存在的超越特性的主张。托马斯·阿奎那所主张的美的特征包含完整、和谐、光辉，再加上马里坦（Jacques Maritain，1882—1973）所主张的“美是真理的光辉”，综合来看，对于美的描述或形容之中都已包括了存在的“一”“真”“善”的特性了。美也是存在的一项特征，但不是直接的或原始的特征。

### 二、美的条件

从以上所述我们可以肯定，存在学确实是哲学研究的中心部分，而且美之存在学作为普遍存在学之下的一门分支研究也应该能够成立。我们之所以如此说，就在于美可以作为存在的超越特性。

托马斯·阿奎那指出美的条件：

> 美包含三个条件：整一或完备，因为受损的东西事实上就是丑的；恰

当的比例或和谐；以及明亮或清晰，在被称之为美的事物的地方就有明亮的色彩。

托马斯·阿奎那除了指出美的观念的三个条件，也指出美和理性的关系，特别是美和形式的关系：

> 在一件事物中的美和善基本上是等同的，因为它们都立基于相同的东西，那就是形式，因而善被赞誉为美。但是它们逻辑上有所不同。善恰当地关涉欲求（善是万物所欲求的），因此它有一个目的的方面（欲求是一种朝向一事物的运动）。另一方面，美关涉认知能力，因为美的事物是当看它的时候产生愉悦的东西。美在于恰当的比例，因为感觉由于事物的比例而喜悦，这是顺从它们的种类之故。即使感觉也是一种理性，正如同一切的认知能力。现在，因为认识是经由同化作用而相似性关涉形式，美恰当地属于一个形式因的性质。

在以上的引言当中，托马斯·阿奎那首先指出美、善的共同基础在于形式，在活动的形式上却有所区分——善指向一个目的的欲求，美朝向感性认识所产生的愉悦。托马斯·阿奎那在广义的使用理性（intellect）一词之下，把感觉能力也视为理性能力之一，而美因为一方面和理性相关而可以从认知的角度被把握，另一方面美又是和感觉相关而使得美的把握方式和概念的把握方式有所不同。

## 三、感性与理性需要平衡发展

一般人经常有一种似是而非的观念，以为艺术鉴赏活动或创造活动所强调的能力（感性），和理论建构活动或纯粹思维活动所需要的能力（理性），两者是互相矛盾或互相排斥的两极，在一个人的身上似乎不能和平共处。有人据此误以为作为一个艺术家的灵魂和作为一个哲学家的灵魂是不可能和谐共处的。在此我们要极力澄清：艺术活动和哲学活动尽管在历程上各擅胜场，其追求的目标却是一致的，那就是对真理的追求与诠释。作为艺术家和作为哲学家都需要有清晰的思辨能力，才能看出真理的目标。艺术家与哲学家都需要对于人性中的感性层面有所体会，才能表现出真理的具体面貌。在一个健全的人身上，他所禀赋的理性能力与感性能力不会缺少。我们所需要努力的是顺应感性能力与理性能力的特质，好好发挥它们的能力。

从哲学的分类而言，可以把哲学区分成理论哲学与实践哲学。我们纯粹为了知识本身的目标而追求知识，其结果是为理论知识；理论知识中以获得最高原因与原理为目标的知识，是为理论哲学。形而上学是理论哲学中最根本的部分。如果我们所追求的知识是以获得人生之美满为目标，则是一种实践的知识；众多实践知识当中，以获得人生之绝对美善为目标之知识则是实践哲学，广义的伦理学或价值哲学是其核心部分。

从研究的对象来看，美学（或艺术哲学）的研究应隶属于理论哲学还是实践哲学呢？这个看似简单的问题却包含了复杂的内涵。如果就艺术或美表现真理的向度而言，有关此种能表现美的存在的研究应是一种特殊的形而上学，所以美学应属于理论哲学的范畴。可是如此一来，又和一般人的常识大相径庭。不管艺术是否真的表现真理，一件完美的艺术品确实涵养了我们的人格，滋润了我们的心灵，这何尝不是有益于我们人生的美善的提升呢？所以说美学隶属于实践哲学。

## 四、近代美学的形成

哲学对于美的研究统称之为“美学”（Aesthetics），也有称之为“艺术哲学”（Philosophy of Art）。美学的字源来自希腊文αἰσθητικός（aisthetikos），它本来的意思是“感觉”，相当于英文的 sensation。哲学史上第一位赋予“美学”这个称号的是德国哲学家鲍姆加登（Alexander Gottlieb Baumgarten，1714—1762）。

鲍姆加登在他的《关于诗的哲学沉思录》中提到：

> 由低级认识官能所接受的观念叫作感性的观念。
>
> 一篇感性作品的完善和它的各组成部分能引起的感性观念多寡成正比例。
>
> 一篇完善的感性作品就是一首诗。

所谓“低级能力”（vires inferiores）是相对于“高级能力”（vires superiores）而说的，这两个术语都是源自鲍姆加登的老师沃尔夫（Christian Wolff，

1679—1754)。沃尔夫的哲学只集中注意力于高级能力，他认为那是可以用文字明白地表达的概念，而低级能力只涉及感觉能力，是不能被明白表达的概念。鲍姆加登针对这种理论体系上的缺乏，力图补充之，故强调我们也不应忽略感觉方面的知识，这一方面的知识就以代表感觉的希腊文 aisthesis 来作为总称。

美学的研究范畴可以区分成美的本体论（ontology of beauty)、审美学和艺术哲学三个研究分支：美的本体论是从一个特殊形而上学的向度来研究美的存在；审美学是从审美的主体向度来研究审美对象与审美主体之间的关系；艺术哲学是以艺术活动的结果（艺术品）作为研究对象。

## 第二节　美的主观性及客观性

在《六祖坛经·行由品第一》有一段文字：

> 时有风吹幡动，一僧云："风动。"一僧云："幡动。"议论不已。能进曰："不是风动，不是幡动，仁者心动。"一众骇然。

有两位僧人辩论寺院里的旗子迎风飘扬，到底是风使旗动，还是旗子自己能动使然。于是慧能说了："不是风在动，也不是旗子在动，而是您二位的心在动。"

"美"究竟是主观的产物还是客观的性质，这个问题的争辩就如同上引的禅宗公案一般。一般而言，古代较多采信美的客观论，而近代以来则较多采信美的主观论。

美在客体作为事物的一种性质，美在主体作为主体直觉的一个内容，这个争论一直到了德国启蒙运动时代出现康德的哲学才得到实质的进展。康德从《判断力批判》所发展出来的美学体系，是对于美的主观论和客观论提出一个综合的理论来超越之。

### 一、康德对客观论与主观论的调和

康德首先从审美判断和逻辑判断的形式上来比较两者的区分：就逻辑判断的形式而言，它是把一个表象包含到对象的概念之下。例如"这朵花是蔷薇科的植物”，在这个判断的构造当中，主词“这朵花”就是康德所谓的表象，从科学分析的角度有一个更大的概念范畴“蔷薇科的植物”可以在这个判断的形式当中作为谓词的功能，把主词包含进去。在这个判断之中，只要主、谓词的关系正确，它就成为一个具有普遍性的或是必然性的判断，对于这个判断我们可以通过论证的过程来导出，要求所有的人都必须接受这个逻辑命题为真。

如果我们作了一个类似的审美判断，状况将大为不同。例如“这朵花是美的”，主词和上例的主词相同，但是谓词“美的”对于主词的包含却不是从普遍概念对于个体事物的规范性来强制主、谓词的关系。别人大可提出“这朵花不是美的”判断，也不至于违反任何逻辑。因此，康德说：“鉴赏判断是不能由诸概念来规定的，所以它只是筑基于一个判断一般的主观的形式条件。一切判断的主观的条件是从事判断的机能本身，或判断力。这判断力在运用一个由对象所给予我们的表象里，要求着二种表象力的协洽。即想象力的（为了直观和直观里多样性的组合）和悟性的（为了作为这个组合的统一性的表象）。”

我们发现涵摄“美”的判断形式不同于一般的逻辑判断的形式。逻辑判断的基础在于概念，而鉴赏判断的基础在于感觉。鉴赏判断显示为主观的判断，而逻辑判断显示为客观的判断。

《孟子 · 告子篇》：“口之于味也，有同嗜焉。耳之于声也，有同听焉。目之于色也，有同美焉。”我们的感觉器官的构造彼此相似，所以对于感觉的内容也是彼此相似的，对于感觉所下的判断也是有一定的共同基础。因此，尽管鉴赏的判断是主观的，却也不是杂乱无章的，它们还是表现出某种一致的趋势。这种共同的趋势，康德把它称之为“共通感”（Sensus Commuis）。

## 二、美在主观与客观之间的调和

经过了以上的考察，我们可以肯定地说：美既不完全在客体，也不完全在主体；美既不能舍客体基础而只谈主体的感受是否产生快感，也不能不顾主体的感受能力而尽说客体的规律性或属性就是美之所在。

我们可以发现这里其实包含着双重的特性：

1. 双重的经验。我们同时经验到美的客体和体验美的主体。美的客体是作为有关美之感觉的基础，有了这个客观的基础，使我们的审美判断不至于落空而成为主体的幻想；有了体验美的主体，使我们的审美判断成为有意义的活动，经由审美活动的共感力，使我们也能保持审美判断的普遍有效性，这个普遍性的基础是建基于感性的而不是概念的。

2. 双重的明显性。美的客体的基础和审美的主体共同构成审美判断活动。这双重性是不可再被简化的，而且其理至为明显。

## 第三节　优美和壮美

### 一、壮美

《庄子·逍遥游》开篇：

> 北冥有鱼，其名为鲲。鲲之大，不知其几千里也。化而为鸟，其名为鹏。鹏之背，不知其几千里也；怒而飞，其翼若垂天之云。

这是一个寓言的情境，给我们的第一印象就是超越日常生活经验所能想象的庞大尺度。像这样的对象，我们很难接受用“美”这个观念来涵盖它。作为审美的对象，如果巨大到无法让我们在一个意象当中完整地把握到它的整体，就难于说它美或不美。这个对象无法让我们对它作整体的、统一的感受。

Sublime 一词源自希腊修辞学者朗吉努思（Casius Longinus，213—273），他写过《论崇高》，主要说明的是有关诗体的崇高风格。近代论崇高最有名的人物则是康德，他写过《论秀美与崇高的感觉》，把崇高分为两种：一种是数学的崇高，一种是力学的崇高。

崇高之情感，产生于面对一对象之情绪，这个情绪涵摄一个主观的目的性，凭借着想象力而关系到认识心能或欲望心能。从认识心能产生数学的崇高，从欲望心能产生力学的崇高。数学的崇高是对于量的数学估计为无限大时之意识，这时候对于自然之诸事物对象所产生的估量是纯粹审美的强烈感觉，这种感觉也是依照主观的决定，而不是依照客观的决定。至于力学的崇高，是当我们面对自然的潜力所发生的感觉。这种感觉令我们以为自然有一种内在的潜力，它非常强大，足以超越一切障碍，我们的审美意识面对这种超克巨大障碍的强大力量就会产生像力学的崇高的感受。对于像北海之鲲所产生的审美意识，就可能是一种数学的崇高；而当我们面临自然界的飓风海啸、山崩地裂，就会产生一种力学的崇高的感受。这些崇高的感受通常使人感到严肃或情绪上的不安，而对比于秀美的感受则是使人容易感到欣喜、欢乐。

### 二、优美

关于秀美（或优美）的解释理论有两种派别：一派主张它是由于筋力的节省，另一派主张它是由于欢爱的表现。法国哲学家柏格森提出一个兼采两种理论的学说：我们看见省力的运动，自己也仿佛感觉到它所伴着的筋肉感觉，这是“物理的同情”。这种“物理的同情”随即引起“精神的同情”。我们不但觉得秀美的事物表现轻巧的运动，并且还觉得它是向我们运动，来亲近我们，所以觉得它和蔼可亲。柏格森不否认秀美中有“物理的同情”，但认为“精神的同情”是最要紧的元素。他还认为“物理的同情引起精神的同情”。

## 第四节　美与丑

在《庄子·德充符》里有这么一段：

> 鲁哀公问于仲尼曰：“卫有恶人焉，曰哀骀它。丈夫与之处者，思而不能去也。妇人见之，请于父母曰‘与为人妻，宁为夫子妾’者，十数而未止也。未尝有闻其唱者也，常和人而已矣。无君人之位以济乎人之死，无聚禄以望人之腹，又以恶骇天下，和而不唱，知不出乎四域，且而雌雄合乎前……”

像哀骀它这样的人物在《庄子》中不只一个，在这些故事当中都要说明的一个主题是：外表的丑陋和内在的美德是可以同时并存的，强调“德有所长，而形有所忘”，内在的美德足以超越外表丑陋。

在我们的日常生活当中，总是喜好听悦耳的声音，喜好看鲜艳夺目的色彩。因为这些好听、好看的东西吸引我们的注意，引发我们的愉悦的情绪。反之，难听、难看的东西，招致我们的情绪的反感。那些容易引发愉悦情绪的东西就被称之为“美”，那些容易引发反感的东西就被称之为“丑”。但是，如果一切的审美标准都以直接的情绪反应是否产生愉悦或不适的感受，那么庄子的哀骀它故事就显然无法可解了。

我们建基于日常生活经验里的美丑观念显然太过简单。在常识经验当中所以为的“美”可能不是真正的有审美意识的美，在常识经验当中所以为的“丑”可能也不是真正的在审美意识中所认为的丑，因为它有可能是起因于鉴赏者本身的低层次的感觉经验，甚至是鉴赏者本身的精神境界不高所致。

“丑”这个观念，一般的看法将它视为和“美”呈矛盾对立的情况，意即把它排除在美学或艺术的范围之外；另一种看法认为“丑”和“美”只是反对对立的情况，它也是一种美学或艺术范围之内的观念。

就第一种态度而言，最有名的代表人物就是克罗齐（Benedetto Croce，1866—1952），他认为“美就是成功的表现”“丑就是不成功的表现”。所谓成功的表现就等于是美，是艺术，是有价值的。所谓不成功的表现就等于没有表现，是非价值的，不是艺术，只能是丑。如此一来，艺术里就只能表现美而不能表现丑。这就和柏拉图所主张的在理想国里只能容纳表现赞颂神明和德行高超之士的诗歌如出一辙。

在艺术的表现当中往往出现“丑”来衬托出主题的美。例如在戏剧里，丑角的出现可以一方面衬托主人翁的角色特性，一方面也可以让观众在严肃的情节中借由一些滑稽的动作而得到情绪的舒展。另外，在戏剧里的反派角色在情节的发展当中可能做出一些伤风败俗的行为，但是这些行为不能单独来看待，而必须和整体的情节发展结构一起来看。这时候这些反派角色的行为只能是作为表现整体作品美的一项对比元素。这种情况就如同在一幅绘画作品当中，并不是每一个部分都是光线充足、色彩丰富而饱满的；为了表现整体作品的立体感，光影的对比是不可或缺的，阴影、晦暗的部分也是有其在整体作品当中的积极意义。在这种情况之下，丑的地位仍然只是作为整体作品表现当中的一项构成元素，作品的目标仍然是以表现美为主。丑仍然不是作品的主题或整个作品的目的。

我们应该分辨现实世界所发生的丑的事件或事物和艺术作品所表现的丑的形象。在现实世界当中，没有人会在无任何条件的情况下，乐意地或欢喜地接受“丑”的事物进入生活里。但是，当我们从任何形式的艺术作品里看到丑的形象时，我们的审美意识其实已经把它和现实世界分离，而采取了一种心理的距离。由于有这个无关乎利害与好恶的心理距离，使我们得以暂时摆脱真实世界的牵绊，而可以对它形成一种审美的鉴赏活动。因此，丑的形象也可以成为艺术创作里的一个构成元素。

在现代的前卫艺术的表现手段当中，他们已经不再以表现美为中心主题，因此也不会在乎是否借由丑来衬托美，往往有些作者刻意以丑作为主体或作品主题来表现。这种态度就不是传统美学观点所能范限的。通常这种态度也不是从鉴赏的要求来从事创作，而是把艺术活动当成一种观念的表现。

## 第五节 艺术品

### 一、“艺术”的词源与含义

从词源来看“艺术”的发展，英文的 art 源自拉丁文的 ars，而这个拉丁文的更早前身是希腊文的τέχνη（techne）。τέχνη在古希腊，ars 在古罗马与中世纪，乃至文艺复兴时期，都表示技巧，也即制作某种物象所需之技巧，诸如一栋房屋、一座雕像、一只船、一台床架、一只水壶、一件衣服，也表示指挥军队、丈量土地所需之技巧。techne 也就是英文 technique 的词源。

以“美术”（boas artes）作为艺术的代称源自 16 世纪霍兰达（Francesco da Hollanda）。17 世纪后半叶，建筑理论学者布隆代尔（Francois Blondel）将建筑、诗歌、雄辩、喜剧、绘画、雕刻、音乐、舞蹈整合起来，认为它们之间的共同要素是和谐，而且也是令人感到愉悦。1707 年巴特斯（Charles Batteux）提出“美术”（Les beaux arts）包括绘画、雕刻、音乐、诗歌、舞蹈、建筑与雄辩。

### 二、艺术品与非艺术品

艺术品与非艺术品的区别大致如下：

1. 艺术品之作为艺术品的特质，在于它不涉及实用性，也不涉及科学概念的知识性。尽管同一件物品可能兼具艺术品与实用物品的功能，或兼具艺术品与科学知识的功能，但是使它成为艺术品的特质与这些功能都无关。

2. 观赏艺术品的态度，在于观赏的主体能超脱利害、是非的观念，而纯粹就该物体的整体型态进行审美鉴赏活动；往往这个物件和我们心中的审美观念愈接近，我们就愈肯定它的美的成分。

3. 艺术品与日用工艺品的区别，在于艺术品的存在不是以大量复制为目标，而是以单一、独特、创新等品质为目标；反之，日用工艺品的存在是以大量复制为目标，它要求产品规格的一致性，强调使用的便利性和经济效益。

4. 艺术品也不同于自然产物。艺术品的产生在于艺术创作者有意的创作活动中，经由刻意的安排使它产生预期的审美效果。自然产物也有许多可以成为审美对象的事物，其审美价值在于它偶然地符合了我们的审美观念而成为具有自然美的事物，这种审美效果是不期而遇的，不是刻意经营出来的。

## 三、艺术品的构成

我们分析任何艺术品都可以发现它具有一些构成要素。我们对于构成一件艺术作品的要素，最关心的是它的形式与质料。和形式相关的因素，如风格、构图、造型等等。和质料相关的因素，如材料、颜料或媒体、题材等等。

就材料而言，一件作品所使用的材料影响它所欲表现的情感因素。木雕大师朱铭的“太极”系列雕刻作品，以粗犷的刀法表现出太极拳法的行云流水。如果这个作品用光滑坚硬的不锈钢替代木料，其效果将大打折扣。再者，如果把作品的表面磨平打光，其原有的气势也就一并被磨除了。材质能表现出它特有的肌理，让我们感受到这件作品的立体质感。

一件艺术作品如何在形式上表现它的“秩序与平衡”，或“明与暗的对比”，或“空间的比例关系”，或“动态与节奏”，或“影像与象征性意义”，这些课题都会呈现出艺术形式的相关性。例如，杜尚有一幅名为《下楼梯的裸女》的画作，画家尝试把人体走下楼梯的连续动作表现在一个画面当中，因此我们看到许多流动的人体影像呈现在画面上，表现出具有时间性的动态与节奏。毕加索有一幅名为《格尔尼卡》的画作，使用相当丰富的物像来象征对残暴屠杀的谴责，如伸出手臂握着煤油灯的人物，从倒卧战士手中浮现的花朵，断臂手中紧握折断的刀剑……这些是暗示着光明与新生的一线希望的象征或比喻。

## 四、艺术品的创作与鉴赏

艺术之价值或艺术之美，从现代的角度来看，它既不在主体也不在客体，而是在主体与客体的协调当中。这个主客关系可以从艺术家与创作对象的关系来看，或从艺术家与艺术作品的关系来看，或从观赏者与艺术品的关系来看，或从观赏者与审美对象的关系来看。可以把这些关系以下列图示来说明：

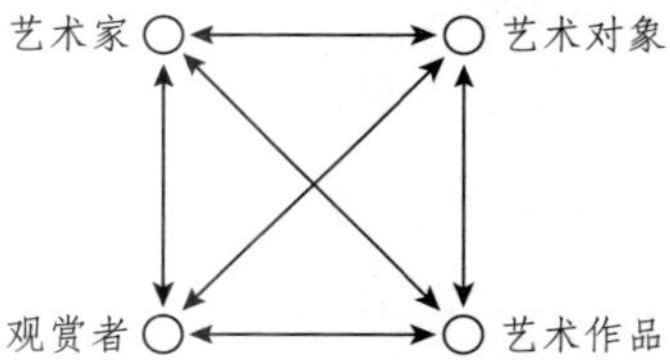


从观赏者与艺术对象之间的审美经验来看主客关系。那个作为艺术对象的存在物，它可以是任何一种事物，只要它能感动人心，吸引审美观照，激起审美情感，都可以是艺术创作所欲表达的艺术对象。对于人而言，无论他是一般观赏者或从事创作的艺术家，都要首先是一位观赏者。

从观赏者与艺术品的关系来看主客之间的关系，我们可以发现艺术品本身就是我们生活世界的一部分。它是一个独自存在的存在物，不隶属于任何人。就如同一个小孩，虽然由父母所生，但是他作为一个人是独立的存在者，而不是隶属于他的父母的所有物。观赏者可以对艺术品进行第二度的创造性诠释。

从艺术家与观赏者的关系来看，他们的共同焦点就是艺术品。艺术品的一个极为重要的存在价值，就是作为沟通艺术家与观赏者之间的媒介。艺术品提供观赏者一个观看的立足点，使观赏者得以看到艺术家所看到的世界，从而使艺术家的心灵和观众的心灵得以沟通。

从艺术家与艺术作品的关系来看主客关系。艺术家个人的生活经验不可能和艺术作品的内涵完全画上等号。一个在现实生活充满凄苦环境的艺术家仍然可以创作出令人感到充满快乐气氛的作品，反之亦然。莫扎特生活上有许多不如意，他仍然创作出许多令人感觉愉悦的作品。

从艺术家与艺术对象的关系来看主客关系，应该就如同我们之前所说明的一个观赏者与艺术对象的关系一般。艺术家与观赏者的不同之处在于，观赏者只能被眼前的艺术对象所感动，却无法进一步将它以艺术的形式加以保存，而艺术家可以通过他所熟练的艺术技巧和艺术创作的构思把艺术对象加以艺术化的再现，而不是照相写实地重制原物品。

从艺术对象与艺术作品的关系来看，一个艺术家能否恰到好处地通过艺术品成功地表现艺术对象，这是我们判断一件艺术品是否成功的依据。“画虎不成反类犬”的例子即显示创作者对于所欲表现的对象的把握能力有问题，这不纯粹是技巧的问题，也涉及艺术家个人境界的层次。作者想要表现的对象跟他所呈现出来的作品之间，以及他的手与心的联系是否能够一致，这同时涉及技巧与境界的问题。就如同《庄子》中庖丁解牛故事中所谓的“技”与“道”的分辨。庖丁能在极短的时间内以极为有节奏的动作把一头牛肢解，所凭借的不仅是技巧，还有所谓“道”的体会，也就是“官知止而神欲行”。

## 五、艺术与人生

艺术在人生里的价值，关键在于艺术与道德之间的关系。我们认为它们之间是一个外在的关系，主要的根据是因为在美学的讨论当中只关切它的研究对象的内在属性与价值，而在伦理学的讨论当中可以研究艺术作品对于其他事物的各种关系。这些关系涉及一件艺术作品所产生的效果，它对人类行为的影响，对社会制度的影响，对人性的普遍影响。

从历史上而言，对于这个问题的态度大致区分成两个对立的立场，那就是“为人生而艺术”和“为艺术而艺术”。

从“为人生而艺术”的立足点来看，它可以延伸出以下的问题：1. 艺术作品是否转变观赏者的人格成为善良的或邪恶的，并且从而影响他的道德行为？2. 如果肯定艺术作品对于道德行为的影响，那么我们是否就可以依据道德的基础来判断艺术作品的好坏，就如同我们褒贬一个人的正邪或社会制度的良窳一般？3. 进一步而言，我们是否有资格以政令或立法的手段来规范艺术作品的创作或发行，甚至禁止某些作品的发行？

从“为艺术而艺术”的立足点来看，则将出现如下的问题：艺术在创作和欣赏两方面，是否都可以免除道德的评判和控制？

这两方面的立场似乎极端对立，但是并非毫无调和的可能。就如马里坦所言：“艺术与道德在本性上是两个自律的世界，彼此间没有直接和内在的从属关系。此二者要是有所从属，也是外在的和间接的。”艺术与道德是不可能互相化约对方，两者各自都是一个自律的世界。它们都可以展现出致力于提升人类精神层次的努力。因此我们也不要轻易放弃艺术与道德展现出自律的调和的可能性，这两者来自同一个精神的根源。

（尤煌杰）

## 参考文献

虞君质：《艺术概论》，大中国图书公司，1996 年。

朱光潜：《文艺心理学》，台湾开明书店，1969 年。

刘文潭：《西洋六大美学理念史》，台湾丹青图书公司，1987 年。

# 第四章　宗教价值——圣

*本章是按照时代的顺序探讨一些重要哲学家们对神的观点和宗教观。不论他们对神有怎样不同的观念，他们都是从各自的角度在谈论一位完美存在的神。*

讨论宗教是一件很尴尬的事情，直到今天还没有出现一个被大家所公认的宗教定义。主要的原因有两点：第一，人类历史中出现过的宗教种类非常繁多，以至于你下了哪个定义总会有些宗教被排除在外。譬如，如果你将宗教定义为“对神的崇拜”，那么佛教就没有被包括进去。第二，定义是固定的，宗教现象是动态的。一个宗教在不同时代和不同地方会改变和调整自己，以响应时代的要求和配合当地的社会脉动。所以我们只给宗教一个很笼统的定义，即“人与神圣界之关系”。

不论哪种宗教，其信徒都将他们信奉的对象看作神圣不可侵犯的，而称为“神”。凡是属于神而属于宗教的也都是神圣不可侵犯的，而与凡俗分别开来。譬如，寺庙和教堂不同于一般公共场所；星期日称为“礼拜天”或是“主日”，也就是在这一天信徒要到教堂去参与上帝崇拜和专修心灵课业的活动，不同于从事一般生计事业的其他日子；奉献自身于神的教士们也不同于一般平民信徒。

不同的宗教属类跟他们对于所崇拜的神的观念有着密切关系。信奉怎样的神就决定你属于怎样的宗教。这种关联性也反映在哲学家们有关于宗教的思想。哲学家们对于宗教各有他们的特殊立场和不同的价值评估，取决于他们对宗教的了解，归因于他们对神不同的想法。这种现象不仅出现在有宗教信仰的学者们身上，在那些无神论者圈子里的人，当他们谈到宗教时亦莫不如此。

宗教也是哲学思想的一个对象，因为对于宇宙和人生之来源与去向、人生有生有死、有痛苦、有善恶等，宗教有一套的解说。简单说，宗教对宇宙和人生有终极的关怀。借着这些解说，宗教试图揭露人生的真相，使人生活得有目的有意义，并且使人在今生今世就能够与神圣界有个交往，心灵有所归宿。对于人类这样的一个文化现象，哲学必然会产生兴趣，要加以了解和反省其中的意义。

宗教是人类历史上的一个普遍现象。考古学发现，哪里开始有人类文明，哪里就有宗教存在的迹象。这是为什么呢？对于这样的一个问题，不能单单以人类心灵的投射来回答，因为这样的回答会产生另外一个更不容易回答的问题：为什么人类的心灵要这样投射呢？当然也不能将宗教的一切用一句“迷信”作全盘的否定，因为这种回答只凸显出说者对于宗教的无知，混淆了正信与迷信的差别。

下面我们就按时代的顺序提出一些重要哲学家们对于宗教的观点，不论他们是有神论者，或者是无神论者；然后从我们人天生本能来看宗教的产生，以及宗教信仰应有的理性基础。

## 第一节　古希腊哲学家

古希腊哲学家们一般对于宗教的价值是持肯定态度的，只是对于当时民间盛行的神话信仰颇有微辞。因为荷马与赫西奥德的神话史诗把诸神明描绘得像人一样有七情六欲、绯闻不断，思想家们顾虑这样反倒蒙蔽了神明的真相。因此，他们一方面批评神话的多神信仰，另一方面不忘提出他们认为正信的“神”的观念。

### 一、苏格拉底之前的宗教观

对于民间的神话信仰，赫拉克利特很不以为然。他批评说，民众对着泥塑的神像祷告就像对着房子讲话一样滑稽。虽然如此，他仍旧主张，在万物生成变化、流转不息中有不变的普遍法则，即世界理性，它是神性的。

对神话多神信仰的批判，最常被提出来的则是色诺芬尼。他反对的理由在于，荷马与赫西奥德的神话史诗将窃盗、通奸、欺诈等卑鄙无耻的恶行恶状也都归诸神身上，这乃是拟人化神明使然，也就是把人类的性格赋予神明的原故。假设人可以凭借一己的幻想拟人化地创造神明，那么“埃塞俄比亚人说他们的神是狮子鼻黑皮肤，色雷斯人说他们的神是浅蓝色眼睛红头发”未尝不可，以此类推，那么如果牛马能够描绘它们的神则诸神岂不都要变成牛头马面，完全丧失掉身为神明的尊贵和美善了。另一方面，他积极提出，真“神”唯一、不变、与万物一体，用理智推动和主宰一切。色诺芬尼对“神”的这种观点后来成为基督徒哲学家们讨论上帝的楷模。

## 二、雅典学派的宗教观

在哲学史上因信仰而付出最惨烈牺牲的，莫过于苏格拉底的殉道。他以“亵渎神明，腐化青年”的罪名被判死刑。实际上他是笃信神明的，只是不信太拟人化的神话神明，尤其他教导人的是“良心是神明呼唤人的声音”。在坐牢期间，他仍旧与朋友和弟子们侃侃而谈灵魂的不朽和人生智慧等问题。他不听众友的劝告不肯逃亡他邦，坚持他向来服从法律的原则，终于从容饮了狱吏奉上的毒酒溘然长逝。为什么他能够这样洒脱地死去呢？这是因为他坚信在他良心内说话的神明，相信人死后灵魂继续存在，可以获得生前得不到的正义。他最关心的哲学问题便是所谓“灵魂的关怀”。他在宗教哲学史上的贡献是他用生命证明了“神”具有道德的性格。

柏拉图则认为，那些虚构神话的诗人对社会的健康具实在的危险性，应当将他们驱逐于城邦之外。他尤其受到他的老师苏格拉底从容赴死的感动，不仅相信人的灵魂不朽，并且为之提出六个论证。此外，他也论证自满自足的至高神的存在。他主张有所谓理念界的存在，我们的世界是那个理念界的影像。理念界中的理念有高低的差别，最高的理念是“至善”，是“美自身”。综合来说，柏拉图的思想已蕴涵了神是真、善、美自身。

亚里士多德的形而上学不单以上帝为最高的对象，而且从运动证明上帝是“不动的原动者”。因为他讲的运动是从某一件事的“潜能”到其“实现”的一个变化过程，这个运动必须来自某个实现的推动，这个实现本身也是由某个潜能变动而来，这样推动的过程可以一直往后推溯，但是最后必须由一个

"纯实现"来推动，它本身则不再被推动。因为最高的实现不再有潜能，所以它本身不再被动。上帝是这个"纯实现"，是最完美的存在者；因此上帝既是世界创造性的"第一因"，也是一切所以变动的"目的因"。人生最高的幸福便是，生活在对上帝的默观。亚里士多德对上帝的这些观念日后成为基督徒哲学的基本概念。

## 三、希腊主义哲学的宗教观

在亚里士多德之后，希腊三个主要学派对于神各有不同的看法。

斯多亚学派喜欢用自然界来寓意神明的存在。克吕西波斯（Chrysippus，公元前280—前207）就说，宙斯是宇宙至高统治的理性和灵魂。这种解释已经不是单纯的自然寓言，而是表达了神明为整个自然界的过程负责。斯多亚学派的宇宙观是泛神论的，神是灵魂，自然界是躯体。这样他们借着寓言，化解和转变神话拟人化的多神信仰成为具有神性的宇宙观。

伊壁鸠鲁则讨论起宗教信仰的起源。根据他的说法，神明信仰是人类心灵的一种病征，起源于人们对神明与来世的恐惧。由于恐怖的自然现象诱导人去探索它们背后的存在物，而自然的可怖现象不容易让他们想象在它们背后的是位施惠的恩主。人们相信行恶的人在来世会遭受到惩罚。因此他们创造了神明。智者并不害怕神明，因为神明不管人间的琐事。

按照小说家欧伊迈罗斯（Euhemerus）的说法，神明原是人，因为有功德而被列入神班。希腊神话信仰中英雄与神明之间是有关联的。亚历山大帝在位时就已经被当作神明来膜拜。

普罗提诺是新柏拉图主义中常被提起的一位代表。他相信宇宙万物一体，一切来自于一个共同的最终原因，称为"太一"。从太一流出一切。这个流出不像水流，而是像太阳普照一切，它自己毫无损失。一切源自于太一，一切最后也要回归太一。要回归太一必须除去障碍物，这障碍物就是物质，包括我们的肉体。因此，宗教的修行是必须的。先是净化，要把我们内心的物质性和肉欲除掉，然后才能够超升。所谓超升，就是要达到忘我的境界，把自己有肉体的存在都忘得一干二净，心神向往的只是太一。

斯多亚学派和新柏拉图主义代表的都是一种泛神论的人文信仰。对于宗教，古希腊哲学家已有了正信与迷信的区分，他们批判神话拟人化的多神信仰，提出他们认为正确的“神观”，并讨论宗教信仰的起源问题。

## 第二节　基督徒的哲学

在公元之初，基督教产生。基督教的形成，是出自于耶稣在希伯来人犹太教内的一次大革命。两个宗教一致相信只有一个上帝，是天地万物的创造者，是自有者、全能、全善及全知。在创造之后，上帝还进入人类的历史传达自己，主动与人类交往；所以两者都属于上帝启示的宗教——相对于源自人类文化所形成的人文宗教。记载上帝在人类历史中的自我启示和与人类交往的书籍称为《圣经》，它与教会的传承同为其信徒所当信奉之教义的最后根据。这两个宗教不同的地方，关键在于基督教相信耶稣基督是上帝之子的降生，同时是希伯来人《圣经》所预言要来的那位弥赛亚——“受傅者”（即“救世主”），而希伯来人犹太宗教不信这个。记载耶稣基督的事迹、他的使徒们传教的情形及使徒们留下来给信徒团体的牧函，还有默示录等，合并称为《新约》或是《新经》。希伯来人原有的《圣经》则被称为《旧约》或是《旧经》。在基督教内，《新约》与《旧约》合并称为《圣经》；希伯来人犹太教不承认《新约》。根据《圣经》的启示，上帝主动来与人类交往是扮演着既是创造者又是救援者的角色，因为百姓有苦难。而人生的苦源归咎于人类自己犯下的罪恶。基督降生并受苦受难致死，就是要来为人类赎罪。他的布道就称为“福音”，因为他呼吁人们要忏悔己罪，并宣告悔改可以获得罪赦，还能够与上帝重新建立和好的关系，甚至成为“父子的关系”，即有所谓“地上神国”的来临。这样的福音，它的可信度建立在基督死而复活的奇迹，这个奇迹同时也启示和保证了来生来世永远幸福的可能性。

基督教泛指天主教、东正教和各派的基督新教。它是一个典型的制度宗教，有教团，称为教会（即信徒团体之意），有信徒们当信的教义，有他们在生活上当守的教规和祭献（弥撒）时当行的教仪，有神职人员。现在已成为世界最大宗教之一的基督教，创教之初并不很顺利，一开始就受到希伯来人犹太教的排斥，也不断地遭受罗马政府惨烈的迫害；当它在希腊与罗马文化圈传开后，又面对了异教知识分子的质疑。于是基督徒学者试着采用希腊哲学的概念和论证的方式，以及斯多亚学派和伊壁鸠鲁学派对古代多神信仰的批判，来为自己的信仰作辩护，遂产生了基督徒哲学的两大学派：受柏拉图理念论影响的奥古斯丁主义（Augustinianism），与建立于亚里士多德知识论和形而上学的托马斯主义（Thomism）。托马斯 · 阿奎那将柏拉图的理念论修改后一并整合入他自己的思想体系里，即主张可经验事物的存在是分享了“存在自身”（即上帝）的存在。

## 一、教父时期的宗教观

以哲学的方式来阐发基督徒的信仰，第一个做出成绩的是查士丁（Justinus，100—165），他沟通《圣经》信仰的至上神与希腊哲学的最高概念。这样上帝既是柏拉图思想中的“善本身”，也是亚里士多德哲学里的“不动的原动者”。接着伊里奈乌斯（Irenaeus，126—202）强调，上帝的创造与救赎是一体的两面，《旧约》与《新约》一贯不可分，世界来自上帝的创造，即所谓的“从无创造天地”。这创造是出自上帝的自由意志，因为上帝是善本身，它要将自己的美善显示于外。因此上帝创造的世界，一切都是美好的，尤其“人”最好。人的灵魂与肉体结合成为不可分的一体。这灵肉一体说，给予后来的中世纪哲学很大的启示。

以哲学的概念来阐述基督教的信仰，基本上预设着哲学与神学的会通，理性与信仰的相辅相成。不过基督徒学者中也有逆向而行的。德尔图良（Q. S. F. Tertullianus，150—220）首先发现理性的极限。他认为理性永远不能懂得信仰，人的智慧在上帝的智慧前实在算是愚蠢，因此《圣经》的信仰与希腊哲学没办法调和。有了启示之后，人不必再从哲学中去找真理，而应该到《圣经》内去找。早在此时，他已说了：“因为荒谬，我才相信。”1600多年后，我们发现克尔恺郭尔有着与之雷同的思想，只是出发点不同。对克尔恺郭尔而言，在上帝与人类之间存在着无限的差异，对上帝我们只能信仰，不能够作客观知识的把握。他这个非理性的信仰，不单不建立于理知，而且是反理知的，如同他所说的：“如果我能够客观掌握上帝，那么我不是信；但是正由于我不能够，所以我必须信仰。”

主流的基督徒学者们还是努力寻求哲学与神学、理性与信仰之间的会通。终究理性和信仰是同源的，都是来自于上帝。奥古斯丁的学说融合了希腊哲学与基督信仰，主张理知与信仰相辅相成，于是他走出了两条通路——“你明白吧，好使你相信”的理知进路，与“你相信吧，好使你明白”的信仰进路。他先是属于摩尼主义（Manichaeism）的信徒。这是一个主张精神与物质对立、光明与黑暗对立、善与恶对立的二元论。离开摩尼主义回归基督信仰之后，他将世界万物一切归诸唯一上帝的创造，称为“从无中的自由创造”，借以表达上帝对受造界绝对的主宰权，与受造界对它完全的依靠。从此，他看恶是善的缺乏，没有自己独立的实存，所以不能够说恶也是来自上帝的创造。至于道德上的恶，则是出自人对自由的滥用。柏拉图的“理念”现在成为上帝创造时的观念。斯多亚哲学里的世界法则成为上帝创造时安置于事物内的自然法则。它还赐给我们的心灵有天生的永恒不变和必然的真理。意思是，在所有不完美的心智活动中，我们碰到完美，在相对中接触到绝对，这样我们在情、意、智的追求中遇到上帝。因为上帝是那完美者，不完美的不能被思想。他为真理和善本身，他是一切真理和价值的本源。因此，上帝不单是创造者，也是人类的归宿，不只是在来生来世，而且就在今生今世，正如《忏悔录》第一章指出的：“我们的心是为你而造的，除非安息于你，我们的心将永不安宁。”后来主张天生上帝观念的学说都可以追溯到奥古斯丁思想的影响。

奥古斯丁说“信则明”，安瑟伦（Anselmus of Canterbury，1033—1109）则提出“信求明”的格言，给基督徒哲学指出了一项该当履行的任务，即寻求给予信仰一个哲学的系统说明。他因此被尊称为经院哲学之父。他也如同奥古斯丁一样，肯定天生上帝的概念，即“不能设想比之更伟大者”。这个概念蕴涵后来笛卡儿、莱布尼茨与康德等的上帝观念——“最真实的存在”和“最完美的存在”。从这个上帝概念，安瑟伦推论出上帝的存在，即著名的本体论证，或称存在学论证。如果至高者仅存在我们的思想中，也就是只是个思想物罢了，那么它就不是那个可思的至高者，而应当还有那样的一个至高者，它不仅被我们所思想，并且实际存在。这个论证有人接受，例如波拿文都拉（Bonaventura，1221—1274），笛卡儿加以发挥，而在近代成名，莱布尼茨也应用它，黑格尔则为之辩护，这些思想家在某一意义上也都肯定天生上帝的观念。由此可见，存在学论证针对的不是无神论者，不是用来说服他们相信上帝，而是针对信徒们，给予他们的信仰一个理性的基础罢了。不过也有学者不接受这样的论证，例如托马斯·阿奎那和批判期（成熟期）的康德。

## 二、密契主义

基督徒哲学除了知性进路，还有一种属于情意的、修行的、诉诸于心灵内在对上帝经验性的认知，即密契主义（Mysticism）。这是一种深度宗教经验的认知，但不是直观到上帝本身，而是求不受想象力影响的纯精神的认知，内心与上帝结合。他们用于描述的语言是象征的与否定神学的。他们受到的主要影响有来自于奥古斯丁的思想——他说过“上帝比我更内在于我”，也有来自普罗提诺的“忘我”的超升意念。但因教义不同，密契主义要达到的结合不是融入太一，而是在圣三（上帝一体的三个位格：圣父、圣子、圣灵）内爱的结合。除此之外，还有狄奥尼修斯（Psetado-Dionysius）思想的推波助澜，他在《密契神学》（*Mystica Theologia*）中提及达到上帝的三条通路：第一条通路是“积极神学”，指出上帝的各种积极特性，如全能、全知、全善等等，所应用的是肯定法，将在人身上发现的美善归诸于上帝；因为人是上帝所创造的，则从人身上发现的美善，理当推论上帝也具有那样的完美性。第二条通路是“消极神学”，指出上帝的消极特性，如不可知、不可形容等，所应用的方法是否定法，即在受造物所发现的不完美性，不能指涉到上帝身上去。第三条通路就是沉思、默观，到“忘我”，忘掉自己的存在，用这种“忘我”的方法使自己与上帝结合。

## 三、托马斯 · 阿奎那的宗教观

主流的基督徒哲学采取的仍然是理知的进路，而集大成于托马斯 · 阿奎那。他对于神学与哲学在方法上已有清楚的划分。神学的运作根据的是信仰的启示，哲学则是建立于人自然的理性之光。两者之间事实上只是方法上的不同，因此对于同一个主题两者可以彼此互补。在此前提下，托马斯 · 阿奎那综合了教父传统，尤其是奥古斯丁的思想与亚里士多德的哲学体系，并且达成以哲学系统阐发信仰的目标。托马斯 · 阿奎那不承认有所谓的先天观念，包括先天的上帝观念，因此顺理成章地他反对存在学论证的证明方式。他也不认为上帝的存在只有靠超自然的启示才能获知，所以他有名的“五路论证”都是以可经验的事实作为根据，应用因果原理，推论出上帝的存在。

关于创造者上帝与受造的人类和世界之间的关系，托马斯 · 阿奎那注意到，受造物是可有可无的“偶性存在”，但是一旦它们存在，就必须有使其存在的原因，而这个原因最后必须是“必然存在”，意思是它的不存在不可能。换句话说，创造者上帝是“必然存在”。它自无创造一切，否则上帝之外有永恒物质，那么它就不是一切的原因。它是有意志的创造万物。而所谓的创造，其实就是存在的“分享”。上帝是由己存在的“存在自身”，是唯一的；其他存在不是由己存在，只能是分享了上帝的存在。不同的分享，有不同的存在的完美。受造世界在存在上分享上帝的存在而相似上帝，这个相似意思是有所同有所不同，在逻辑上就称为“类比”。而世物真正的本质是上帝在创造时有的观念。又由于受造存在是靠“分享”才存在的，属于可有可无的存在，所以世界不只是在创造之初，而是常常依靠着上帝的支持才继续存在。不过上帝就为万物存在的原因，他与世界的原因属于不同的层面：上帝是“第一因”，使一切原因成为可能，因为是他给予一切物“存在”与“活动”；这样受造界一切的活动无不在“第一因”的力量内接受其支持。世界内的原因则统称为“第二因”。

托马斯·阿奎那最喜欢用来表达上帝的是“自立存在自身”（ipsum esse subsistens）。因为“上帝的本质无他，即其存在”，或说“在上帝内，存在自身即其本质”。上帝是最圆满的存在，拥有一切完美，无以复加，因为在他内一切本质都实现了，所以又称为“纯实现”。受造物则有本质与存在的区分，因为受造物并未把它们的本质完全实现出来。无论在概念上、时间上、本性上与目的上，实现都先于潜能，因此托马斯·阿奎那能够证明，上帝既是存在的开始，亦是存在的终结。就为纯实现，上帝是一切受造存在的开始，因为实现先于潜能，是它赋予存在的；上帝也是万物的终极归宿，因为实现是潜能的完成。

此外，托马斯·阿奎那证明人的灵魂不朽，也阐述在人的良心内，有首要和自明的伦理原理。伦理原理是天生的，人人知的。其分享了上帝的价值与真理，称为神律的分享。关于人生的目的，他承继古人和基督徒哲学传统的思想，在真理之观中讲人生至福，在上帝之观中看人生幸福之目的。这个就是托马斯·阿奎那的理知主义：幸福的本质存在于理知的行动；因为只通过理知，我们才洞视生命的最高目的。按照亚里士多德的观点，幸福应当在今世可以获得圆满；对托马斯·阿奎那来讲，至福在来世才能够实现。

## 第三节　启蒙时代的理性宗教、自然宗教与自然神论

欧陆在近代经历宗教改革与国际情势的变化，与不同文化圈和不同宗教的接触，促成哲学家不只是对自己的信仰，而且也对宗教之为宗教作理性的思考，结果形成了普世性的“理性宗教”与“自然宗教”的概念，尤其在科学的机械论世界观下产生了“自然神论”。在思想发展上，三者彼此配合。其历史背景错综复杂，主要归纳于下列三个因素：一、新兴的科学促成了世界观的改变；二、宗教改革运动的结果；三、启蒙运动对权威的质疑。

### 一、新兴的科学促成世界观的改变

在启蒙运动时期，西方世界进行着整个世界观的大革命。其中一个重要的因素，是牛顿（Newton，1642—1727）机械世界观的流行。世界被视同一部大机器，其内部一切大小事件都由同一的普遍因果法则所决定。据此，宗教上向来归于上帝对自然界和人类历史所作特殊策施的奇迹和启示都被归列为外来的超自然的干预，而被认为不可能。

早在 14 世纪时，奥里斯梅（Nicholas of Oresme）就已经将上帝比喻为一个技艺精良的钟表匠，他在太初给这个世界上了发条之后，就不需要再来作任何的修改和支配。自然神论（Deism）者就将上帝看作世界这个大机器的建构者，他创造世界和世界内在的因果法则之后，不再来干预这个世界，而让它依凭自然法则自行运作发展。这样的主张才愈显上帝的伟大。宗教上所谓的超自然现象，他们认为事实上都是些自然事件，只适宜作象征性的诠释。依据他们的看法，承认任何的奇迹与启示，等同承认上帝有再干预其伟大建造的世界机器的必要，这对一位全能全智的创造者来说是大不相宜的。

### 二、宗教改革运动的结果

宗教改革运动的结果形成不同的教派，各自都声称拥有绝对的真理与得救的方法。这在信徒之间造成宗教意识的混乱和不确定感。不再有教会内信仰的保障，每个人要按照自己的良心、自己的主观信仰，自己作抉择。学者们对人在世界的反省也就不再是中世纪神学观的受造物，而是理性自律的主体。

影响更深远的则是在新大陆发现之后，来自非西方文化与宗教的冲击，尤其是与东方宗教的接触。西方的宗教思想家发觉，他们所信奉的《圣经》人类宗教史不足于包容和说明其他形式的宗教的存在，遂产生了基督教与其他宗教之间的关系等疑难问题。对此，一般思想家存着宗教宽容的态度，开始询问宗教的本质。在西方哲学史上，这个时候宗教才作为宗教被提出来讨论，因为不同的宗教相遇时才会触发宗教到底是什么的本质问题来。

有学者尝试在各种不同教派和不同宗教信仰之中寻找它们的共同点，而产生了建立于理性的自然宗教，即人文宗教。被称为英国自然神论之父的赫尔伯特（Lord Herbert of Cherbury，1583—1648），就为了扩大宗教的观念，在《圣经》的启示宗教之外引入了自然宗教的观念。它不溯源于超自然的外来权威，而是奠基于所有人类的共同理性和共同信念，即寻找一个普世宗教。赫尔伯特所列人类共同的宗教信念包括创造者上帝存在、人有朝拜上帝的本分、道德与虔敬是朝拜上帝的主要课题、人应该忏悔己罪以及人人在来世将按今世的行为受赏或受罚。

另有学者将启示的基督教理性化而自然化，意思是说基督教并没有什么特殊性，只是建教的方式与其他自然宗教不同。廷德尔（Matthew Tindal，1657—1733）就更进一步将《圣经》的启示宗教与自然宗教同一化。在只有一个上帝之意志和仅有一个真宗教的前提下，他坚持《圣经》所启示的与建立于人之理性和事物之本性的自然启示在内容上并无不同，也无所增加，两者的差异仅在于不同的启示传达方式——《圣经》的启示是外在的启示，自然启示则是内在的启示。他的著作《与创造同寿的基督教》（*Christianity as old as the Creation*）充分表达了他的这个宗教理念，而被喻为“自然神论者的圣经”。

### 三、启蒙运动对权威的质疑

在反权威的启蒙运动下，代表传统权威的观念和制度不断受到理性的质疑。当时所谓的“自由的思想者”（free thinkers）就主张，理性的活动不应受到任何传统和权威的限制，即便是来自教会和《圣经》的权威也不例外。

在宗教思想方面，自然神论者追求理性的宗教。他们认为真正的宗教只建立于理性，而反对宗教的超自然化，摈弃任何依据理性之外其他权威的宗教命题。因为在当时启蒙运动的口号“理性至上”之下，思想家要求以合乎理性和科学的态度讨论宗教，寻求以理性去说明宗教。简单地说，理性宗教主张：

真正的宗教根基于理性，否则就是迷信；通过自然理性的推论人能够认识上帝；基督教没有什么超乎自然的特殊性，它如人类一样古老。

洛克本人不反对启示的观念，也拒绝将基督看作仅是一个纯自然宗教的布道者，但是他的著作《基督教的合理性》（*The Reasonableness of Christianity*），尤其他以理性作为启示的审断者的思想，成了基督教理性化的有力推动。自然神论者根据他的思想做更极端的发挥，将基督教说成一个纯理性的自然宗教。托兰德（John Toland，1670—1722）的著作《非神秘的基督教》（*Christianity not Mysterious*）即是当时自然神论者理性化宗教的一个代表性的作品。

理性宗教、自然宗教与自然神论的支持者，共同推动了将基督教理性化而自然化的思想运动。笼统地说，他们相信这个世界及其疏而不失的自然法则和次序都来自上帝的创造，并且认为这个可以通过论证作理性的证明。自然神论者所凭借的是一个封闭的机械世界观，否认上帝对它所创造的世界作进一步的支配，因此也否认奇迹和超自然启示的可能性。顺理成章地，启示宗教被认为不可能，唯一被承认为真宗教的只有建立于理性的自然宗教。虽然他们并未否定上帝创造世界的真理，但是在封闭的机械论世界观之下必然会使得世界彼岸的“建筑师”成为多余的。在宗教意识上，上帝逐渐变成一位对现实世界“缺席的上帝”。

靠着迷人的科学世界观和理性主义的诉求，自然神论曾对当时许多的知识分子产生巨大的影响。今天已经没有哪位深思熟虑的思想家再坚持自然神论的立场，理由在于：一方面机械论的观点明显地不能说明世界内有我们人自由意识的存在，另一方面自然神论者在论到上帝为世界大机器的创造者时显然限制了“第一因”的形上意义，而混淆了创造者的“第一因”与受造界的“第二因”的作用。

宗教理性化而人文化的结果：宗教的行为跟着成为人文的道德行为，对于宗教的起源也只能作人文化的说明。在此脉络下，我们就可以容易了解休谟和康德的宗教观。

## 第四节　自然神论者的宗教观

### 一、休谟：心理学的宗教史

休谟在自然神论的观点下反对无神论，对理性宗教的可能性则采取怀疑和不可知论的观点，因为按照他经验主义的判断，人的知识只及于经验的范围，而上帝的属性和行动都不是人所能够经验的。不过他支持自然宗教观，赞同对创造者上帝的朝拜。

对他来讲，宗教是信仰。信仰非理知的，而是属于某种的感觉。在其著作《宗教的自然史》(*Natural History of Religion*) 中，他以心理学的观点说明宗教的起源和发展。

根据他的说法，宗教的产生，不是起源于理性的思索，而是出自人类精神内在的需要。生活的变迁、命运的不可把握、对将来的忧虑，以及对死后的不安，引发起对超能力的信仰感觉以满足希望与减轻恐惧。又由于人心灵的不安和希望是多样化的，所以人类最早的宗教形式应该是多神信仰的。后来在诸神中产生了一个父神或是民族的神，信徒们对之特别地敬畏和谄奉，而再加以推崇成为世界的神，最后发展为一神论的神。

有关宗教的本质，休谟指出宗教对人心灵的安抚作用，而不在于理性客观的认知。但是他对理性推论的排斥，又没有实在神圣界的概念，在实践上，能使宗教走向迷信，在理论上能够走向心灵投射说，如同后来费尔巴哈对宗教的批判——上帝是人的创造，实际上人崇拜了自己的渴望。至于宗教发展的过程，是如同他所主张的由多神信仰进化到一神的信仰，或是由一神的崇拜退化到多神的朝拜，应当视当地情况而定，不能一概而论。

### 二、康德：道德朝拜的宗教

康德是活在启蒙运动时代中的一个自然神论者。他支持机械论的世界观，提倡理性宗教，强调真宗教应当是属于人人的自然宗教。具体地说，就是人文的道德朝拜的理性宗教。

他所谓的理性信仰的对象，不是教会内当信的教条信仰，而是理性的先天对象，包括完美的道德实践、“福德一致”的终极目的，及这两者的先决条件——灵魂不朽与上帝存在。因此宗教是我们把道德义务当作上帝之命令的认知。宗教是以上帝为道德的立法者与审判者，所以宗教是道德朝拜的宗教。不仅肯定道德的实践能够是宗教性的行为，而且认定宗教全然属于道德，只有道德才是真实的宗教行为。真宗教的本来目的就是要达到道德的改善。

一般的宗教除了道德实践，还有教团、教义与教仪等非道德性的构件，它们在纯道德的宗教的概念下如何定位呢？康德对此双管齐下：一方面他道德作用化上帝的概念，即上帝为我们是道德的立法者和正义的审判者；另一方面他工具化诠释宗教内非道德性的构件，教会内的教条、教规、教仪、甚至教会本身仅有工具和方法的作用，它们存在的意义在于推进道德的实践和坚定道德朝拜的目的。简单地说，教会应当借这些非道德性的构件将教会的信仰转化成为纯道德的宗教信仰。

康德的道德主义宗教观在宗教哲学史上的意义是他开始有系统地人文化（或称俗化）宗教信仰。问题是，道德有它自己独立的系统，不必然具有宗教性。此外，他所讲的上帝是一个道德化的自然神论的上帝，他在世界的彼岸，是一个所谓在今世缺席的上帝，人只能以道德朝拜他，然后等待来世他的审判，而在今世并没有实质的“人与神圣界”的交往关系。上帝与世界和与人类之间的这个距离要等待德国古典唯心论者来沟通。

## 第五节　德国古典唯心论：上帝是绝对主体的宗教观

在康德的宗教思想里上帝与世界分离，德国古典唯心论者以上帝为绝对主体，试图统一康德所造成的对立。他们使用的方法是将上帝视为一位生活的绝对主体，使他包容和内在于世界，而达到宗教上主体与客体的统合。上帝成为内在于世界和人之意识内的第一位格，但所完成的不是一个单纯的和静态的泛神论，而是“万有在神内论”（Panentheism）形式的动态泛神论。

### 一、费希特：道德理性直观的宗教观

德国古典唯心论者一致认为上帝是唯一存在者，他外是他的呈现，因为他是纯生命，他有自我实现的过程而这个过程包容和呈现于世界过程。在这个大观念之下，费希特强调，“道德的世界次序”就是上帝，上帝就是“道德的世界次序”。因此信仰这个就是信仰那个。他所谓的“道德的世界次序”，不是具自然法则性格的已完成的世界次序，而是指次序安顿的行动本身，称为“能安顿的次序”。在自然事物内的一切事件、一切生命和交织、一切力量和抗拒，是上帝的生命。所有人的生命也是上帝的生命。我们内的一切道德意志是上帝的意志；我们所有的认知是上帝在我们内的认知。若说上帝是“绝对

知”，他在我们人的认识主体内实现自己。在我们己内最深的根源处，我们自己是上帝的存在。在宗教的实践上，我们必须除灭自我和自己的自由，完全地“沉入上帝内”。在自我消灭的时候我们还使用自由，此后不再有自由，因为自由已用尽。完全“沉入上帝内”是唯一真自由的行动，每人一生只有一次，此后不再有堕落的可能。若是再堕落，那表示事实上并未作那样的抉择。而只有不完美的意志，还有行善与作恶的可能，也就是说还有自由。道德完美的意志不再有“应当”，因为它已固定于上帝，不再有自由。

费希特宗教哲学的实践意义在于：至福不是在坟墓的彼岸，天国不只已临近了，而且就在此生此岸，在我们中间，即在与上帝的真正关系之中。这样他超越了康德和所有自然神论只在彼岸的上帝信仰。

## 二、谢林：神剧的宗教观

就为德国古典唯心论的一员，世界过程在谢林的哲学里同样是上帝自我实现的过程，而核心问题是恶之来源。因为上帝是世界绝对的来源，所以应当能够在上帝本身内指出恶的来源，而不至于牺牲掉它是绝对的善。谢林思想的出发点是：凡存在的，有使其存在的基础。凡被产生的存在，例如我们人类，其存在的基础在己外；上帝是绝对存在，他存在的基础只能在己内，但不能就是他本身，而是在他内与他不同的一个元素。在他内，“存在”与“存在的基础”之间是一种非时间性的因果循环关系。上帝有其存在的内在基础，就此而言，存在的基础先于上帝；但若无上帝实际的存在，存在的基础不能是存在的基础——就此来说，上帝先于其存在的基础。这个在上帝内的非他本身，是个非理性的黑暗意志，要生育自己——就是说上帝要经世界的实现陈述自己，创造的世界史成为上帝自己生育自己的历史，恶的根源即在此。

上帝内的这个分化进入世界，则黑暗的元素和光明的元素支配着整个受造界。因黑暗的元素世界与上帝分离，因光明的元素世界在上帝内结合，但两者之间有本源和终结的统一。整个的创造过程，是从太初的黑暗元素转变到光明的一个内在的变化过程，则本性黑暗的元素同时是那个要转变成光明的元素。从黑暗到光明的提升，在人表现在个人意志对普遍意志的就范。个人意志是盲目的意志和欲望，它的根源在上帝那古老的黑暗元素，永恒追求着自己，是反抗光明的意志。人内有天生的恶，也有天生的善，所以人常有悔改的可能性。

善出于“个人意志”与上帝意志的结合。恶则是摆脱上帝。因此，道德最后是宗教性的，都与上帝的关系有关。

但是“恶”不是自己独立存在的势力，也不是善的全等值的对立；它是善的滥用，而称为“堕落”。它是寄生于善的力量。因为一切活力基本上都是向善之力。因此，善与恶两元素在地上之战自始就不是同等的争斗，而是无能对全能的反叛。恶从善所夺走的力量本身非恶，它最后乃属于善，最后仍要无误地再回归于善。受恶之势力控制的世界仍然有向善奋斗的出路。

从上帝神生观点来看这个过程：当上帝在原始状态，在一切启示之前，他只隐含着他是什么；此时他尚在一切对立的彼岸，他完全不分而处在中立的状态。当上帝进入启示的过程（即世界过程），他受对立奋斗的统辖。当上帝完全的自我启示，此时是上帝的完成状态，也是一切事物的终结，一切对立统一而和谐。只在完成状态下，上帝才是他的整体，他的本质才是位格性的，因为他的整个本质只在他外显和实现的完成状态中出现。

恶只在过程中存在——在上帝内黑暗的意志是恶的基础，不是恶本身，它最后要消失，要转变成为善。为何需要这么一个过程和恶呢？为什么不在起初就是完美的呢？唯一的答案是：因为上帝是生命，而不单只是存在。凡有生命的有命运，隶属于苦难与生成变化之下。上帝自愿这样隶属于，为成为位格，也就是为了他的自我实现，因为在生成变化当中存在才感觉自己。

在宗教哲学史上，谢林开始了上帝受苦的说法，继起的有黑格尔的上帝死亡的说法以及现代上帝受苦与天主死亡的神学。

## 三、黑格尔：主体性合一的宗教观

在黑格尔的系统里，宗教哲学是哲学中的一门；而他的整个哲学大系统就是一部大的宗教哲学，因为他的整个系统是绝对精神（上帝）自我意识的辩证过程的陈述。因此，当他在哲学处理杂多层级的世界时，他就在处理上帝本身。在世界有机发展中显示的即上帝的存在。

黑格尔也区分狭义的宗教的信与哲学的知，两者形式不同，前者是依托和崇拜，后者是概念的掌握。但是两者的对象同是唯一的绝对者上帝。上帝是绝对精神，绝对精神的本质是对己之知。上帝的知已不全在世界的彼岸，而在我们人的意识内。反过来说，人在宗教上的意识是上帝在人的意识内的自我意识。人在哲学上的意识，是上帝在真理的意识，也就是达到意识之实现的意识。在此我们可以了解为什么在《精神现象学论》中黑格尔要从宗教辩证到哲学，而非相反，因为对黑格尔而言，上帝绝对精神的本质是思想。因此宗教的信要在哲学的知才得其圆满，即精神才在精神的形式下认知自身。

宗教的本质是有限生命向无限生命的提升，这个只在有限精神的人类才可能，更正确地说，宗教是有限精神与无限精神的合一。这种合一是“主体性的合一”。从有限精神的观点来看此合一过程，它是个有机辩证的宗教现象，它一步步从最直接的纯感觉辩证到艺术，从艺术辩证到想象，再从想象辩证到哲学概念。在最直接的纯感觉中，人在自然中经验上帝。在艺术，人在自己的创作中经验上帝。在想象中，信仰的对象借比喻或图形的形式被表达。

从无限精神的观点看此宗教上的“主体性合一”，它是个意识过程的问题，宗教是上帝的自知和直观。绝对精神在自己的意识内自知，也在有限精神的意识内自知；因为有限精神不只是上帝自我疏离的“他存”，也是“同一”。宗教成为或根本就是绝对精神在有限精神之知中的自我意识。

宗教现象有一系列的显象形式，具历史的和超历史的两面意义，不在发展的结局，而是过程整体才是宗教的真理。换句话说，宗教现象有发展的过程。宗教的显象形式来自上帝的直观形式。上帝的直观形式是超时间的和内在的，宗教的显象形式则是时间性的，是外显的结果。宗教的显象形式是多样的，就看上帝的本质内的什么因素被直观。因为绝对者按本质是万有中的万有，所以一切实在，从最低的到最高的存在形式都能够成为绝对者直观的形态。在每一个形态内，宗教有其限定的真理内容，但不就是真宗教，其内同样各有非真或是消极的因素，而由此向新的形态推进。黑格尔将上帝的直观分三级：在自然形态、在艺术品及在精神的真原始形态。此直观三级配合宗教的三层形态——自然宗教、艺术宗教与启示宗教。自然宗教指对自然崇拜的宗教形态。艺术宗教指古典希腊世界呈现于神像、赞美诗、神明庆节、密契崇拜、史诗及喜剧等的宗教形态。但是轻浮的喜剧说出了严肃的话——“上帝死亡”；这是损失与大疼痛的意识。宗教死于人文化之内。80 年后有尼采在生命价值观上宣告的上帝死亡与之相对应。不过“上帝死亡”有另一个意义：死亡是人的命运，能死亡的上帝是成为人的上帝。因此，“降生成人”取代了“崇拜为神”的位子。人造的艺术宗教进入了上帝“启示的宗教”。

上帝成为个体的、实在的一个“人子”——“神而人”的耶稣基督，在他具体的自我意识内，上帝成为可直观的形式。在此形式内，上帝被传于普遍的意识，生活在他的信徒团体中。从耶稣的个别自我意识，变成普遍意识或称团体（即教会），这就是上帝的“精神复活”。上帝的“走入死亡”是他的自我舍弃；他原是生命，因此确实是绝对者与自己的和好，而成为一切和好的基础。基督信仰的本质，即宣告上帝与堕落的世界及与上帝分裂的人的和好。

按照黑格尔的观点，上帝在世界过程中才完成自己，人与世界成为上帝的“他存”。如果人本主义化宗教，从人本的方向去看这整个正、反、合的辩证过程，则会走向无神论。

德国古典唯心论的“万有在神内论”主张上帝的本体在每一个人的心灵中，所以人可以在自己内找到上帝的存在。人可以在此生此世与上帝密契结合，参与上帝自我意识、自我实现的过程。

## 四、施莱尔马赫：感觉宗教观

施莱尔马赫（F. E. D. Schleiermacher，1768—1834）是一位德国的哲学家，但不是一位万有在神内论者。他主张，宗教的本质，不是思辨，所以不在于对至高者概念的掌握；也不在于伦理系统，所以既不是康德的道德朝拜，亦非费希特的伦理的理性直观；而是心灵内在虔诚的感觉。对于宗教的感觉，他先是定位在心灵对宇宙整体作虔敬自我交付的情感。

他说，宗教对人是直接的，感觉是宗教的来源，也是宗教生活的空间。意思是，上帝已直接给了人，而非我们思想所得。但宗教经验本身不应当常停留于非反省，而应该在思想中被解释清楚。这是一个如何达到“存在的超越基础”的问题；不再是上面所讲的宇宙整体之观的问题。

要达到存在的超越基础，非思辨的上帝概念所能做到，不管是泛神论的或是创造神的概念。换言之，理知的进路无法通达到超越的存在基础。实践理性同样达不到超越的存在基础，因为从意志的观点来看，超越的基础是伦理律，不是存在的超越基础。

思想与意愿不能完全分离，因为每一个思想活动能推源于某个意愿，而每一个意愿中有某个思想的根源。施莱尔马赫认为，存在的超越基础只能在思想与意愿的这个同一点上达到。此同一点，他称为“纯直接自我意识”。这个自我意识不是“我”对自己的意识，这样的意识已属于“反省的自我意识”。纯直接自我意识如何达到存在的超越基础，得先看存在的超越基础与纯直接自我意识的性质。

存在的超越基础不显现于某特定的时间，但以非时间的方式伴随一切思想，同样也伴随纯直接自我意识；纯直接自我意识则伴随我一切的生活。因此，存在的超越基础不赤裸裸地独自出现，它常与一切具体的事物在一起；纯直接自我意识不在反省中，而在一切我中。存在的超越基础不直接被感觉，而常是在某具体存在中一同被肯定；纯直接自我意识也是在具体的自我意识中同被肯定。因此，宗教意识是普遍属于人的，不是限制于某些特殊的宗教天才。

对施莱尔马赫来讲，没有所谓普遍和抽象的上帝意识，有的常是在时间与具体多样联结中的纯直接自我意识。而在每一个自我意识中有两个确定的因素——“自我设置”和“自我并未如此设置”，与之相对应的是“自我行动”和“领受性”，或称为“自由”和“依赖性”。我们没有纯自由感，但有纯依赖感。纯依赖感并非来自某一既成对象的影响，因为对这样的对象的依赖感常是片面的和部分的。纯依赖感不是尘世的一种感觉，而是属于宗教的虔敬之感，是我自己对上帝——存在的超越基础——之关系的意识。我们感到自己和所有的自由感都是在上帝内被设置的。所以纯依赖感并不是如人所误解的那样排除自我行动的能力，它说明自我行动的可能，因此不是决定论的机械论的世界观。

在此的“我”是自我设置和已被设置的“我”，对如此设置我者有虔敬的、整体的依赖感。这基本的虔敬本身是宗教的，对上帝的。

在宗教哲学史上施莱尔马赫首先提出，宗教既不是建立于上帝的思辨概念和证明，亦不建立于实践理性，而是来自统合思想与意愿的纯直接自我意识，此意识本身已是宗教性的。但是纯直接自我意识或思想与意愿的同一点这一哲学构思并未被普遍接受，是有争议性的。此外，“感觉”受一般用法的限制，容易将人与上帝的关系引向情感的园地，而不是他所要的包含整个人的向度，因此所达到的效果恐非真正对上帝的感觉，而更只是美学的宇宙感。况且，纯非理知的信仰也容易走向盲目的信仰。

## 第六节　无神论对宗教的解说

在理性宗教、自然神论与康德建立于实践理性的宗教观里，上帝是个客体，他在人生的彼岸，致使宗教生活与日常生活分裂。为了克服这种分裂现象，德国古典唯心哲学提出绝对主体的上帝观，强调上帝是在今生今世生活的。尤其对黑格尔而言，上帝有一个生死的过程，上帝死亡然后复活，这样的上帝才是真正生活的上帝。但是黑格尔左派不让上帝回生，就此让上帝消失。

此外，19 世纪存在学上的无神论接受机械唯物论的支持。这是一个主张严格因果律封闭的唯物世界观，不承认有独立自由的精神生命的存在。事实上，自然神论的机械世界观已经把上帝请到世界的彼岸去了。上帝的问题成为世界开辟的问题：世界是自己永恒存在的呢，还是上帝创造了世界？而在自然神论之下，上帝已经跟此世无关，所以两者孰是孰非对宗教的实践生活已无差别。如果是理性的上帝创造了这个世界，那么这个世界的存在还有目的和意义可言。换言之，上帝成为世界意义的说明，但是意义是可以被否认的。否认了上帝之后，世界有计划的目的也要被否认。唯物论主张精神只是一种的物质，因此更适宜无神论。主张无神的理由各有不同，也就有不同的无神论，而他们对于宗教的解说也就各辟蹊径。

### 一、费尔巴哈：人是上帝的创造者

费尔巴哈（Ludwig Feuerbach，1804—1872）采用辩证法，所以他的无神论是由内部在反驳黑格尔的理论。他的出发点不是一般无神论者所采取的机械唯物论，而是观念的，即以人的意识和精神作为了解世界的进路。而且他如同黑格尔一样，从绝对者出发，只是这个绝对者不再是上帝，而是人类作为无限的本质。因此他的辩证法与黑格尔的次序正好颠倒。

按照黑格尔的理论，宗教是有限生命向无限生命、有限精神向无限精神的提升，而本体上是上帝在人的宗教意识中自我意识。费尔巴哈就正对着黑格尔宗教思想的这个中心点作攻击，按照他的理论，宗教是人之意识对自己的关系。他不否认有宗教事件，但他否认有人对上帝本身的关系；他不否定精神，他甚至把人的意识抬举到最高的位子，但是他否认绝对精神。所谓的绝对精神，按照他的说法，只是人具体精神的抽象和形象化的想象；借着这个说法，他试图说明宗教的起源并揭发宗教的自欺。

在黑格尔看来，无限精神舍弃自己而“他存”于有限精神，为的是要与有限精神“同一”。对费尔巴哈来讲，人类才是实在的真实，绝对或无限的精神是纯粹被抽象推想出来的。关系因而倒置，神只是人之意识的作用，人才是那唯一真实的。神不是人的创造者，人才是神的创造者。虽然还有上帝，也仍然是绝对的，但纯是人的意识的投射想象。从人类来看，人的本质是无限的本质。这是宗教的错误，将人类本身的无限本质视为己外独立的和先己的存在者。因而人不只是神的创造者，而且人还按照自己的肖像造了上帝，不是如同宗教上所说的上帝按照自己的肖像造了人。在黑格尔看来，人对上帝的意识是上帝的自我意识；现在费尔巴哈说，“对上帝的意识是人的自我意识”。

宗教的另一个错误是认为上帝是一个主体。事实上没有上帝的主体，只有一些追加于上帝的述词。这些述词都是真实的，但是它们最后是人之本质的述词，按价值被视为神性的而归于上帝。似神的主要述词有超自然性、不死性、独立性与无限制性，它们是人之位格的述词，而投射于神的位格。因而费尔巴哈说，人在上帝的位格颂赞自己位格的超自然性、不死性、独立性与不受限制性。

就为承载这些属性的存在，上帝是至福的位格化和形象化则爱上帝是人神化的自爱。但是，人实际上并非无限的本质，承担不起那些似神的本质述词。因此费尔巴哈改口说：具完美属性的上帝所表述的不是真实情况的人，而是人的愿望。于是宗教成为人幻想能满全其愿望的园地。宗教将人所有的愿望投射于天堂，而使人疏离现实的此世。所以宗教不只是幻想，而且还是腐化人真实生命力的幻想。

费尔巴哈不否认人有宗教的经验，但否认宗教是人真正与上帝的关系。他的理论结构有问题。他说上帝的信仰来自人无限的本质或是愿望的投射，但是他没说明为何人有此无限的本质和愿望。他说上帝是人自我意识中对象化的创造，他没有也不能说明世界存在的理由。虽然他后来说“世界自有其基础”，这是机械唯物论的一个命题，而他对宗教的批判是观念论和人类学进路的。在说明外在世界的问题上，两个非常不同的系统勉强撮合在一起，产生了系统的矛盾。他只有逐渐除去观念论的因素，而以“自然”取代传统上帝的位子；

其结果或是成为他自己所反对的泛神论，或者“自然”成为抽象的概念。

此外，他将传统归于上帝的所有述词全数归于人的位格，失去了人的真实性，真实的人承担不了那些述词。这样失去了上帝的主体，也失去那些述词的立足点。因而必须改换成人的愿望以满全愿望的幻想来解说宗教。就此他走入了另一个矛盾：他的进路只在人的无限本质之假设下才可能的，现在却说这无限只是个愿望。总之，失去了上帝在他的系统里造成了一个无法弥补的真空，他想要以“人是人的上帝”的最高原理作为世界史的转折点是一个幻想。

## 二、马克思：宗教是病态社会的意识形态

马克思（Karl Marx，1818—1883）所带来的影响比费尔巴哈大，因为费尔巴哈停留于哲学，马克思则走上政治与经济的舞台。他的理论曾被许多国家接受为官方的教材。他要达到的最后目的是世界的政治和经济的改革，他对宗教的批判因而不是目的本身，而是为其他一切批判的先决条件。他本身始终是个宗教的局外人，所以他对宗教的了解是表面的，把宗教看作一种社会势力。

对于费尔巴哈的基本思想，他都接受——上帝与宗教是人自己创造的东西，人是人的上帝——而且他更极端化，因此对费尔巴哈亦有微辞。

在马克思看来，宗教是一种政治和社会的势力，而不只是迷信的意识，它因应实际世界的需要而产生，因此宗教不会因意识的改变，也不会因世界观的不同而能够被否认掉。它只有经由世界实际的改造才能有所改变。

此外，马克思批评费尔巴哈对人的看法，没看清楚具体的人并不是简单的一个意识，而是在社会错综复杂的关系中的存在。在所有社会关系中，首先是生产的关系；人不像动物只是生活着，而是一个工作与生产的存在。费尔巴哈认为宗教是人类发现自己的本质所呈现的一种状况，是在正常的状态下人对自己加倍的投射；对马克思来讲，宗教也是人由自己推想出上帝而产生的，但非自然，而是幼稚，是人在不正常的社会条件下所产生的自我疏离。宗教的自我疏离来自社会的自我疏离，因而宗教不是一个正常世界的表达，或是人一般的幻想形式，而是病态世界的表达，所以在任何方面也就都是病态的。问题是：如果宗教不是人对无限存在的正常关系，而是人的自我疏离，那么如何说明宗教的普遍性？为何宗教是病态的却还是必需的呢？

按照马克思的观点，宗教是人尚未获得自己或又失落了自己的自我意识。

人确实是失落了自己，因为病态的社会结构阻止他去成为真实的人。由于社会分工发展成资本主义的经济系统，人为度生就必须将自己如同商品一样出卖——领工资的劳工是人自我疏离的典型。这种状况属于资本主义经济系统的必然性，且不断地扩张。这种情形在资本主义社会中甚于封建社会：在后者尚有上司下属的关系，还以政治和宗教来掩盖剥削；而在资本主义社会中则不再掩饰地剥削，无耻地、公开地、直截了当地剥削。宗教在这病态的世界中对受压迫者扮演了鸦片的作用，使他们借以逃避现实生活的压力和痛苦。

“宗教是人民的鸦片”这句话的主要意思：第一，宗教只给人一个幻想式的满足；第二，宗教未真正以革命性行动去改进世界。马克思要的却是世界的改革。他同样假定现实世界是痛苦的，但他不让它这样继续下去而将希望放在“此世的将来”。

此外，马克思也批判宗教是剥削者的权力工具。他认为，宗教将世间的痛苦解释为上帝的惩罚或是上帝智慧的安排，而要求人要怀抱怯懦、卑下、谦虚等奴隶特性的心态。相信上帝是创造者，则对上帝的依赖是奴隶心态之根；承认我为受造，则我之生命的基础在己之外，这是自我疏离之根。

马克思将宗教归因于社会中阶级的分别，所以宗教失去人类的向度而成为阶级的问题。有关宗教存在的价值，他认为：一天阶级还存在，世界就尚未进入轨道，不幸必然存在，则任何理性的说明都没有用，只有宗教仍然扮演真正有力的角色，这是因应来自统治者之利益与被剥削者之安慰的需要。有一天世界进入了轨道，不幸之事真正被排除了，人民不再需要什么幻想来安慰心灵，则宗教没有了必要，自然就不会存在。

马克思未说明宗教的起源，他只指出宗教在社会中病态性的被利用。他有关宗教的说法假定了在革命之后上帝的问题会消失。这件事在他的时代固然还不能验证，现在革命之后上帝的问题仍然存在，以至于布洛赫（E. Bloch）、马可威克（Machovec）、加罗蒂（Garandy）等马克思主义思想家们还要重新提出上帝的问题来。这表示：将宗教从人类的问题中除去，使之只成为阶级的问题，或将上帝视为缺乏情况下的代用品等，都是有所偏差的思想，不能防止问题的再被提出来。

## 三、尼采：上帝死亡

从“上帝死亡”的角度来看，从黑格尔到尼采，思想进程达到了最高峰。在黑格尔看来，上帝死亡为复生；在尼采看来，上帝死亡是定局，上帝已属于过去。尼采不是在反对上帝本身，而是在反驳基督徒信仰的上帝。他不是在争论实际上有没有上帝的存在，他反对的是以上帝为最高价值的体系。至今上帝一直扮演着最高的价值，但生活的上帝已属于过去，他已失去它的权力和活力，已不值得去信仰。而且上帝是被杀害的，是人杀了他——“你和我，我们都是凶手!”

为什么要杀害他呢？这问题等同于“为什么要反基督徒的上帝呢”。尼采在发疯之前曾说：“有人了解我吗？狄奥尼修斯反被钉十字架者。”那么他是为了此世生命在抗议形而上的彼岸，为了大地在反对天堂。基督徒的价值系统为尼采如同为费尔巴哈一样，只是强调点不同，即：天上的光荣是地上的虚无，对来世的渴望是对此世的否认，对上帝的肯定是对生活的否定。

在他早期的作品里已出现两个思想的对立，即对两种不同存在的基本了解：太阳神阿波罗是适度、精神、优雅、天上的、完美的表象，与之相对立的是酒神狄奥尼修斯所表现的地上的、狂喜的、放纵、带破坏力的冲劲。阿波罗代表由苏格拉底、柏拉图、亚里士多德等所建立的理性精神，狄奥尼修斯所代表的则是非理性、由深处来的创造力和生命的表象。基督徒的上帝则是纯精神性、道貌岸然、讲究慈悲，懦弱无能，尤其是仇视生命、反狄奥尼修斯之价值纲目的制造者，是保障其他一切传统价值的最高价值。如果把他推翻，则价值颠倒，狄奥尼修斯的存在成为可能，但某些人会因此堕入虚无主义。

上帝是最高的价值，对这最高价值的信仰不再可信即“上帝死亡”，则整个至今的文化价值系统要崩溃。上帝的死亡会产生前所未有的效应。首先会引起一场主观的大灾难。当事人一方面有“杀害”上帝和犯禁的罪恶感，另一方面混杂着没有了方向的失落感。对于病态世界的信徒，虚无主义的行程是一个灾难。对于“强人”，对于智者，上帝死亡是复健、救恩世界的开始，是要欢欣鼓舞的一个理由。因为天际终于除去，视界大开，毫无障碍。我们的船可以自由行驶在不曾有过的开阔的大海上。在无边无际的大海行驶，意谓有任何方向的可能，也有失去方向的可能，所以得冒险，而不是天真的“强人”。求知者的任何冒险是被允许的。

“上帝死亡”即为史无前例、后无继者的大事，是历史的分野点。但是新历史没有了上帝，会产生巨大的真空，必须填满。则人必须改变自己，现状的人必须被超越，即要过超人的生活。超人是禁欲教士的对立，却是属于狄奥尼修斯的人，拥有新的价值纲目，能够经由教育培养而成，是更高人类的代言人。他具有双重的矛盾性格：新价值的创造者，旧价值的毁灭者；一方面是卓越，另一方面却是残暴。如同树愈向高处和光明伸长，根愈向黑暗的深处延伸。为成为创造者，他必须强硬和无情；同情是他最大的诱惑，他必须学会不去怜惜人。弱者是不值得同情的：“谁不高飞，应当坠下；坠下的，人应践踏。”

权力意志是超人的新德行，超人即权力意志的化身。权力意志对生命而言是追求“更好”的生活，即常追求更大的权力，不可避免地要奋斗。

尼采是西方传统文化价值体系之革命的无神主义者或反神主义者。他尤其针对了建立于基督教信仰的道德原则。他对权力意志的强调意谓常是更大权力的追求，无限制和不择手段的权力追求，甚至弱肉强食消灭之。尼采将之列为超人的新德行，则不能容人而不能容神是可以了解的。为生命的肯定却产生对生命的迫害和否定，这是他对权力意志之强调的一大矛盾。

尼采的另一个矛盾在于他双重意义的生命概念。他所讲的生命，一方面是自然生机的生命，另一方面是宗教神秘的生命。这个矛盾综合可以这样试解：生命代言人狄奥尼修斯一方面是自然生机的表征，尼采借他来反柏拉图主义下基督徒对生命的态度，而反最高价值——上帝。尼采说：“没有真理，一切都被允许的。”但若还有真理，真理的判断标准是：凡为生命有益的为真，为（自然生机之）生命所推动的为真。狄奥尼修斯另一方面是宗教神秘生命的表征，他是取自希腊神话，因而不可能没有其宗教向度。他象征对生命整体性的狂喜肯定，也肯定生命中最可怕、最有问题的地方，包括生命的非理性性质。

对生命全面的肯定而提出“轮回”的永恒意志，由之引出了尼采的第三个矛盾。他提出对此世永恒生命的渴望。永恒的渴望属于宗教，但是他渴望的永恒生命不是来世，而是这个世界，综合表达于永恒轮回。矛盾在于：一方面超人意谓超越了人，假定直线的时间观念；另一方面是永恒轮回，一切在永恒再次重来，最小和最末的人都要一再出现，则人并未被超越为超人。矛盾的来源在于：“超人”是末世的将来，肯定的是将来，而否定现在，推翻现成的一切价值；“永恒轮回”则来自对此世生命的肯定，而赋予此生永恒。

## 四、萨特：自由主义的无神论

萨特（Jean Paul Sartre，1905—1980）是20世纪存在主义的无神论者。存在主义本身不是无神论，而是凸显出人在世界中之特殊存在方式的一个思想运动。作为特别关怀人之存在的学问，存在主义基本上相反于决定论的唯物主义，所以能够是有神论的。但是由于存在主义的出发点是人的存在，而不是有关上帝的理论，所以在强调人的自由的情况下也能够走出无神论来。

萨特自称他的存在主义是附庸于“大智边缘”的一个意识形态。这个“大智”指的是马克思主义。换句话说，他的存在主义建立于马克思主义的“边缘”而不为其所接受，因为他的存在主义强调人存在的主体性与自由，与唯物论的决定论相反——唯物论不一定是马克思主义，但马克思主义一定是唯物论。因此，萨特的存在主义是要在马克思的革命哲学里超越马克思的唯物论，但为其无神论作辩护。萨特为无神论的辩护分存在论与伦理学两条进路。

在存在论上他区分物的存在和人的存在。物的存在无意识、混浊而不可渗透，没有自由，没有其他的可能性。它就是在，或只是在，问它存在的根基是无意义的。人的存在则是有意识和有自由的存在，与无意识和没有自由的物的存在大不相同。为了完成人的存在，人必须向外“自抛”，自己决定自己。但是人是在绝对自由中“自抛”，所以无方向，无意义，因而人是“自抛”于“空无”。这是萨特的悲观虚无主义。因为询问物存在的根基毫无意义，而人之存在是在绝对自由中自抛，也没有上帝的位子。人要存在，却走入空无；但是人仍然这样存在，为的是要跨越存在与空无，也就是要建构自己存在的基础，也就是要成为“自因存在”（ens causa sui），即上帝。但是存在与空无之间的距离太大，人不能成为上帝。这是个矛盾的观念：没有上帝，才配合人自由的存在；但是没有上帝，人必要失败。

在伦理学上，萨特提出，人的存在先于本质，界定之前人已存在，也就是说，人要自我界定。在有神论里，人已先被界定为受造物；真正存在先于本质而自我界定的，只有上帝。换句话说，若有上帝，则人有一个受造的人性，人只能这样生活，没有“他存”的可能性；但是人有“他存”的可能性，所以不能有上帝。

存在先于本质，指的是自由，因为自我界定来自于自己的选择。上帝的“全能”是人之自由与主体性的克星，两者互相排斥，所以有上帝则无人，有人则无上帝。

没有了上帝，有了自由，但是人并不欢乐，因为人固然能选择自己的存在，却不能选择要不要自由。人被判为自由，人要决定自己。没有上帝，有了自由，则整个价值界的重担落在人身上。没有了真正可根据的天赋或人性，没有了定点。人的重担，不仅要决定自己，也要去决定善恶。

有关上帝的不存在，萨特应用的是循环论证：人要自抛，自己决定自己，所以上帝不存在；上帝不存在，因此人的存在先于本质。这是他在存在论上讲上帝不存在的立论根据，却是个无效的论证。在伦理学上，他说，就是上帝存在也无足轻重，因为人已有自由。人在上帝之外决定自己，有上帝也不能改变什么。问题是：人有绝对的自由吗？

## 第七节　20 世纪人类学的宗教观

布贝尔（Martin Buber，1878—1965）声称 20 世纪是神的黑暗时代。这是一个在马克思主义、无神论、科学万能主义、理性主义及心理学主义之后的时代，知识分子以为宗教就是迷信。学者对宗教和上帝的讨论是在黑暗中摸索，传统的论证已失去公信力，具新公信力的论证尚未产生。各种学说如雨后春笋般地出现，众说纷纭，莫衷一是，没有哪个学派能够独霸市场，各个理论都非常的个人性，受到个人特殊的历史、文化背景很大的限制。这个时代讨论宗教问题的唯一共同点是以人类学为进路。上帝的问题与人的问题彼此关联、彼此定义。

### 一、布贝尔：神是永恒的你

布贝尔是犹太教的信徒。犹太教不像基督教那样受到理性的批判，因为它不像基督教有那些艰涩和背理的教义，它更重视的是宗教的实践、对神的服从，而不是当信为真的教义。在此背景下，布贝尔给宗教的定义是“与神的相遇”。

“相遇的神”是一个主体，因此布贝尔排斥对宗教作哲学思辨，因为神在哲学思想中会被客体化，而成为观念。况且神的观念能够与神本身相混淆，以致使费尔巴哈有机可乘，把神视为人之意识的投射，在此意识之外没有神真实的存在，结果人与神的关系成为人对自己之意识的关系。“相遇的神”也与德国古典唯心哲学所讲的绝对主体相对立，因为前者是己外的一个“你”，后者则是己内意识的一个“我”。“与神的相遇”更确定地说是“与你的相遇”。在宗教中相遇的这个“你”，可以有许多的可能去说他，只要不讲成我自己，他是我之外的另一个。

布贝尔这样区分“他的世界”与“你的世界”：在“你与我”关系中的我和在“我与他”关系中的我截然不同。经验的世界属于“我与他”的世界，关系的世界是“你与我”建立的世界。只在“你与我”的关系中，我才以我整个的本质存在。在这样的关系存在中，我不能没有你；与你，我才成为人的我。“他”的世界是时空的延续，只是人生活的先决条件，人必须跨出并进入关系的世界，人才成为人。

神是永恒的你，与他的关系可以类比人与另一个人的相遇，但非人与自己的相遇。神一方面可以与人的你类比，另一方面与人的你不同。人的你有时会以“他”的姿态出现。神则始终只在你的关系中对人临在；纵使你以不完美的名字呼唤他，他在。神从不能被理解为“他”，不能把他当成思辨的客体对象，或成为陈述的教义。在此客体化中，神消失，通往神的道路就被阻绝了。

与神的关系，如同每一个你的关系，具有排外性，即不能为其他的关系所取代，但包含对人和对世界的关系。无所谓爱，神就不能爱世界，反而是在世界中通过世界爱神。日常生活就是事奉恭敬神的所在，虽然对神的崇敬不能被社会或政治活动所取代。宗教不是走出世界之外的另一个神圣的空间，而是世界应被圣化，这样神的光耀能在此世彰显出来。

从费尔巴哈、马克思到尼采的宗教批判，都假定了爱神与忠实于大地、彼岸与此世之间的对立，认为宗教为了神牺牲了世界，而提倡为了人之生命的完成要神死亡。这样的批判所针对的只局限于某种宗教态度，绝不是布贝尔所提的与神的关系。不过，以永恒的“你”来讲神，不免有“人”之位格性的含义，这是最有争议性的命题。

对此异议，布贝尔自己回答说：神不是观念，他在创造、启示和救援行动中走向人，主动与人建立直接的关系，使我们与他建立直接的关系成为可能。

那么不可避免地要以位格性来描述神，因为这样的关系只能在位格之间建立。不过，将神局限于位格也不适宜，由此能够引起错误的拟人化，而无法表达出神的超越性来。因此只能说神也是一个位格。神有许多的属性，我们知道的不只其精神性与自然性，还有位格性。位格性是唯一在相遇中能认识的。除此之外，布贝尔放弃给神作任何的定义。

## 二、雅斯贝斯：超越存在哲学的上帝观

雅斯贝斯（Karl Jaspers，1883—1969）讲的是超越的存在哲学，他对人存在的讨论不在于存在对己的关系，而在于存在面对超越界的关系。因此他讨论的焦点在上帝的问题。当时基督新教内的辩证神学与之相反，他们强调启示而排斥哲学。

雅斯贝斯哲学的基本观点在于对“存在”的理解。人的存在非客体，所以不能经由科学的客体化陈述所把握。存在非既成，而是要去存在，称为“自我存在”（das Selbstsein），要在行动中一步步地自我实现。这个“自我存在”为我只能是自己，或成为自己，或是失去自己。因为存在与自由紧密联系，存在被召向自由，在实践自由中实现存在，在实现存在中实践自由。存在常有没能达到自己的危险，但也是实现自己的一个机会。

存在的意识自己，不在己，而在所谓的边际经验。它首先表达于对纯“世界存在”（Weltsein）的不满，即不满足于只是“此在”（Dasein），而要走向人之存在的实现。其次是存在性的灾难，如死亡、痛苦、争斗及罪责等边际经验。最后存在突破“世界存在”，而经验“超越界”。雅斯贝斯强调，只在这最后的边际经验，即突破向超越界，存在才实现自己。人不断超越，因为人在寻找超越界。

雅斯贝斯首先澄清，超越界是“存在的根源”，因此不能如客体一样被当作对象认知，其真实性也不能如世物一样被指证。对其认知必然要失败。因此常有否认超越界的可能性。这种否定却正表示没有弄清楚存在本身。因为存在本身愈明，愈意识到它自己的这一存在的根基。

超越界是包容一切者。世界对我、我的意识对世界，是相对的超越和相对的包容，但是它指示真正包容和真正超越的超越界。这个超越界在任何时候都是“不可掌握”地临在着，有如同无，因而在似乎堕入虚无之中，即在失败

中会突然经验到超越界，经验到最终承载的存在。这个是最高的荒谬——在失败中经验存在。

按照对超越界不同的经验，能分别称之为“存在”“实在”“神”或“上帝”，但是没有其中哪一个称谓能完全地把握它。因此不能轻易将超越界与上帝认同。大体而言，超越界与上帝同一。意思是，若不对上帝作活生生的偶像想象，则他肯定上帝。

对人的存在而言，上帝是既超越又内在。因为超越界不在彼岸，而是自我实现之存在不可把握的根基。因此它是遥远而陌生的上帝，同时是永远临在者。在历史中从不能具体把握它。它是如何表达自己呢？对此，雅斯贝斯提出超越界显示的密码特性。

超越界在历史中以密码说出自己。密码不是超越界本身，它们是超越界的表达。由于超越界是自我实现之存在的根基，所以只有超向超越界的存在能解读密码。原则上一切都能成为超越界的密码，但语言有合适与不合适的分别。合适的密码如原初的宗教语言——神话。因为原初的神话尚未成为定型的信理，尚非理性化的陈述，具有密码的开放性和弹性，是超越界合适的密码语言。关键点在于：超越界的密码说法，不是将密码当成客体，而是将客体当成密码，然后通过存在的阅读，将具体之客体的存在方式改变，使其客体性消失。

在密码语言中出现，存在由超越界所支撑，超越界由存在所把握；对此结构，雅斯贝斯称为“哲学的信仰”。称之为信仰，因为在此实现了一个不是理性所能证明的基本态度，即“自我存在”自由地感激那包容一切者。称之为哲学，因为这是一个思想的、认知的和愿认识的信仰，是一个批判的信仰，不回避问题，而愿有理性的清晰。

哲学信仰重视历史性，而与启蒙运动时期失去历史性的理性宗教有所不同。哲学信仰建立于各自宗教的历史传统；对雅斯贝斯而言，其宗教的传统是基督教和《圣经》。但是哲学信仰对各自的历史传统是采取批判的态度，一方面亲近，另一方面保持距离。因此雅斯贝斯对教会和《圣经》上的上帝也采取批判的态度。对他来讲，《圣经》具独特的地位，它不专属于某个教派或某个宗教，而是属于大家的。它具有哲学信仰所不可或缺的要素：唯一上帝、善与恶之间绝对的抉择、在人内永恒的基本事实是爱、世界的开放性、痛苦的尊严，以及人最后唯一的出路是上帝，等等。

雅斯贝斯代表了20世纪思想家对于宗教和上帝之问题的一个典型态度。他一方面对宗教表达极深的尊敬，另一方面对具体的宗教保持清明的批判态度。所以我们看到他，一方面给予基督教和《圣经》极高的评价，另一方面不保留地严厉批判教会的神学。对上帝问题的讨论，他一方面表现学术上的负责，另一方面非常保留，而大不同于费尔巴哈、马克思、尼采与萨特等的消极思维方向。他适逢上帝死亡和无神时代过去了的时代。这是一个摸索的时代，一方面反无神论，另一方面也摈弃无神论者所反驳的有神论传统，所以尚存有分歧的现象。这现象于雅斯贝斯表现在：他一方面推崇《圣经》，另一方面却忽略《圣经》上的一个主要的要素——存在的恩典性。恩典思想尤其是《新约圣经》的特色，它建立于基督的救赎观念。基督则是上帝的降生。雅斯贝斯认为这正是超越界被具体客体化的迷信。对他来说，耶稣只是个人。就此而言，他走上了启蒙运动时代同样的人文倾向的宗教。他的人文倾向使他在启示与理性、神学与哲学之间找不到衔接点。这又来自于他与教会神学的对立态度。当时巴特（Karl Barth，1886—1968）和布尔特曼（R. K. Bultmann，1884—1976）两位神学家强调：宗教只靠启示建立自己，理性不能说明之。这种排除理性、只建立于外来权威的说法使雅斯贝斯不能接受。因此他说：由理性来看，启示不可能，也不是不可能。哲学不建立于启示，而建立于理性。就哲学信仰来说，只有将启示当作密码来了解，启示才能被承认。这一说法对巴特和布尔特曼的启示信仰来说，正好失去了内容。结果是双方对立，壁垒分明。

## 第八节　哲学反省与宗教的形成

从以上的讨论我们发现：不管是主张人文宗教者或是启示宗教的辩护者，是提倡理性宗教与自然神论者或是讲绝对主体的上帝观者，不论是强调道德朝拜者或是给密契宗教奠基者，乃至于不仅有神论者，连同无神论者，当他们讲到“神”时都一致包含上帝是最完美存在者的观念，只是强调的观点不同而已。希腊哲学家与经院哲学家讲上帝“不动”，上帝是纯实现，它的本质就是存在，也就是无以复加的最完美者。近代坚持“过程上帝观”的，同样试图以生成变化的辩证过程来表达绝对精神的完美，它是生命，它包容和贯穿一切，在它内一切对立统一，因此它是人和一切的来源与最终的归宿。即使康德曾批判传统和他自己在批判前期的思辨论证，其中包括建立于上帝最完美观念的存在学论证，他所反驳的仍然不是上帝最完美的观念本身，而是反对从至完美存在和至真存在的观念推论上帝存在的有效性。始终以最完美存在和至真存在为上帝的观念。即使是无神论者，就观念来说，他们不但没有否认，甚至还假定了上帝是最完美存在的观念，只是他们反对这最完美的上帝的实存。

实际上，不论是一神信仰或还是多神与泛神的信仰，不论是人文宗教的信仰或还是启示宗教的信仰，不论是民间信仰或还是制度宗教的信仰，都相信他们信仰的对象是最完美的神圣界。固然一神信仰的对象是全能，是真善美本身；多神信仰的神圣界就整体而言又何尝不是如此，只是这全能与全善被诸神给分享了，因为在多神信仰中诸神各有所司，也就各有所能。

有关宗教的起源，20 世纪上半叶有一些学者尝试从比较宗教学的进路去探讨，有的作古老宗教的比较，有的探讨原始民族的宗教，结果是从宗教现象的分析产生了各种不同的宗教起源论，是众说纷纭，各执一词，莫衷一是。最大的困难在于，现象的观察无法涵盖所有的地区和所有的现象，限于一隅，不足以说明人类宗教的起源。因此，一个理论被提出来，又被另一个理论所推翻。况且，他们研究的所谓原始民族已非人类的初民，他们观察的所谓原始宗教甚至是已发展的宗教。学者们的理论又分进化理论与退化理论两种：前者主张人最初本无信仰，后由低级和粗陋的多神信仰发展到具伦理性格的一神信仰；后者认为人最初是一神信仰，其他的信仰形式是宗教上的堕落现象。但是进化理论或是退化理论都属于没有确实证据的揣测之论。总之，从宗教现象的探讨，最多只能描述宗教现象的发展，不能说明宗教的形成——它属于哲学的领域。

哲学反省宗教的形成有下面的先决条件：首先必须肯定人类有宗教信仰的事实，而且是人类的一个普遍现象。其次要顾到，宗教存在于不同的地域和不同的文化圈而有多种的形式。最后，对人类来说，宗教的对象是神圣而完美的，是人心灵所依归。在这些条件之下，哲学反省的进路应当在人的心灵，也就是说，人的心灵本来就具有发展宗教的本能。从实现可以确定潜能，但不是反之亦然。因此佛教讲“人皆有佛性”，奥古斯丁说：“我们的心是为你而造的，除非安息于你，我们的心将永不安宁。”托马斯·阿奎那讲人对上帝有“服从的潜能”，新经院哲学家拉内（Karl Rahner，1904—1984）称人生而为“无名的基督徒”，都是在讲宗教的主观本能。我们可以笼统地把这个主观本能称为“先天宗教心”。它本身尚非宗教，对各个不同的宗教形式来说，它无差别心。因着地域、生存环境的不同，人为完成生命所遇到的阻碍和威胁不同，对生命的了解和强调遂各有异，对存在与生命圆满的憧憬也就不同，“先天宗教心”遂由无意识转变到意识化，加上理性的反省，而形成不同的文化形态和不同的宗教原型。宗教的形成，消极地说，来化解人心灵对生命的疑惑；积极地说，使人在苦难人生中仍有尊严，仍能安身立命。这个已形成的宗教本身成为文化中的一个主导因素，而成为人生存环境的要素之一，在不同时代与社会结构之下又成为宗教形式自我调整和自我改变的据点。不同的宗教形式，尤其反映在宗教的对象，即对神圣界的不同观念，由之再限定各种宗教不同的教义、教规及教仪。

以上所谈到的仅及人文宗教的形成，其中生存环境扮演一个决定性的角色。这个生存环境多少是在空间形式下作的观察。如果生存环境在时间形式下作观察，则形成宗教的生存环境是历史脉络，历史成为人与神圣界交往的境遇，历史上的事迹成为具有宗教性意义的事件，即来自神圣界的信息，也就是启示。在宗教发展史上，奠基于《圣经》的犹太教和基督教就是个历史启示宗教的典型例子。在宗教哲学史上，讲“过程上帝观”的德意志观念论就是个给历史启示宗教作理性奠基的代表，依据他们的辩证表述，世界与人类史是上帝自我完成的一个过程，也是它的自我启示过程。

有了宗教信仰，则“信求明”，以免信仰成为盲信乃至迷信。在哲学史上，从柏拉图、亚里士多德以来，不断有学者提出各种的上帝存在论证，一方面达成以超越界说明现象界存在与如此存在的形而上学目的，另一方面给予上帝信仰一个理性基础。其中最著名的有安瑟伦的存在学论证和托马斯·阿奎那的“五路论证”。由于托马斯·阿奎那的前三路论证，事实上可以说是不同角度的同一个论证。因此在启蒙运动时代，学院的理性主义综合传统的论证成为三个论证，也就是康德在《纯粹理性批判》所批判的三个思辨论证（存在学论证、宇宙论论证与物理神学论证）；在批判了这三个思辨论证之后，他在同本书的后面提出他自己的道德论证，因为他把以超越界说明现象界的存在当成他的形而上学的命运。论证在知识论上的确定性，可以区分：创造者上帝的存在是可以确定的，因为这个世界必须有使它存在的原因。至于上帝的属性，则属于类比推论，也就是在创造者与受造物之间的关系中，把受造物有的美善也归诸上帝。“信求明”的另一个途径是在信仰与信仰之间求系统的解说，这个工作已属于信理神学的工作，不是哲学的议题。

（张雪珠）

## 参考文献

邬昆如:《宗教与人生》，台湾五南图书出版公司，1999 年。

李震:《人与上帝》，台湾辅仁大学出版社，1988 年。

曾仰如:《宗教哲学》，台湾商务印书馆，1986 年。

罗光:《中西宗教哲学比较研究》，台湾文物供应社，1982 年。

李杜:《中西哲学思想中的天道与上帝》，台湾联经出版公司，1978 年。

# 结论：哲学的任务

哲学概论是概括整个哲学的内涵和进程。哲学智慧乃教导人设法定位宇宙，并在宇宙中安排人生。因而先在认识论上肯定人的知性，肯定人的知性可以向上攀爬至存在的峰顶，肯定人的知性可以往下探索到达构成物理的微粒。前者便是形而上学，后者则是物理学。人类通过对“形上”的研究，获得宇宙和人生的原理原则。然后把这些原理原则运用到价值哲学，运用到人生文明各阶层：科学求真，道德求善，艺术求美，宗教求圣。

要达到形而上领域，需要有锐敏头脑的训练；要认清人生价值，需要有丰饶的心灵的培养。人类上有头脑，下有心灵，可谓完备。

“存在”活动的外显，首先是其本尊的完全呈现，即是“天”，继而有分身的分受呈现，是为“地”和“人”。形而上学探讨天、地、人三才，既能定位宇宙，又能安排人生。个人安身立命，群体的安和乐利，原就是具体人生的目的；做人如何驾御物性，摆脱兽性，增长人性，乃至产生神性，原就是哲学的完满任务。

## 第一节　定位宇宙、安排人生

### 一

哲学的内涵就是定位宇宙，并且在宇宙中安排人生。定位宇宙要解答两个问题：世界怎么来的以及世界的变化有何目的。

有关“世界怎么来的”问题，就是宇宙起源问题。吾人可以观察世界的四阶层——“物质”“生命”“意识”“精神”。这四阶层似乎是一层比一层高，生命超度物质，意识提升生命，精神度化意识。拥有精神的人类，其意识、生命、肉体都受到精神的影响。四阶层的区分原是为了互助合作，而有着内在目的性，存在的整体都是目的、因果相互和谐共存的。

这“合一”“和谐”“多样性”的世界的来源，希伯来民族提出“创造说”，由上帝创造天地万物。

### 二

灵肉二元的划分，在安排人生的课题上，是依照柏拉图的“观念”“感官”二元，以宇宙来定位人生，“重灵轻肉”的人生观恰好是观念界为“真”、感官界为“虚”的延长。但是，主要的还是使灵肉能“合”，使人与自己等同，而不是使人与自己的疏离 。

因为哲学是定位宇宙、安排人生的学问总汇，因而各学科都是全方位的设计。在知性的理论上，要包含知物、知人、知天；在德性的修养上，要全面惜物、爱人、敬天。对个别的人要提供安身立命的方案，对群体社会要指出安和乐利的道途以及安居乐业的方法。

## 第二节　认识、形而上与伦理

### 一

哲学思路是依序从认识论作为入门，进入形而上学的“体”，落实到伦理学的“用”。而其进程则首先是“近取诸身”，从个人的体验出发，个人的求知欲、求福欲，都是天生的功能，人们可用之作为对哲学的起步工作。继则是“远取诸物”，从对大自然的观察，寻获世界万物的美善，而推论出本体的美善。

## 二

哲学的“体”是形而上学，是在探讨宇宙和人生的原理原则，首先是“第一原理”的同一律、矛盾律、排中律，继则是依着人文世界的科学求真、道德求善、艺术求美、宗教求圣的事实，推论出存在的超越属性：“真”“善”“美”“圣”。

吾人可以从“量”“质”、“能”等多面向探讨存在。“量”的唯一，可以导引出哲学的一元论，导引出宗教的一神论；二元论导引出善恶二元的宗教或伦理；多元论可导致多神论。

“质”的精神或物质形成唯心论（Idealism）或唯物论。

“能”的现实和潜能学说，是动态本体的描绘，也是解答宇宙形成问题的主要学理。

形上本体的本尊开显，形成本体论（存在学）和神学，其分身则是宇宙和人。

## 三

宇宙论的课题除了起源问题和科学有重叠，尚有目的或机械的生成变化问题。

“创造”“流出”“进化”“生”“创化”等学说都在设法证成各自的学说，说明宇宙是怎么开始的、怎么继续发展。

人性论主要在问及人的结构和人生意义的课题：前者有纵向的“灵魂”和“肉体”，后者有横向的“男”和“女”两性问题。灵肉的合一，男女的结合，都是在和谐、合作无间的情况下进行。

## 第三节 人生而有知、万物皆有理

### 一

人有“知”，适宜做主体，物有“理”，可以做客体；主客的合一也正是认识的开端。主体的耳、目、口、鼻、手足，恰好对立着客体的声、色、香、味、触，“感觉”之上还有“思想”，人性也就从“感觉”“思想”开始，获知“世界”“存在”的原理，同时也得知人存在的意义。

认识进路的“近取诸身”，是对自己的认识。早在苏格拉底时期，就有“认识你自己”的劝谕，这不但是伦理学的课题，也是认识论的课题。吾人能从自己认知的能力，一方面获知知识能力的伟大，另一方面可以欣赏世界的奥秘，算是认识进行的“远取诸物”。对世界的认识，从物理到生理，到心理一层上升，经“人理”到达“天理”，从知识进入形而上，获知宇宙和人生的原理原则。

### 二

万物有“理”，表现出世界秩序的和谐，从底层的物理开始，其严密的因果原则，解释着事物“如何”以及“为何”的存在意义；生理层面的生命，点缀着宇宙的生生不息；意识层面的心理，更把自然世界的美加工，转化成人文世界，使人更能在解决生活必需之外安身立命。

在认知作用进行中，精神层面的主体，以其确定的信念，接触到明显的客体，因而获得真知。

主体确定在悟性本身的归类和抽象能力，能超越个别的、具体的事物，进入共相的、抽象的概念，乃至于“概念的概念”“存在”本身。

主体确认基本上是用“存异求同”的方式，把个别性的差别相放下，而专门吸取“共相”（思想的共融），达到最高的“概念的概念”。

### 三

主体确定揭露了人性认知的天性，同时也默认了意志的功能，后者就能凭着知能，走出一条康庄大道。在哲学上，就是“思想和存在一致性”。

## 第四节　人人生来求福

### 一

亚里士多德哲学最大贡献，在于其知性、德性兼备；《形而上学》开宗明义说出“人人生来求知”，而《伦理学》则提出“人人生来求福”的原理。求福必须修德，正是“福德一致”的诉求。

修德行善是灵性生命的天性。“福”与“德”是一体之两面，福的代价就是修德，反过来，作恶的人就没有福而有祸。

### 二

福的表象是“心安”，是行善修德的成果展示。人生在世，最主要的还是求心安，其他荣华富贵都变成可有可无。

一般认为名利权位是福，事实上并不尽然，其论证就在心安与否。名利权位虽会满足人心，但却不一定能获得心安。

## 第五节　第一原理

无论思想或存在都有一定的原理原则，首先就是“思想三大定律”：

同一律的公式是 A = A。即一件事物与自己等同。世间事物皆呈个别性、独立性存在，每一事物都是独一无二的；在人生哲学中，“自己与自己等同”是首要任务；自我等同正是一个人能安顿自己的“知”“情”“意”，能安身立命。它的反面就是自己与自己的疏离，与自己过不去，无法安身立命。

由同一律延伸下来的是矛盾律，其公式是 A ≠ 非 A。即一件事物与自己以外的任何事物都不等同。因为事物等于自己，而且只等于自己，因而跟自己以外的所有事物都不同。矛盾律意谓着凡是自相矛盾的都不存在。在辩论中，最好的方法就是指证对方自相矛盾，则对方学说就无法成立。

由同一律和矛盾律联合推出的是排中律：A 不能同时等于 A，又等于非

A。亦即一件事物不可能同时与自己等同，又和自己以外的事物等同。排中律最大的用处就是能解决是或非、有或无的全盘肯定或全部否定的抉择问题。就如“太阳中心说是否正确”的问题，答案只能是“是”或“非”，没有中间的路线。“是”就是“是”，“非”就是“非”，没有模棱两可的空间可容纳。“有”或“无”亦一样。如果问及“死后生命”，只是“有”或“无”两种答案提供选择，其中“是”是“全是”，“无”就是“全无”，同样亦无法商量的。

## 第六节　超越属性

### 一

科学求真，道德求善，艺术求美，宗教求圣。文化或文明的最终对象即是“存在”。因而，“存在”的特色（超越属性）也就可以用类比的方法，说出“科学的真”“道德的善”“艺术的美”“宗教的神圣”就都是存在的特性。

### 二

科学的真的意义，是在探究物质世界时人的悟性可以了解物理，知道物体存在的法则；生物有生理、生命之超越物质。生命体不但有整体性（其部分由整体所生，生命是联系整体的原动力），而且会新陈代谢。到了动物的意识层面，感官以及由感觉推出的喜怒哀乐。及至人类的精神出现，一切自然就都改观，因为有了人文世界的参与，科学的真涵盖了世上所有层级的存在。

### 三

道德的善是人性的理知和意志合作的共同产物。明知是善事，而故意去做，就是“善”；明知是恶事，故意躲避，也算是善事。人性向善的天性，是要丰饶的心灵加工，才能使凡人变成善人，才能使善人超凡入圣。独善其身是个人的完美，是君子；兼善天下是群体的完美，是圣人。

### 四

艺术的美是灵性生命欣赏的对象，也是丰饶心灵创造的对象，大自然是上天造化之工呈现的自然美，艺术品是人类的匠心制造出来，模仿自然美的杰作。人性生来就分受上天的创造和欣赏的功能，能够创造美的艺术品，同时亦能欣赏艺术品。

艺术是自由境界，是最宽容的领域，美与丑概念上是对立的，实践上却是共存共荣的。在艺术创作上，奇丑无比亦是美，一个人有了艺术的心境必然是自由自在。

### 五

宗教的圣是针对俗世的“庸俗”以及道德的“恶”而言，有浓厚的神秘色彩。它可以突破今生今世，而在来生来世中定位；它亦可以突破此世的限制，而在彼岸安置人生的意义。救苦救难的精神也是宗教的社会功能。宗教与道德一直是合作无间：宗教推向彼岸与来世的天国和涅槃，道德关怀今生和此世的福祉。

## 第七节　宇宙有始

### 一

有关宇宙的始源问题，科学和宗教各有看法：科学由于地质学的研究成果，认定进化是宇宙生成变化的原理。地质学研究物质世界地层的生成以及各种化石的生成年代，以先后出现的顺序排列物质、生命、意识、精神的年龄，因而推论出从物到兽、从兽到人的进化过程。

宗教提供创造，以因果原则推断上帝创造了世界。这是《旧约 · 创世记》所描绘的，认为宇宙有开始，而从无到有唯有创造才能解释，对至上神的信仰便引导出上帝从无创造了世界和人类。

哲学则在批判及思考中探讨各方提出的意见，陈列各种学说的成败得失，首先是柏拉图的分受说，认为感官世界是观念界的复印，感官界连人在内都源自观念界。分受概念经由新柏拉图主义改变成流出说，有点像中国《易经》的“生”概念，亦有泛神论的嫌疑。

亚里士多德利用物理学的变化课题，严格地遵守因果原则，认定原动不动者是宇宙万物的原因，这原动不动者后来被基督教所接受，尤其被托马斯·阿奎那发扬光大，就成了“上帝创造世界”的哲学思考。

二

进化论不是在解答宇宙起源问题，而是在叙述宇宙变化的轨迹，因为它既不能解释物质的起源，又没有实证可以提出作为从兽变人的科学事实。

三

生命哲学以为综合创造和进化能解决宇宙起源问题，提出创化论，其中有哲学家柏格森，也有地质学家夏尔丹。

## 第八节　人性完善

一

人的问题首先是结构问题：纵向的是灵肉二元，上有灵魂，下有肉体，继则是横向的男女二元。灵肉二元展现了人的顶天立地性格，灵魂乃上帝肖像，因而“顶天”；人的肉体来自尘世泥土，所以是“立地”。男女二元表示互助合作，男女结合是两情相悦，进而传宗接代。

二

灵肉二元的合一是人性个别性的完美，男女二元的合一开始了人性群体性的完善。中国儒家在这方面有很深的研究成果：《礼记·大学》中的“格物致知”是人性的知性发展，“诚意正心”是德性的修炼，知性和德性完备是“修身”的完成，“修身”是个别性的完美，“齐家、治国、平天下”则是群体性的完善。

人的个别性需安身立命，群体性需安和乐利。

三

依创化论的学说，人类进化的前段，由物到兽，由兽到人，人性却仍有诸多缺陷，并未达到至善之境。也就是说，人类还要继续进化，一直进化到至善至美的神性为止。这就是从人到神的进化完成阶段，也是“止于至善”的理想境界，这境界在宗教的表述上是“地上天国”以及“人间净土”。

## 第九节　事天、仁民、爱物

### 一

知识全方位的开展是“爱物”“知人”“知天”，德性全方位的完成则在“惜物”“爱人”“敬天”。孟子在这方面有独到的见解，其心性论的二条进路，一条是“尽心、知性、知天”，另一条是“存心、养性、事天”，前者讲知性，后者讲德性。知性是头脑的锐敏，德性是心灵的丰饶。孟子的哲学是在全方位发展人性，但这人性是对物、对人、对天都开放的。

孟子另一处用更具体的人间世生活展示德性的修炼，即“亲亲”“仁民”“爱物”。“亲亲而仁民”是由近及远、由亲及疏的人际关怀准则。“爱人”优先，“爱物”殿后，孟子的“仁爱”差等展示在实际情况中吾人行为的先后轻重。

### 二

“爱物”的理念原在道家思想中最为丰富，“物我相忘”的意境是生命情调的高峰，可以用“天地与我并生，万物与我为一”来表示，也可以用“上与造物者游，下与外死生、无终始者为友”，来表达。

西方2000年来误解了“人为万物之灵”的深意，太过“宰制物”，太膨胀人的权力，自认为“人定胜天”。当物质世界开始反扑，泥石流、山崩、臭氧层破洞等等，人们才意识到事态的严重性，才考虑环保，知道“爱物”“惜物”才是安顿生命的要件。

### 三

哲学本体的“天”“地”“人”三才，人居其中，一来是其定位的顶天立地，二来是其天生来有创造和欣赏的双重功能——欣赏造物的美，创造人文世界。更重要的是实践方面的“爱物”“仁民”“敬天”。由于“仁”“爱”“敬”有差等的德目分别对“天”“地”“人”，正显示对象的先后轻重，助人厘定价值判准，“知所先后”。人生在世，一切以和为贵，与“天”的“天人合一”，与“物”的“物我相忘”，与“人”的“四海之内皆兄弟”，甚至如基督教所主张的“亲亲如友”。

## 第十节　宗教功能

### 一

宗教救苦救难的功能尽人皆知。当知识分子用知识的天平去衡量宗教、批判宗教时，总有人认为宗教不科学、宗教的信条无法经过科学的检证。这是纯理论的思辨，无关宗教在人心、在社会上的功能。

### 二

人生问题既多且杂，各种哲学派系都可以参与提出各种答案，甚至号称自己的学说为最佳良策。唯有宗教人士会提供一些“从彼岸来的信息”，给那些即将离开今生今世、正准备步入来世与彼岸的临终之人。全方位的哲学思想不应抛弃人生“死亡”时刻。德文有谚语 Ende gut，alles gut（善终，一切皆善）。

以上是哲学的十大肯定，甚至可以说是哲学十大坚持。

下面吾人提出五大提案，给哲学工作者以及哲学爱好者参考。

## 第十一节　常识、知识、智慧

### 一

哲学的字义是“爱智”。智慧与知识与常识都有关联。一般说来，经验愈丰富，常识愈多。可是，常识不是知识，会用常识才是知识，人有知识也不见得就是完美的人，会用知识才是智慧，有智慧的人才算是完美之人。

智慧一则“知所先后”，二则“承认自己无知”。因此要谦冲为怀，对人厚道，心胸开放，对科学、道德、艺术、宗教开放，对今生来世开放。

二

知识分子要采信“知识即德行”，而不偏颇“知识即权力”，知识愈丰富，头脑愈锐敏，正表示责任更大，要为更多人、更多事服务。

## 第十二节　归类和抽象

一

吾人天生能力就会归类，幼儿园小朋友堆积木是归类的训练。“归类”“归种”“归科”“归目”使吾人能分清万事万物各有定位，各适其所，而吾人自身在宇宙中亦有定位，亦有适所。

吾人另一天生能力是抽象，就是抽出“共相”，把“殊相”（差别相）放入括号、存而不论。这即是存异求同的方法和态度，使天下为公、世界大同。哲学工作者切忌刻意求异而排除异己。

二

归类至存在顶端，抽象至最后共相，就是形上本体，它是存在的本尊。其“真”“善”“美”“圣”，一方面“分受”给存在的分身——世界和人类，另一方面让人文世界有科学、道德、艺术、宗教等文明的开展。

## 第十三节　择善固执

一

人类头脑的锐敏可分辨真假对错，人类的心灵丰饶可分辨是非善恶，然后都将分辨所得交由意志抉择。弃假保真、行善避恶，乃意志正常化的功能；反过来，去真从假、避善作恶，即人性堕落的现象。吾人所要留意的便是“择善固执”。

二

人们很容易把思想集中在单一的价值评量上，就如：两条腿是交通工具，但更好更快的有自行车、摩托车、汽车、飞机。好或不好当然是审断的标准之一，可是它不是唯一的标准。标准还有别的范畴，就交通工具而言：两条腿是根本的、不可或缺的交通工具，而飞机、汽车等则是外加的，有时甚至是可有可无的。如果有人因为买了直升机，就把两条腿锯掉，那才是愚蠢之至！

三

当前人很容易犯的错误就是金钱至上的价值观，食物要山珍海味，睡觉要豪华套房。其实，饮食最主要的是胃口和消化系统，睡得着绝对比豪华套房重要。人的幸福应放在能吃能睡，而不是放在吃什么、睡在哪里。吾人应该意识到“有钱买得到床，可是买不到睡眠”。

择善固执，原就是认清何者为至善、何者为次善。

## 第十四节　开放的人本

一

近来有些哲学派别膨胀了人性，以为它不但是遵守道德法则的主体，也是发号施令者，甚至也是事后的审判者。这无异把人看成了上帝，也因此认定伦理道德最高，而反对道德之上有宗教的合法存在。

这种道德主体看成是形上本体，当然是误植，因为人性本身不但无法贯彻“行善避恶”的命令（世上恶事不断发生，恶人不断出现），“人”本身的存在从何而来的本体论（存在学）问题并非可以放入括号，存而不论。

二

人生存在于天和地之间，本来就是中介，因为其构造是灵与肉，灵是顶天，脚乃立地，人本精神切勿切断与天的关系，否则便没有“天人合一”的目标可供努力，就无法解释“为何行善”的课题。

## 第十五节　物性、兽性、人性、神性

### 一

宇宙起源问题或人类起源问题，地质学似乎赐给了时间先后的答案，其进化过程是由物到兽，由兽到人。进化论者依据此点把进化的原则推向“弱肉强食”“优胜劣败”的原则中。

但是，如果问及进化为何到人就停止，也许就无法给予理性的答案。较有理的推论也就是：人也不是进化的终点，还须用神性进化。这也就是人要逐渐摆脱兽性，增加人性，最后发展到神性。这样，“弱肉强食”就无法满足整体的进化，而是在人性之内放入仁爱互助，宽容厚道，到达“真”“善”“美”“圣”的人文世界中的科学、道德、艺术、宗教，而进入神圣的领域。

### 二

人性无论其个别性完美的安身立命，或是群体性完善的安和乐利，都无法利用弱肉强食的理论来抵达，毕竟弱肉强食是兽性。人性应该在伦理道德的原则上修成，直至天人合一的境界。因此，摆脱兽性，增加人性，产生神性，才是人类正常化的发展和进步。

（邬昆如）